リバース思考

ロン・フリードマン 著
南沢篤花 訳

超一流に学ぶ「成功を逆算」する方法

かんき出版

リスクを取ることの大切さ、

愛する人の手を握ることの大切さ、

そして（ほとんど）すべての料理に
レモンとディルを入れることの大切さ
を教えてくれた

祖母のために

Decoding Greatness
by
Ron Friedman

Published by arrangement with the original Publisher,
Simon & Schuster, Inc.,
through Japan UNI Agency, Inc., Tokyo

Introduction

変革の時代に必要なのは超一流のスキル獲得術

「裏切られた！」

スティーブ・ジョブズが気づいたとき、すでにどうしようもなく手遅れだった。[1] 記者発表は終わり、ニュースはもう全米を駆け巡っていた。ジョブズは徐々にそのことを悟った。華々しいアップルのスタートは消えたのだ。


あれは１９８３年のことで、ジョブズたちはカリフォルニア州のクパチーノにいた。アップルは設立からたった7年だったが、そこまでは順調にきていた。あと数年もすればウォールストリートがアップルの企業価値を10億ドル以上と見積もるだろう。

だが今、世間をあっと言わせるアップルの最高傑作「マッキントッシュ」のリリースまでたったの6週間というときになって、ジョブズは出し抜かれたことを思い知らされた。

衝撃のパンチは、カリフォルニア州クパチーノから２５００マイル以上離れたニューヨークにある老舗ホテルの記者会見場から飛んできた。

壇上には大勢の記者たちを前にビル・ゲイツが立っており、会場はたった今発表されたマイクロソフトの新しいユーザーフレンドリーなＯＳの開発計画にざわめいている。

マッキントッシュに驚くほどよく似た機能をいくつも搭載したシステムだ。

当時、コンピュータは今のように直感的な操作ができるデバイスではなかった。カラフルなグラフィックもなければ、クリック可能なアイコンも、対話型のメニューもない。

１９８３年当時、コンピュータに何かさせようと思ったら、ルールに則った文字列をキーボードで打ち込み、コマンドを伝えなければならなかった。

そこにアップルのマッキントッシュは、２つの画期的なイノベーションを実現した。

コンピュータスクリーンに表示される美しいビジュアルと、マウスの登場だ。ユーザーはもう、難しいコンピュータ言語の習得に取り組まなくていい。アップルの新しいマック（マッキントッシュ）なら、アイコンのところにマウスを持っていってクリックするだけだ。

ジョブズはマッキントッシュを市場に出すのが待ち遠しくてたまらなかった。そして２カ月もしないうちに、アップルがパソコン業界を根底から覆す様子を思い描いていた。

だが今、ゲイツが新ＯＳの開発を発表している。

名称は、ウィンドウズだって？

ジョブズは怒りで顔色を失った。

そもそもゲイツはライバルではなかった。ゲイツはアップルのベンダーだったのだ。

どこでどうなったのか。謎が多すぎて、ほとんどわけがわからない。

ジョブズは自らマイクロソフトを選んで、アップルのコンピュータ用のソフトウェアを開発させていた。ゲイツにはよくしてやってきたつもりだ。

ゲイツを伴ってカンファレンスにも出向いたし、アップルのイベントでは壇上に招いたりもした。ゲイツのことは、内輪の人間の1人として扱ってきた。

それなのに、この仕打ちか？

「ビル・ゲイツをここへ呼べ」

彼はアップルのマイクロソフト担当者に命じた。「明日だ！」

ゲイツがこの国の反対側の端にいることなど知ったことではない。

ジョブズの要求は通った。翌日、アップルの重役用会議室はアップルの幹部でいっぱいになった。ジョブズはとにかく数を集めたかった。マイクロソフトのチームが到着したときに、威圧感を与えるためだ。

対決のときは迫っているが、こちらが数で負けていることはないはずだ。

だが、わざわざそんなことをする必要はなかった。

驚いたことに、マイクロソフトはチームを送り込んでこなかった。ゲイツが1人でやってきたのだ。そして、きまり悪そうにアップルの怒れる幹部集団と向き合った。

ジョブズはわずかな時間も惜しんで、すぐにゲイツを激しく非難しはじめた。

「お前、はめたな！」とジョブズは怒鳴った。

アップルの役員たちも皆、ぎらぎらとした目でゲイツを睨みつけている。

「信用してたんだぞ。それなのにお前は私たちから盗みやがった！」

ゲイツは黙って聞いていた。

ゲイツは一度も目を逸らすことなく、一瞬間を置いてから何げない調子で、とんでもないことを口にした。出席者は皆、あんぐりと口を開けるしかなかった。

「スティーブ、物事にはいろんな見方があると思うんだ。これって、君も私も、ゼロックスっていう金持ちの家の近所に住んでいて、テレビセットを盗もうと私がゼロックスの家に押し入ってみたら、すでにそれは君が盗んでいた、っていうようなものだと思うんだよ」

ウィンドウズが自分のアイデアではないことはゲイツも認めた。

ただ、彼が納得できなかったのは、マウスで動かせるグラフィックベースのOSが、独創的なスティーブ・ジョブズの発明だという主張だった。

アップルがどんな英雄伝を記者たちに吹聴していようと、そんなことはどうでもいい。

ゲイツは真実を知っている。マッキントッシュは断じてアップルの発明ではない。

マッキントッシュは、ニューヨーク州ロチェスターにあるコピー機メーカー「ゼロックス」からの「リバース・エンジニアリング（逆設計を行う）」による産物である。

話は遡って１９７０年代、ジョブズがまだ高校生だった頃、ゼロックスはその将来に危機感を抱いていた。コンピュータの出現により、ペーパーレス・オフィスの実現が同社幹部の頭に浮かび、コピー機が時代遅れのものになるのではないかと気が気ではなかった。

そんな時代の到来を、ただただ指をくわえて見ているわけにはいかない。

ゼロックスはイノベーションを起こすために、カリフォルニア州にパロアルト研究所（ＰＡＲＣ）を設立した。[2] 今では有名な話だが、ゼロックスＰＡＲＣは潤沢な資金、リスクを恐れない文化、立地のよさが運よく重なって、アイデアの宝庫としてすぐにその名を轟かせるようになった。

シリコンバレーには優秀なエンジニアがあふれている。

そこへゼロックスの西海岸の前哨基地が建設されて、シリコンバレーの優秀なエンジニアを引き寄せ、自由に研究させる風土が整った。

ゼロックスＰＡＲＣの数えきれないほどの発明の中に、ほとんど誰も聞いたことがないパソコン「アルト」があった。アルトには、マッキントッシュを有名にすることになったのと同じ機能が多数搭載されていた。

コンピュータを操作しやすくするグラフィックや、コマンドを伝えるためのマウスなどだ。ただしアルトは、アップルがまだ存在もしないときに開発されたものだった。

アルトに価値があることはゼロックスもわかっていた。

ただ、わからないこともあった。

アルトが、どれくらいの価値になるかということだ。

当時、ゼロックスはアルトをハイエンドのニッチな商品と捉えて、有名大学や大規模企業なら検討してくれるかもしれない高額予算が必要な商品に位置づけた。

だが当然ながら、今日の価格で10万ドルを優に超え、しかも最少購入単位が5台というゼロックスのアルトは、アメリカの最富裕層でも手の届かない商品だった。

そもそもゼロックスには見えていないことがあった。

同社幹部の多くは1940年代から50年代に成人した人たちで、タイピングは秘書の仕事領域と考えていた。コンピュータが家庭用機器になる世界など想像もできなかったのだ。

1979年にスティーブ・ジョブズに対して行った説明も含めて、ゼロックスが訪問者にアルトをぞんざいにしか紹介しなかったのも、これで説明がつくだろう。

一方、ジョブズは一瞬で魅了された。

「これじゃ宝の持ち腐れですよ」

彼は、アルトの説明をしてくれたゼロックスのエンジニアにそう言った。

説明が進むにつれ、ジョブズはじっとしていられなくなってきた。ぐいぐい引き込まれていき、興奮を抑えようとしているのが見て取れるほどになっていった。

そしてついにこう口にした。

「ゼロックスがこれを利用しないなんて信じられない」

そのあとジョブズは車に飛び乗り、大急ぎで自社に戻った。のんびり構えているゼロックスの幹部と異なり、ジョブズはこの発明の偉大さを完璧に理解した。未来像を見せてもらえたのだ。ジョブズにはその確信があった。

ゼロックスがそれに気づくまで待つ気などさらさらない。

「これだ！」

ジョブズは部下にそう言い、「これをやるんだ！」と号令をかけた。

それからは夜を徹してでも、マウスで動かせるグラフィカル・ユーザー・インターフェイスを開発することが、アップルの最優先課題になった。ただし、アルトをそっくりまねるつもりはなかった。もっといいものができるとジョブズは信じていたからだ。

自分ならマウスは簡素化して、1個のボタンにする。コンピュータのグラフィック能力を利用して、芸術的なフォントをつくる。そして自分なら、アルトの法外な価格を大幅に値下げできる技術的な解決策を見つけて、パソコンを大衆に届ける。

だが、こうしたことを実現するには、まずチームの意見を聞かなければならない。

そこでジョブズは、アルトについて見聞きしてきたことのすべてをチームのメンバーに伝えた。機能や性能、デザインについて詳細に説明した。あとはそれぞれが自分の仕事に戻り、アルトの仕組みを突き止めるための綿密な計画を立てていく。

目標は、その情報をもとに世間をあっと言わせる新しいマシンを開発することだ。*

*このエピソードを読んで、ジョブズとゲイツについて釈然としないというなら、もう少し筋道を立てて話すと、わかりやすくなるかもしれない。ここで、いくつか注目したい事実がある。

まず、ゼロックスには廉価版のコンピュータを一般市場に向けて販売する気はなかったということだ。大半の人がアルトの話など聞いたことがないのは、ジョブズがそのアイデアを盗んだからではない。ゼロックスが自社技術の可能性を認識していなかったからだ。

次にマイクロソフトは、ゲイツがマッキントッシュを目にする前から、グラフィカル・ユーザー・インターフェイスに取り組んでいたという事実がある。ジョブズは知らなかったけれど、ゲイツもまた、同じくらいゼロックスのコンピュータに魅せられていた。

最後にジョブズもゲイツも、ゼロックスの技術を単純にまねて終わりにするつもりなどなかったということだ。2人とも、ゼロックスの技術を独創的な方法で改良しようとしていた。

アップルの狙いは、コンピュータをユーザーフレンドリーなものにすることだったし、マイクロソフトは手ごろな価格のコンピュータをつくることを最優先に考えていた。

両社とも、アイデアが有効活用されていないことに気づき、そのアイデアをよりよい形にしようと取り組んだのだ。先のエピソードでは、ジョブズがゲイツをなじっているが、アイデアを盗んで勝ち取った成功の責めは、どちらの会社が負うべきかを判断するのは難しい。

スティーブ・ジョブズのアプローチは、特に変わったものではない。

少なくともシリコンバレーでは、リバース・エンジニアリングによって集めた洞察をもとに、きわめて画期的な製品が日常的に生まれている。

私が今、この原稿をタイプしているノートPCは、コンパックがIBMのパソコンを分解して、その情報をもとにポータブルコンピュータを開発するリバース・エンジニアリング[3]を行っていなかったら、存在していなかったはずだ。

私が今、手にしているマウスは、スティーブ・ジョブズの鋭い嗅覚を見せつけるものだが、マウスを発明した功労者はゼロックスでもない。

マウス発明の功労者はスタンフォード大学の研究者ダグラス・エンゲルバート[4]で、彼は1964年に、埋め込んだ金属ディスクを利用して動きを追跡する木製の箱の試作品を完成させている。

ゼロックスがエンゲルバートのこの業績を知らないはずはなかった。なぜならエンゲルバートの研究室は、PARCからわずか9分の距離にあったからだ。

私が今、打ち込んだ文字を原稿にするのに使っているソフトウェア「グーグル・ドキュメント[5]」も、何もないところから誕生したわけではなく、既存のワープロ・アプリケーションを詳細に分析して生まれている。

リバース・エンジニアリング、つまり物事を系統立てて分解し、その内側の仕組みを探って、新しい洞察を引き出すというのは、単にテクノロジー業界独特の特徴という以上のものだ。驚くべきことに多くのイノベーターにとっては、どうやらそれは自然発生的に生まれてきた「生来の性質」のようなものらしい。

マイケル・デルは、16歳の誕生日にアップルIIをもらったとき、大して苦労もせずに電源を入れられた。それどころか、黙ってアップルIIを自室へと運び、ドアを閉めて（両親からすれば、恐ろしいことに）一つひとつ分解して、どうやって組み立てられているのかを調べた。[6]

その数年後、彼はデルコンピュータ（現デル・テクノロジーズ）を創設した。購入者が一度に1つずつコンポーネントを追加して、コンピュータをカスタマイズできることで差別化を図った会社だ。

グーグルのラリー・ペイジは9歳のとき、兄に誘われてドライバーをいじって遊んでいた。そしてドライバーを使って父の電動工具を分解し、中を覗いてみた。[7]

アマゾンのジェフ・ベゾスも、母親のジャックリンがいつも感じていたように、他の子どもとはどこか違うところのある子だった。彼女は、それを確信した瞬間のことをはっきりと覚えている。それは、まだよちよち歩きの息子が、自分のベビーベッドを分解しようとしているのを見たときのことだ。[8]

このように「純粋な好奇心」と「知りたいという欲求」が、リバース・エンジニアリングの2つの原動力である。ただし、テクノロジー業界の開発者が、リバース・エンジニアリングの手法を用いるのには、もっと現実的な理由がある。

たとえば、既存のOSに対抗できるソフトウェアをつくろうと思ったら、たいていは既存のシステムの基礎となっている機能を、「デコーディング」してみるしかないということだ。[9]さらにリバース・エンジニアリングには、製品のきわめて革新的な特徴を発表前の段階で分析して、解読するという非常に重要な役割がある。

26歳のジェーン・マンチュン・ウォン（黄文津[10]）は香港在住の開発者だ。あなたはおそらく、ウォンの名前など聞いたこともないだろうが、オンラインでは彼女はスーパースターである。きわめて優秀な頭脳の持ち主として、シリコンバレー全体で最も話題にされる1つのX（旧ツイッター）アカウントの裏にいるのが、彼女なのだ。

ウォンは、ある種の探偵である。来る日も来る日もコードを徹底的に調べ、アプリの開発者が密かにテストしている休眠中の機能を探っている。

アプリのアップデート通知がスマートフォンやタブレットに届くと、必ずそのアップデートには新しいコードが何行か含まれている。その中の一部に、たいていのユーザーにとっては無効となるように仕組んだコードが、含まれていることがときどきある。

そこでウォンの登場となる。非アクティブなコードを徹底的に分析することで、彼女は興味深い最新の機能を突き止めて浮かび上がらせるのだ。

そのため、起業家やプログラマー、テクノロジー業界担当の記者・ジャーナリストがウォンのX（旧ツイッター）アカウントをフォローし、フェイスブックやウーバー、インスタグラム、スポティファイ、エアビーアンドビー、ピンタレスト、スラック、ベンモなどの大手企業から次に何が出るのかを、正式リリースのはるか以前に突き止めようと注目している。

ウォンが突き止めて露見させたものには、スポティファイのカラオケ機能やインスタグラムの「いいね！」の数を非表示にする機能、さらにフェイスブックの新しいデートアプリ機能などがある。

明らかにシリコンバレーは、リバース・エンジニアリングに精通している。それはテクノロジー業界のイノベーターが、今あるものから学び、画期的なアイデアを拝借してその上に新しいものを築き、常に時代を先取りしていくための手法だからだ。

では、あなたが同じことをしたら、どんなことができるだろうか？

コンピュータ業界で、リバース・エンジニアリングが普及してきたのには理由がある。コンピュータ業界は、あまりにもめまぐるしく変化し発展しているため、**リアルタイムで学習していくことが成功には欠かせない**からだ。

もしあなたがシリコンバレーでの成功を夢見ているなら、のんびり構えて、雑誌の記事や業界のカンファレンスで主要な革新に遭遇するのを待っているわけにはいかない。

その頃には、時すでに遅しなのである。常に最先端を行くには、周囲の目を引きつける発見や役立つテクニック、重要なトレンドを誰よりも早くつかんでいくしかない。

あなたの業界はそういう環境には程遠いという場合でも、変わっていく可能性はある。

実際、**今は大きな変革が起こりはじめている**。

１９８０年代後半、コーネル大学とデューク大学の２人の経済学者がある重要なトレンドに気づいた[11]。収入が上位中の上位にいるほんの一握りの人たちに集まる市場の偏りが、ますます激しくなっているということだ。

それ以前にも２人は、プロスポーツやポピュラー音楽、大ヒット映画の世界など有名人が集まる業界で、この現象を目にしてきていた。しかし、そのときは違った。

会計士や医師、学者など、およそ華やかではない職業でも、突然、大きく偏った収入分配が燃えさかる火のように広がりはじめていたのだ。

何が原因で、この変化は起こったのだろうか？

ロバート・H・フランクとフィリップ・J・クックが１９９５年の著書『ウィナー・テイク・オール』（日本経済新聞出版）で説明しているように、技術の進歩には多くの場合において厄介な副作用が伴う。

技術的な進歩は、一流の職業機会を巡る競争を加速させ、結果的に「ひとり勝ち」市場が誕生しやすくなるということだ。

フランクとクックは、オペラ歌手を例に、技術の進歩がいかに競争を加速させるかを示している。19世紀、オペラ歌手はどこにでもいた。ロンドンからサンクトペテルブルクまで、ヨーロッパ中の都市に名の通った大規模な地元のオペラカンパニーがあった。

当時は旅をして回るのは困難だったので、オペラカンパニーは限られた場所にしか行けなかった。だから、1800年代にプロのオペラ歌手を目指していたとすると、カンパニー入団の障壁は比較的低かった。要するに、自分の家から数マイル圏内に住む他の人よりも、うまく歌えればそれでよかったのだ。

この状況が20世紀になって急激に変化した。旅行や録音機器、無線通信に革新が起こり、地理的制約が大幅に縮小した。優れたオペラ歌手の活動の場が、もう地元での公演に限定されなくなったのだ。優れたオペラ歌手の歌は、レコードやカセットテープ、CDで、いつでもどこでも楽しめるようになった。

これは音楽愛好家にとって、素晴らしいニュースだった。けれども並の歌手にとっては心中穏やかではいられない進歩で、もう近隣の人たちだけがライバルではなくなった。

今や、ルチアーノ・パヴァロッティのような人たちとも、競争していかなければならなくなったのだ。

この論法がクラシック音楽界をはるかに超えて広がるのは、経済学者でなくてもわかるだろう。技術の進歩により、雇用主が優れた人材を見つけて雇用しやすくなると、あらゆる分野で競争の激化が促進される。

何で生計を立てているかに関係なく、**10年前より今は格段に激しい競争に晒されている。**もう、自分の地元の同業者と競争するだけではすまされない。今や、世界中のその道のエキスパートを相手に競争していかなければならないのだ。

顧客にとっても、採用担当者にとっても、その分野の最高の人材を見つけて、自分のところに連れてくるのが、これほど容易になった時代はない。

しかし、明るい兆しもある。

有益な形で自分を差別化できて、自分自身をその道のパヴァロッティに位置づけられたら、そこに待ち受けている見返りは、これまでの世代のスターが受け取る見返りよりもはるかに大きいからだ。

では、どうやってそのレベルの成功に到達するのか？

そのパズルを解くカギは、継続的に新しいスキルを身につけていくために、**すばやく「習得する技術」を磨く**ことだ。専門性が流動的に変化する世界で成功するには、探求を続けることが欠かせない。常に新しいイノベーションや業界のトレンドをいち早くつかんでおくのは、もはや野心家だけに必要なスキルではない。その業界にとどまるための最低条件となる。

もちろん正しく学習すれば、単に時代の流れについていく以上の効果がある。

的を射た学習は創造性を高めるのに役立つし、周辺分野から貴重なアイデアを引き出す能力が身につき、独自のスキルの組み合わせができる。そして、やがてこれらの経験が累積して有意義な成果が出せ、数多《あまた》の同業者より抜きん出るチャンスが広がる。

昔は、教育は学術界の領域だった。だが、**今は従来のような教育を続けていてもうまくいかない。**教室やオンライン授業で素晴らしいイノベーションの事例について語られる頃には、その**イノベーションはとっくに時代遅れになっている**だろう。教育機関は、これほど変化の激しい革新の時代に対応できるようにはつくられていない。

だとすれば、すべきことは明らかだ。めまぐるしく変化して、競争が非常に激しい今の世の中では、野心を持って仕事に臨む人には新たなアプローチが必要になる。

教えてもらえるまで待つのではなく、**継続的に自分のスキルを伸ばし、常に重要な開発をしっかり把握していられるようにする**ことだ。

ここで再び、働く人の大半が独自に学習している[12]地球上のある場所の話に戻ろう。

シリコンバレーだ。

スティーブ・ジョブズは、ウィンドウズの件でビル・ゲイツを決して許さなかった。

それどころか、ゲイツと対峙しながら、ジョブズは一ミリも敗北を認めるつもりはなかった。ゲイツがどんなに巧みな言い逃れを用意しているにせよ、ジョブズには確信があった。

マイクロソフトがマッキントッシュ用のソフトウェアを開発していなかったら、ウィンドウズは絶対に誕生していなかった。

アップルの重役用会議室では、ゼロックスに関して痛いところを突いたゲイツの反論をジョブズがさりげなくかわした。そして話題を変えたジョブズは、この場でウィンドウズを紹介するようゲイツに求め、ゲイツはそれに応じた。

数分後、ジョブズは自分の結論を伝えた。

「はは、聞けば聞くほどクソだな」

安心したふうを装い、ジョブズはそっけなく言った。

ゲイツには、ジョブズにつかの間の勝利を味わわせてやる余裕があったので、その場ではジョブズに面子《メンツ》を保たせてやることにした。

「ああ、ちょっとしたクソさ」と、ゲイツはジョブズに伝えた。

10年もしないうちにウィンドウズは市場を席巻して、世界一成功したOSになった。

その間、一方のアップルは業績がどん底まで悪化し、窮地に立たされていた。1997年には、アップルはいよいよ廃業かというところまで追い込まれた。

ところが、そこに1億5000万ドルの資金が投入され、どうにか経営破綻を免れた。

その資金を提供したのは、ほかならぬビル・ゲイツだった。

それでも、ジョブズはゲイツに対して冷酷そのものだった。

どうしても自分の感情が抑えられない。敵であるゲイツについて、記者からコメントを求められたりしたときはなおさらだ。

「ビルは基本的に想像力が乏しく、なにも発明したことがない[13]」

ジョブズは伝記作家のウォルター・アイザックソンに、そのように言った。

「だから、テクノロジーよりもいまの慈善事業のほうが性に合ってるんじゃないかと思うんだよね。いつも、ほかのアイデアをずうずうしく横取りしてばかりだから」


このように辛酸をなめたジョブズであったが、最後には笑うことになる。

2005年、ジョブズはゲイツとともにマイクロソフトのエンジニアの誕生日パーティーに招待された[14]。長年の友人であるエンジニアの妻に頼まれ、ビル・ゲイツと飲んだり食べたりすることを嫌がりながらも、渋々やってきたのだ。

しかし、このパーティーがアップルの将来を大きく変えることになるとは、ジョブズは思ってもみなかった。

マイクロソフトのエンジニアは、上司にアピールしようと、自分が取り組んでいるプロジェクトと、それがいかにコンピュータに革命を起こそうとしているかを詳細に語った。

タブレットだ。タブレットが誕生すれば、ノートPCが過去のものになる可能性もあるという。そのスマートなデザインや実用性、持ち運びやすさについて、延々と語り続けた。

そのエンジニアは、タブレット1台ごとに付属するスタイラスペンが気に入っていて、これのおかげでタブレットが使いやすくなるという。そして冗談半分にジョブズに、これは業界を変革する装置だからライセンス契約を結ばないかと提案した。

ジョブズも表向きは、調子を合わせておいた。

だが内側では、あるアイデアが彼の頭の中を駆け巡っていた。

翌朝、ジョブズはチームを呼び集めて構想を話した。

「タブレットをつくりたい。キーボードもスタイラスペンもなしだ」

マイクロソフトのアイデアをそのまま、まねたいとは思わなかった。マイクロソフトが練ってきたアイデアをさらに発展させて、もう一段いいものにしたかったのだ。

6カ月後、アップルは試作品を完成させた。指だけを使ってタッチスクリーンに文字を入力できるものだ。

「これこそ未来だ」

ジョブズは試作品を見るなりそう言った。

だがそう言いながらも、ジョブズはそのデバイスの商品化を認めず没にした。

ジョブズが思いついたのは、このタッチセンサー式のテクノロジーを別のプロジェクトに応用することだった。アップルのエンジニアが何カ月も行き詰っていたプロジェクトだ。

そして当分のあいだ、タブレットは棚上げとなる。

それから1年を少し過ぎたある日、スティーブ・ジョブズはサンフランシスコで開かれたマックワールド年次カンファレンスの壇上に登った。その手に、アップルを世界一収益性の高い企業にすることになる新製品を引っ提げて。iPhone だ。

今度は、ビル・ゲイツが出し抜かれたと思う番だった。

何年もしてから、ゲイツは自分の最初の反応を明かした。

「やられた、マイクロソフトは目標が低すぎた[15]」と、ゲイツは思ったという。

スティーブ・ジョブズとビル・ゲイツのライバル関係には、シェイクスピアの代表作の要素がすべて含まれている。

欠点のある主役たち、終わることのない確執、崩れた協力関係、裏切り、復讐、カタルシス、さらには悲劇的な早すぎる死まで。その中心にいるのが、きわめて個性的な2人の人物。理想主義で創造力あふれる夢想家のジョブズと、プログラミングに関してずば抜けて鋭敏な頭脳を持つゲイツだ。

私たちはついつい2人の性格や欠点、才能にばかり注意を向けそうになる。

しかし、彼らの物語をこれほど面白くしているのは、2人がどんな人物だったかというさまざまなエピソードや、パソコンの未来を賭けて競争してきた10年を超える闘いばかりではない。

それは、2人のストーリーに何度となく登場し、ある意味彼らの最大のイノベーションを常に支える役割を果たしているにもかかわらず、見過ごされているプロセス「リバース・エンジニアリング」だ。

ジョブズもゲイツも、そのときどきの製品やサービスを研究し、そこから重要な洞察を引き出して、その学習を生かして新製品を開発することで大きな利益を得ていた。

そして、それは彼らだけではない。コンピュータ業界の歴史は、それぞれが独立した閃きの歴史ではない。互いに研究し合って、複数のソースからアイデアを組み合わせ、先行するものから発展させて新しい製品やテクノロジーを生み出す、探究心旺盛なイノベーターのストーリーである。

リバース・エンジニアリングは、コンピュータ以外の世界では効果が限られていると思うかもしれないが、その応用範囲は驚くほど広く、実用的で非常に興味深い。

実際、このあと説明していくが、リバース・エンジニアリングは、単にビジネス界の大物が好んで使うツールにとどまらない。

文豪や受賞歴のあるシェフ、伝説のコメディアン、殿堂入りしたミュージシャン、スポーツの優勝チームなどが一般的に活用しているツールなのである。さらに重要なことに、今あるものを徹底的に研究し、貴重なアイデアを引き出して、自分の仕事をエキサイティングな新しい方向に発展させるやり方は、あなたの仕事の分野にも生かせるということだ。

本書は2部構成になっている。

PART1では、さまざまな業界の超一流の人たちが、自分が目指す人の業績をどのようにリバース・エンジニアして隠れた洞察を読み取り、そこから新しいスキルを獲得して、自分の創造力に火をつけようとしているのかを探っていく。

ここでは、彼らのリバース・テクニックを明らかにし、パターンを見出して公式化する。そして私たちはなぜその業績をユニークだと思い、引きつけられるのかを正確に、ピンポイントで突き止めるのに役立つ方法を解き明かしていく。

続いて、模倣につきものの欠点を見つけ、「先行品の優れたところ」と「自分たちならではの強み」を組み合わせて、公式を改変する重要性について検討していく。

たいていの場合、確立された公式をそのままコピーしたり、過度に信頼しすぎるのは敗者の戦略であり、記憶に残るような結果をもたらすことは滅多にない。

しかし、完成している公式を完全に無視して、何ひとつ馴染みのない新規のものを人々に押しつけるのも、同じくらい危険なことだ。

そこでそれらの理由を探り、世界で最も革新的な人たちが、人々の期待を無視するのではなく、むしろ人々の期待に沿うように、公式をうまく生かして改変する方法について学び、さらにそうした戦略を自分たちの仕事に応用する方法を考えていく。

ＰＡＲＴ２では、リバース・エンジニアのスキルを使いこなせるようになることを目指す。革新的な成果を生むために、リバース・エンジニアリングで必要な要素を探ることと、その知識を効果的に活用することは別の話だ。また、卓越したリバース・エンジニアリングの例を見ると、その衝撃から心が落ち着かなくなることも多いが、それは自分が到達しようとしている業績と、今あるスキルのギャップに気づかされるからだ。

そこでＰＡＲＴ２では、実例にもとづいて、新しいスキルを身につけるためのさまざまな戦略を示しながら、この「ビジョンと能力のギャップ」を埋めていくためのロードマップを提案していく。

どうすれば、シンプルな測定値と指標を改良の原動力にできるのか、なぜたいていの人の訓練の定義はあまりにも狭いのか、そしてなぜ大半のフィードバックは驚くほど有害なのかを見ていく。

そのうえで、本物のプロが未来を見つめる視点と、そこから専門性についてわかること、フィードバックを求めるべきタイミング、あなたが目標とする超一流の専門家に尋ねるベストな質問を探っていく。

さらに、自分のスキルを伸ばし、キャリアや評判を台無しにするリスクを冒すことなく、能力を雲の上まで高めるためのさまざまな機会を探っていく。

その中であなたは、超一流の人のきわめて興味深いエピソードに出合うだろう。

たとえば、正式な教育を受けていないのに、自分のやり方をリバース・エンジニアリングしてその道のトップにまで上り詰めた有名なアーティスト、マッシュアップの効果を証明するような歴史的な当選を果たした大統領、目指す作家の作品をまねられず、結果的に新たなジャンルを生み出したベストセラー作家などだ。

本書を読み進めていけば、最新の研究をもとにした実行可能な戦略がいくつも見つかるはずだ。具体的には、人間の動機づけや神経科学、進化生物学、スポーツ心理学、学習、記憶、専門知識、文学、映画、音楽、マーケティング、ビジネス、コンピュータサイエンスなど、広範な分野から数多くの役に立つ論文をわかりやすく紹介していく。

これらはすべて、あなたが優れた業績を分析することで自身のスキルを高め、人々をあっと驚かせるようなものを生み出すための道筋を、明らかにしてくれるものだ。

そして本書を読み終える頃には、あなたは重要なスキルを新たに獲得できるようになっているだろう。

それは、**興味を引かれる事例を分解し、その仕組みを正確に突き止め、その知識を応用して、自分ならではの創意工夫に満ちた「勝利の方程式」を見出していける**スキルだ。

リバース思考

超一流に学ぶ「成功を逆算」する方法

第2章

構造の分解

アルゴリズム的思考で優れた創造性を分析する

第3章

価値の創造

創造性の呪縛を解き放って価値をつくる

PART 2 ビジョンと能力のギャップを埋める

――アイデアを現実にする方法とは

第4章 スコアボードの活用

数値化と指標の活用がスキル向上を促す

第5章

可能性のテスト

リスクを取るために、リスクを取り除く

第6章

練習とその効果測定

3つの次元でスキルの向上を目指す

第7章

フィードバックの真実
スキル向上のため専門家に質問する方法

本文デザイン・DTP／相原真理子

PART 1

隠れたパターンを解き明かす

リバース思考とは

第1章

構造の認識

探偵になって隠れた仕組みを見つける

あなたも、非常に優れた「偉業」や、そうした偉業を達成するために必要な「能力」についての話を、これまで何度となく聞いたことがあるだろう。

偉業の達成には、まず「才能」によるものという見方がある。

これは、「人は誰でも何らかの強みを持って生まれ、そして自分の強みを発見してそれを職業に生かして開花させた人が各分野でトップに上り詰める」というストーリーになる。

もう一方が、偉業の達成は「訓練の賜物《たまもの》」であるという見方だ。

この視点では、「才能は偉業達成をほんの少し後押ししてくれるにすぎない」ということになる。本当に重要なのは、効果的な練習方法と人一倍努力する姿勢だという。

ところが偉業の達成には、もう1つ秘訣がある。あまり知られていないが、「スキル獲得と上達への近道」ともいうべきもので、芸術家や作家、料理人、アスリートから発明家、起業家に至るまで、あらゆる業界で超一流の人たちが驚くほど一般的に活用している。

それが先述した「リバース・エンジニアリング」である。

リバース・エンジニアリングは、「表面に現れていることの裏側を見て、隠れた仕組みを見出すこと」だ。どのような設計になっているかを調べ、さらに重要なのが「そこからその改変方法を見出していく技術」だ。

具体的には、頬が落ちそうなほど美味しい料理を食べて「レシピを推測する」、美しい音楽を聴いて「コード進行を突き止める」、ある映画を観て「物語の展開構造をつかむ」などといった能力を指す。

このように分解することで偉業を達成した例は、文学や芸術からビジネス界まで、さまざまな分野で豊富にある。

たとえば、映画製作者のジャド・アパトーを例に取って考えてみよう。[1]

アパトーは、『俺たちニュースキャスター』『ブライズメイズ　史上最悪のウェディングプラン』『40歳の童貞男』など、当時最もヒットしたいくつものコメディ映画で脚本・監督・製作を担当してきた人物だ。

アパトーはどうやって自分の作品の製作技法を身につけてきたのだろうか？

それはアパトーが敬愛するすべてのコメディアンの優れた点を、体系的に紐解いて分析することによって得られたものだ。

アパトーの秘密兵器は、リスナーが1人しかいないラジオ番組だった。

アパトーは高校時代、お笑いの大ファンで、同年代の友人がロックスターに夢中になる中で、彼はコメディアンに夢中になっていた。お笑いのレコードを集め、お笑いのTV番組をもとに1週間の計画を立て、夏休みには地元のコメディクラブで皿洗いのバイトをした。

そしてほんの気まぐれで自分の学校のラジオ局に参加したとき、そこで彼は興味深いことに気づいた。そのラジオ局の高校生DJは、いくつもの大物バンドのインタビューに成功していたのだ。

アイデアが浮かんだのはそのときだった。だったら自分でラジオ番組をつくって、お笑い界の大スター一人ひとりから、キャリアについてのアドバイスをもらえばいい。

「エージェントや広報の人に電話して、僕はロングアイランドのWKWZラジオのジャド・アパトーだけど、彼らの顧客のコメディアンにインタビューしたいって伝えたものだよ。

自分が15歳だってことは言わなかった。だって、コメディアンの代理人の大半はロサンジェルスにいるんだから、うちのラジオ局の電波がかろうじて家の駐車スペースを出たあたりまでしか届かないなんて、わかるわけがないんだから。それで僕がインタビューに出向いていって、ようやく騙されていたことに気づくってわけさ」[2]と、アパトーはのちに書いている。

この計画は非常にうまくいった。それからの2年間、アパトーはコメディ界の大物たちにインタビューし、どのようにしてネタを考えているか、どうやってエージェントを見つけたか、さらには有名になるための最適な方法まで、あらゆることを聞き出した。

インタビューには、ジェリー・サインフェルド、ギャリー・シャンドリング、ジョン・キャンディ、サンドラ・バーンハード、ハワード・スターン、ヘニー・ヤングマン、マーティン・ショート、（ウィアード・アル）ヤンコビック、ジェイ・レノが応じてくれた。

これらのインタビューでアパトーは3つのことを学んだ。

1　自分のスタイルを見つけて軌道に乗せるには7年かかる
2　3日と空けずパフォーマンスを行っていないと腕が鈍る
3　新人コメディアンが技術を磨くためにできることでいちばん重要なのは、できるだけ頻繁にステージに上がってステージ慣れすること

アパトーが録音したインタビューの多くは、いっさい放送されることがなかった。それもそのはず、彼はラジオ番組をつくる気など毛頭なかったのだ。

高校を卒業する頃には、アパトーは自身が「ブループリント」「バイブル」と呼ぶジョークのネタ帳を完成させ、自分のスタイルを磨いて、キャリアを築いていくための材料をしっかりと集めていた。

成功者にインタビューするのは、「正しい質問内容（第7章で紹介）」を用意すれば、その成功の秘訣を探る効果的な戦略となり得る。ラジオ局のDJのふりをする必要もない。ブログやポッドキャストがこれほど急成長している今の世の中であれば、専門家と話をするのもさほど難しくないだろう。

だが、もしその人たちがあなたとの会話を拒んだら？

あるいは、すでに亡くなっていたら？

比較的最近、ベストセラー作家のジョー・ヒルがまさにこの問題に直面した。

新作の執筆中に行き詰って、その先が書けなくなってしまったときのことだ。

だが先へ進むには何が必要か、彼には正確にわかっていた。

そこでヒルは、犯罪小説の帝王であり、サスペンス小説のレジェンドの作品を参照してみることにした。エルモア・レナードだ。

「私は自分の原稿を脇に置いて、2週間かけて『ビッグ・バウンス』を書き写した」[3]

ヒルはポッドキャストの「10分間 ライターズ・ワークショップ」のインタビューでそう話した。

「毎日、本を開いては、最初の2ページを一文一文書き写したもんだよ。なんとか彼のリズムをつかんで、エルモアの会話の展開の仕方や、ほんの数行でキャラクターの人物像をうまく匂わせてしまうやり方を会得しようと思ってね。（中略）2週間ばかりエルモアを自分の中に染み込ませると、スリラーを書くのに必要なリズムとか、軽いジャジーなタッチがつかめてきた。彼のスタイルを研究することで、自分の作品に戻ることができたんだよ」

ヒルが採用したのは父親譲りのアプローチだった。

ヒルの父親は6歳のとき、扁桃腺炎にかかって外に遊びに行けなくなり、暇つぶしにこの遊びを思いついた。彼は夢中でマンガ本を1ページずつ書き写し、ときどき自分なりのアレンジを加えたり、セリフを少し変えたりして遊んだ。[4]

この遊びが彼には役に立った。今はもうマンガの書き写しをあまりやっていないが、彼の著書は3億5000万部以上売り上げている。彼の名はスティーヴン・キングである。

キングもヒルも筆写するという方法[5]を利用した。ベンジャミン・フランクリンが行ったことで有名になり、F・スコット・フィッツジェラルドやジャック・ロンドン、ハンター・トンプソンといった偉大な作家たちが活用してきた学習法だ。

優れた作家の作品を徹底的に読み込んで、そのあとは元の作品を見ずに、記憶を手繰りながら一字一句違《たが》わぬよう文章を書いて、元の文章と比較するという学習法である。

私たちが今日、天才と崇める独創的な画家の多くも、そのキャリアにおいて、かなりの時間を模写に注ぎ込んでいた。[6]

クロード・モネ、パブロ・ピカソ、メアリー・カサット、ポール・ゴーギャン、ポール・セザンヌはみな、フランスの画家ウジェーヌ・ドラクロワの作品を模写することで自分の技術を磨いた。

ドラクロワ自身は、自分が尊敬するルネサンスの画家たちの作品を何年も模写し続けた。ラファエロ、レオナルド・ダ・ヴィンチ、ミケランジェロといったルネサンスの偉大な画家たちも、多くの場合、お互いの作品を模写し合うことで、自分のスタイルに磨きをかけた。

模写が効果的なのは、単に内容を思い出す以上のことを作家や画家に強いるからだ。ある作品を模写しようと思ったら、元の作品から読み取れる作者の全体的な意図やスタイル的な傾向に細かく注意しなければならない。

これは新人にとって、先人の創作の旅を追体験し、自分のクセを達人の選択と比較するのにいい練習となる。つまりこの練習を行うことで、意思決定のパターンが明らかになるのだ。そして、先人の作家や画家の基本的な公式や方法論が分解できれば、その傾向をつかんで分析し、自分の作品に応用することができる。

リバース思考の活用

複製はたしかに、隠れた公式を解き明かす1つの方法ではあるが、それだけが唯一のアプローチではない。もう1つ、ノンフィクション作家のあいだで定着しているやり方がある。

書籍巻末の原注にざっと目を通し、著者がどんな資料を用いてその作品を執筆したかを調べる方法だ。[7] これはレストランで美味しい料理を食べて、それをつくったシェフのパントリーを盗み見て材料を調べるのに似ている。

索引も同様に大いに役に立つ。索引から著者の思考が読み取れることがあり、場合によっては著者本人が自分の思考を確認するのに役立つこともあるからだ。

たとえば作家のチャック・クロスターマンは、自分の新作の索引を読むのを楽しみにしている。索引を見れば、どれくらい自分の考えを映し出せたかがわかるからだ。

「自分が執筆した書籍の索引をじっくり見ることは、誰かに斧で自分の頭を割ってもらい、自分の頭の中を詳しく調べるようなものだ。索引は自分の思考をアルファベット順に並べたものだと言える」[8] と、クロスターマンは最近のエッセイ集の序文に書いている。

フィクションの場合、人気作品のパターンを探るというやり方は、古代ギリシャの時代にまで遡る。

アリストテレスは『詩学』[9] で、最高の物語の特異な点について自身の分析を披露している。彼の分析では、3部構成（序章、中盤、結末）で驚きが巧みに用意されており、できれば運命が逆転するようなひねりがプロットに加えられているとなおいいという。

より最近では、文豪のカート・ヴォネガット[10]が、物語の隠れた構造を解き明かすのに役立つツールを紹介している。

小説や映画をたくさん読んだり観たりしていれば、おそらく気づいているだろうが、たいていの作品はある公式に従ってストーリーが展開している。大半の物語は、ほんの一握りのプロットの再利用でしかない。

プロットのパターンには、貧乏人が金持ちになる話（『ジャックと豆の木』『ロッキー』『オリバー・ツイスト』など）や、男女の出会い（『グリース』『ジェーン・エア』やほとんどのラブコメ）、英雄の旅[11]（『スター・ウォーズ』『ライオン・キング』『指輪物語／ロード・オブ・ザ・リング』など）がある。

これらのストーリーに人がこれほど引きつけられるのは、感情の揺さぶりがあるからだ。たとえば貧乏人が金持ちになる話では、世間に認められず蔑まれていた不遇のヒーローが、最後には世に認められて称賛される立場になることで、読者や観客は暗い気持ちから明るい気持ちへの上向きの感情の旅を経験する。

一方、英雄の旅では、読者や観客が経験する感情の動きはまったく異なる。

このパターンのプロットでは、普通の暮らしをしていたごく普通の人が、思いがけない出来事に出くわして危険の中に放り込まれる。その後、ヒーローの前には次々と障壁が現れるが、ありえない状況の中でヒーローは不安を克服して困難を乗り越え、スキルと自信を獲得していく。そのため、読者や観客は感情的なジェットコースターを経験するのだ。

聖書や古典文学、大ヒット映画も含めて、世界的に最も人気のあるストーリーは、次の6つのうちのどれかに沿った流れになっていると、ヴォネガットは指摘している。

1　貧しい人の成功譚（幸せな気持ちになる）
2　裕福な人の転落譚（暗い気持ちになる）
3　落とし穴に落ちる話（暗い気持ちになって、そのあと幸せな気持ちになる）
4　イカロス（幸せな気持ちでいたら、暗い気持ちに突き落とされる）
5　シンデレラ（幸せな気持ちになって、暗い気持ちになり、また幸せな気持ちになる）
6　オイディプス（暗い気持ちでいたら、明るい気持ちになって、再び暗い気持ちになる）

ストーリーがもたらす感情的な起伏を紐解くために、ヴォネガットはあるシンプルなエクササイズを推奨している。

それは、主人公の幸運度をグラフ化していくことだ（次ページ参照）。

これは実に「目から鱗」のエクササイズで、しかも小説や映画の成功事例の分析に役立つだけではない。作家は、自分の作品に当てはめてストーリーの全体像を俯瞰し、もたついている箇所や求める感情的起伏からずれている箇所を見つけることができる。

数年前、複数のデータサイエンティストが2000作近い小説と6000本を超える映画のスクリプトを収めた2つの巨大なデータベースを調べた。[12]

シンデレラ[13]

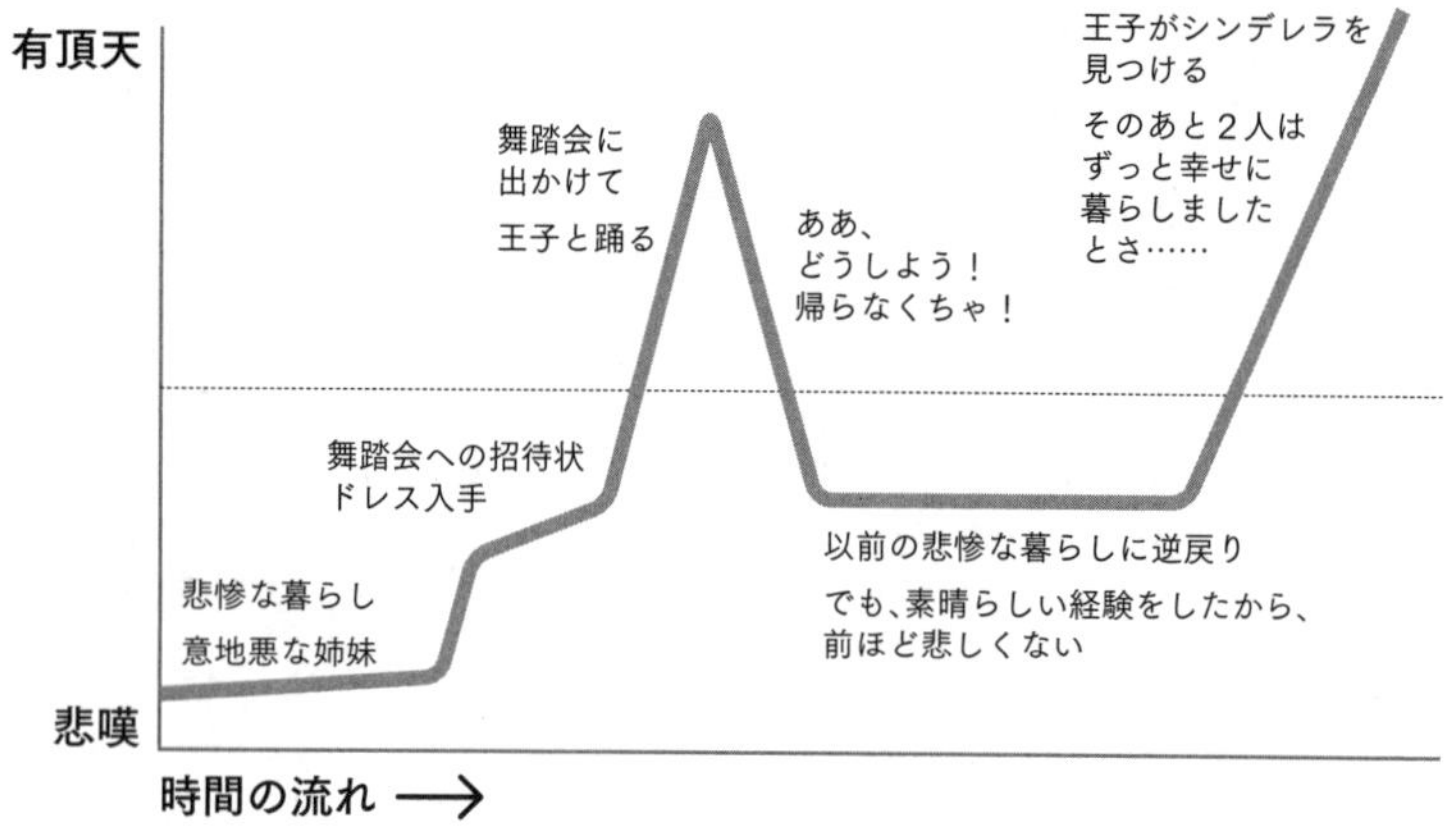

有頂天
悲嘆
時間の流れ →
悲惨な暮らし
意地悪な姉妹
舞踏会への招待状
ドレス入手
舞踏会に
出かけて
王子と踊る
ああ、
どうしよう！
帰らなくちゃ！
以前の悲惨な暮らしに逆戻り
でも、素晴らしい経験をしたから、
前ほど悲しくない
王子がシンデレラを
見つける
そのあと２人は
ずっと幸せに
暮らしました
とさ……

アニー（映画版）

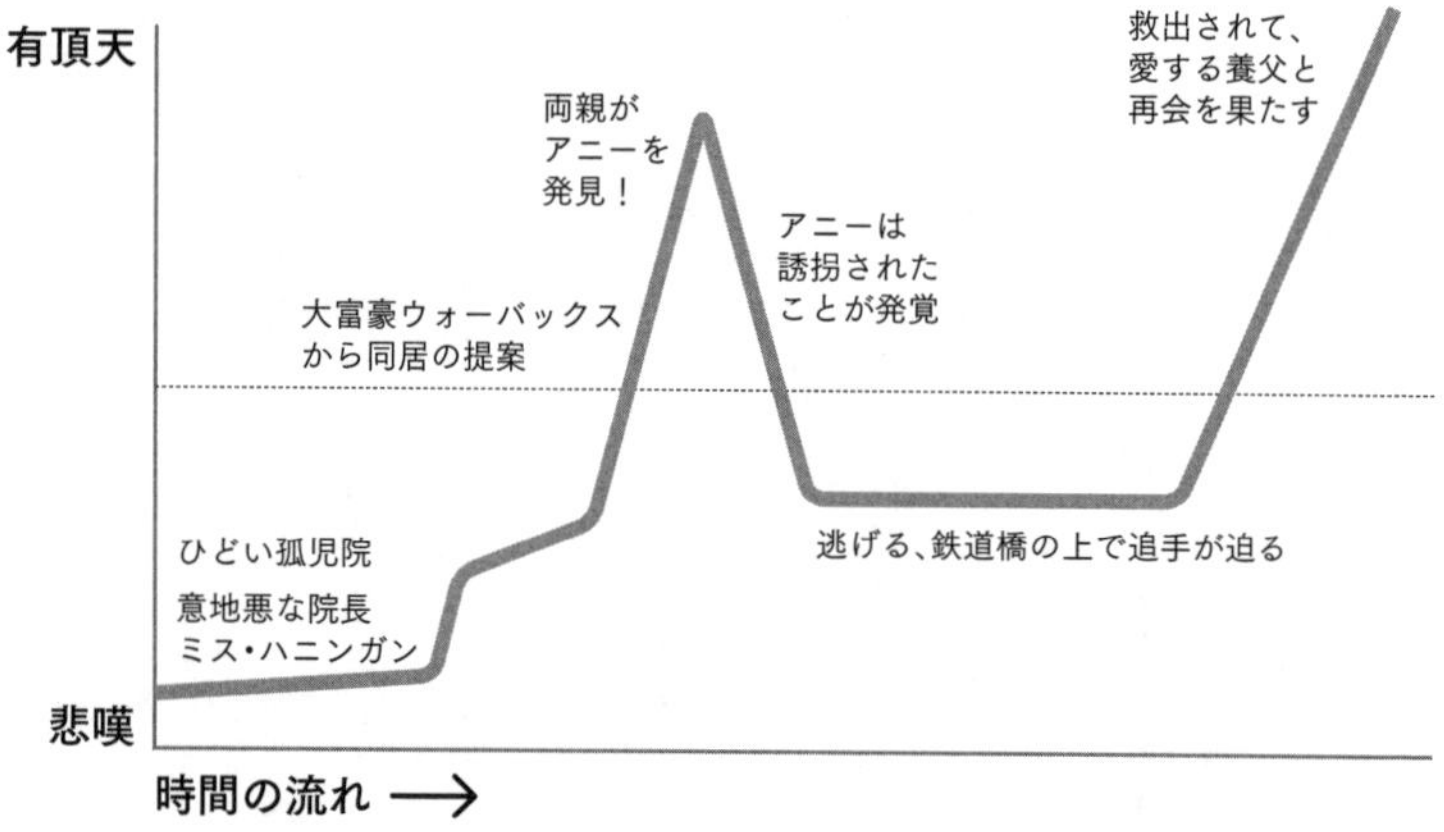

有頂天
悲嘆
時間の流れ →
ひどい孤児院
意地悪な院長
ミス・ハニンガン
大富豪ウォーバックス
から同居の提案
両親が
アニーを
発見！
アニーは
誘拐された
ことが発覚
逃げる、鉄道橋の上で追手が迫る
救出されて、
愛する養父と
再会を果たす

そしてストーリーの大半は、ヴォネガットが70年近く前に発表した6つの展開のいずれかに従っているという確信を得た。

ヴォネガットは今日、その挑発的なSF作品で最も有名だが、文学界への貢献という意味でいえば、彼が提案した分析ツールのほうが貢献度が高い。

後の作家たちが、優れた先人の作品を解剖して自身の作品の完成度を高めていくのに、長く役立っているといえるかもしれない。このようにフィクションの分野では、成功パターンの探求に対する関心が近年再燃している。

だが音楽家の育成では、この手法は何世代も前から基本中の基本であった。演奏技術は、一音も違わぬよう正確に再現する練習を懸命に行うことで、身についていくものだからだ。

初心者は「きらきら星」や「ハッピー・バースデー・トゥー・ユー」から始めて、ルイ・アームストロングやモーツァルト、リゾへと進んでいく。新米の音楽家は、楽曲のメロディやコード進行、アレンジを詳しく調べるプロセスを行わなければならないからだ。

音楽の世界では、誰もがこの練習を行うことから、音楽家は他のクリエイティブな分野の人たちより、リバース・エンジニアリングの手法に対してはるかに寛容である。

彼らがいかに寛容かは、ユーチューブで適当に検索してみるとわかる。

たとえその曲がそれほど知られていなくても、実際の楽器やコンピュータ音源を用いて、演奏の仕方やコード進行を一つひとつ丁寧に教えてくれている動画がおそらくワンクリックで見つかり、自宅のリビングルームにいながら曲の学習ができる。

ちょっと前なら、ポピュラー音楽を演奏できるようになりたいと思ったら、経験者に教えてもらうか、楽器店に行って楽譜を購入しなければならなかった。

でも、もうその必要はない。今は「カポ3（Capo 3）」というアプリ[14]を使えば、どんな曲でもiPhoneから曲を読み込むと、即座にコードやテンポ、キーが表示される。

ミュージシャンは、寛容にも互いにその公式を解明して喜んでいるが、それはミュージシャンに限った話ではない。向上心のある写真家についても同じことがいえる。

写真を見るとき、たいていの人は被写体に目が行く。

だが、プロの写真家はそれとは異なるところに注目する。影だ。

長年の経験で、プロは写真を見て、その写真がどのように撮られたかを示す手がかりを探すことを学んでいる。影の長さと方向を見れば、カメラのアングルや撮影時刻、カメラの絞りがわかるし、影の濃度からも読み取れることがある。

くっきりとしたシャープな影は、光源の光が強いことを表す。反対に、ぼんやりとした輪郭の柔らかな影は、柔らかな光が射していることを示している。

しかも、これはまだ初歩中の初歩だ。経験を積んだ写真家は、被写体の目などに写り込みがないかも調べる。[15]写り込みがあれば光源の位置が特定できるからだ。

また経験豊富な写真家は、写真の前景と背景のボケや明度の差から、カメラのレンズの焦点距離を推測することができる。熟練のプロは、このあとさらに写真をフォトショップにインポートして、コンピュータでさらに詳細な分析を行う。

美味しさの秘密を解明する

Eメールが普及する前の1980年代の終わり、ある匿名の手紙が郵便受けに届きはじめた。ミセスフィールズのチョコチップクッキーの秘密のレシピを教えるというものだ。ある顧客がミセスフィールズの店でレシピを2・50ドルだと思って購入したら、実際はクレジットカードに250ドルも請求されていたことに腹を立てて送付したものだった。その顧客の手紙によると、店は返金を拒否したそうだ。そこで彼女は復讐としてレシピを手紙でばらまいたのである。

しかし手紙が送られた人にとって残念なことに、手紙のレシピは偽物だった。だがこれをヒントに、トッド・ウィルバーは少し変わった道を歩み出すことになった。[16]

ウィルバーは、料理本のベストセラー10点、テレビのリアリティショー、スパイスミックスと、もみ込み用のスパイス調味料のオリジナル商品を販売する料理界の多角的ブランド「トップ・シークレット・レシピ」を支える頭脳である。

当時、ウィルバーは偽の手紙に受けた衝撃が頭から離れなくなり、何もかも放り出して誰もが求めてやまないクッキーのレシピを解き明かそうとした。

彼は3週間かけてキッチンを改装し、急造のサイエンスラボに変えた。それから何千枚ものクッキーを焼いて、1回焼くたびに店で購入した本物のミセスフィールズのクッキーと比較し、詳細にノートをつけていった。そして1回ごとにレシピを微調整して、ついに本物のレシピを解明したと満足できるほどのクッキーを完成させた。

以来、ウィルバーはレシピ解明の虜《とりこ》になった。

次なるターゲットはマクドナルドのビッグマックだ。その次はウェンディーズのチリと、ホステスのトゥインキーズ。25年間で、ウィルバーはリバース・エンジニアリングで何百というファストフードのレシピを解き明かしてきた。

彼の最新刊には、昔からある人気料理本『料理の喜び』をもじった「模倣の喜び」の宣伝文句が添えられている。

ウィルバーの模倣熱は極端すぎるようにも思えるが、美味しい料理を再現したいという欲求はしごく当然のものだ。ただひとつ、彼がほかの人と大きく違っていたのは、自分の発見を書籍にして出版したことだ。

料理人は、美味しい料理のレシピを探るところからインスピレーションを得て、自分の知識を試し、新たなスキルを獲得している。実際、ジェームズ・ビアード財団賞の受賞シェフであるミシェル・バーンスタインも、自身のキッチンで働くシェフに向けて同様のアドバイスをしている。[17]

「お金に余裕があるかぎり、すべて外食に費やしなさい[18]」

理由は簡単だ。一流のものを研究することで脳が新しい可能性を閃きやすくなるからだ。

他の料理人の仕事を研究するのであれば、レストランに行くのはひとつの方法である。

しかし今の時代、世界中のレストランのメニューを調べたり、シェフが調理する動画を見たり、客が満足した食事の投稿写真を見たりするのは簡単で、選択肢はいろいろとある。

物事が本当に面白くなってくるのは、異色の料理や「わおっ」と言うほど素晴らしい料理に出合ったときだ。そこから探究心旺盛なシェフは、私立探偵と化学者をミックスしたような人種に変身する。[19]

最初のミッションは、料理の材料を解き明かすことだ。

経験の浅い料理人なら、インターネットで似たようなレシピを検索するところから始めてもいいだろう。調理法の違いを比較しつつ、共通点を拾い出していくのだ。

一方で経験豊富な料理人であれば、その幅広い経験をもとに、料理の味から大体の調理法の見当がつけられるだろう。

次にしなければならないのは、仮説を検証することだ。

方向性は間違っていないか？

それを確かめるには、レストランのウェイターに何げなく尋ねてみるといい。

シェフであることを隠して、「おや、この香りはショウガかな?」などと軽く尋ねてみてもいいだろう。あるいは、「ねえ、教えてくれない? 私は絶対タイムだと思うんだけど、夫はタラゴンだって言い張るのよ。どちらの舌が正確?」などと話しかけてもいい。

もうひとつ、料理をテイクアウトするという方法がある。家でなら、料理をそれぞれの要素に分解することができる。たとえば、白い皿にソースを広げて材料を区別していくこともできるし、ピンセットと拡大鏡を使って材料を拡大して見ることも、味見をしてレシピを推測することもできる。

料理人は何のために、他人の料理をリバース・エンジニアリングしているのだろうか? 彼らは他人のレシピをコピーしようとしているわけではない。プライドのある料理人が、意図的に他人の料理をまねて、それを自分の料理として客に出すことはないはずだ。彼らが探っているのは、他人の料理の応用を通して、自分のレパートリーを広げる新しい調理法や調理パターンなのである。

一方で、鋭い料理人なら知っている数々の原則の中に、コントラストの重要性がある。[20]単調な味が、忘れられない味になることは稀である。忘れられない味というのは、むしろその逆で、舌に驚きをもたらし、食べている人の注意を強く引きつける。

そうしたコントラストには、柔らかくてサクサクしている(ヒマワリの種入りのベビーリーフサラダ)や、甘くてスパイシー(バッファローウィング)、暗い色と鮮やかな色(刻みパセリとレッドペッパーの実を散らしたジュージュー音を立てているステーキ）、さらには熱いものと冷たいもの（焼きリンゴのバニラアイス添え）などがある。

ここからもう1つ別の原則も見えてくるかもしれない。それは、ある種のフレーバーの組み合わせは自然とマッチするということだ。

音楽でいえば、曲はコード（和音）と呼ばれる音の組み合わせをもとに成り立っている。ある音とある音の組み合わせは、同時に鳴らすと美しく調和し、心地よい響きを奏でる。

同様のことが食品の調理でも見られる。

バジル　＋　モッツァレラ　＋　トマト
ニンニク　＋　ショウガ　＋　醤油
ココナッツ　＋　ミント　＋　チリ

これらはいずれも、料理本を執筆しているカレン・ペイジが言う、独特の「フレーバーコード」を実現する。幅広い料理で繰り返し出合う傾向にある味の組み合わせである。

その料理のキモとなる味の組み合わせが見つかれば、料理人は自分のレパートリーを拡大して、新しい可能性を見つけていける。

料理人のデイビット・チャン[21]は、駆け出しの頃に発見したパターンを利用してレストラン帝国を築き上げた。チャンはジェームズ・ビアード財団賞を受賞したシェフで、モモフクを創業して、世界中に40を超える人気レストランを展開する飲食業コングロマリットに成長させた。

チャンは、自身が見つけたパターンを「美味しさの統一理論」[22]と呼んでいる。

「人があるものを食べてすごく美味しいと感じるのは、ただ単に目の前にある料理に反応しているだけじゃないんですよ」と、チャンは『ワイアード』誌に語っている。

「そういうときは、ほぼ間違いなく、過去のある瞬間にトランスポートされているんですね。(中略)これを実現する最も簡単な方法は、人が何千回と食べたことのあるものをつくることです。ですが、それより効果的なのは、馴染みのない料理をつくるとき、そうした過去の記憶を呼び起こして、基本パターンは変えずに印象をそっくり変えることです」

チャンが言いたいのは、思ってもみない状況で、幼い頃にはじめて経験した懐かしい味に出合うと、さまざまな感情が呼び覚まされるということだ。

この考え方に則れば、人の琴線に触れる料理というのは、単に美味しいだけでなく、思いがけず幼少期の思い出が甦る料理ということになる。*

チャンは、この法則をどのように利用しているのだろうか?

彼のやり方は、ある国の伝統的な料理で繰り返し使われている味の組み合わせを探し、それを別の国の料理に応用する方法を見つけるというものだ。

チャンの料理をニューヨークの外食文化の中心的存在にした「モモフクのポークバン（豚バラまん）」を例に考えてみよう。

数種類の材料から成るシンプルな料理で、材料は蒸しパンと豚バラ肉、それからシャキシャキとした歯ごたえのキュウリのピクルス。口うるさい人は、馴染みのない色と食感の組み合わせに躊躇《ためら》いを感じてしまうかもしれないが、それも勇気を出してひと口かじってみるまでだ。「みな、美味しいと思うに違いない」とチャンは考えている。

チャンがポークバンで意識的に呼び覚ますことを狙った記憶は、アメリカに昔からあるBLTの味だ。

チャンの店モモフクが地図に載ることになった「裏にあるパターンを探る」のは、アーティスティックな試みに限られた話ではない。隠れた公式を探るため、他人の作品を分解してみるのは、なにも作家や画家、音楽家、写真家、料理人だけではない。

成功している実業家にも同じことがいえる。[23]

＊ノスタルジーの研究者[24]なら、チャンは慣れ親しんだ味の力を利用しているのだと言うだろう。慣れ親しんだ味は実際に幸福感を引き出し、ストレスを軽減させる。その理由は、単にそうした料理が（通常）高脂肪だからではない。その料理をつくってくれた大好きな人などとの、子どものころの親密な関係をなんとなく思い出させてくれるからだ。

10億ドルのフランチャイズを逆設計する

大実業家のジェフ・ベゾスやマーク・キューバン、リチャード・ブランソンと、それ以外の人たちとの違いは何だろうか?

調査によると、それは単に創造性や知性、やる気だけではないという。成功している実業家は、それ以外にも長《た》けていることがある。それがパターン認識力だ。彼らは、過去の成功事例と現在の市場で起こっている変化を結びつけて、利益になる機会を見極める能力がずば抜けている。

実業家というと、クリエイティブなソリューションや斬新なアイデア、そして何よりも独創性を思い浮かべがちである。ところが実際には、この発想は間違っている。

新しいものにばかり目を向けるのは、新米実業家だという。長年企業を率いて成功へと導き、数年おきに大胆な新戦略で利益をはじき出すような経験を重ねた実業家は、目のつけどころがまったく異なる。実現可能性だ。

お酒でも飲みながら、自分の新しいビジネスアイデアを何人かの友だちに話してみるといい。アイデアが独創的であれば、おそらく友人たちは熱心に聞いてくれるだろう。

今度はその同じアイデアを経験豊富な会社経営者が実行するとしよう。その場合、彼らは独創性よりも、顧客のニーズや生産物流、流通手段、予測されるキャッシュフローにより重点を置く。

長年の経験で彼らは、成功するビジネスにはパターンがあることを学んでいるのだ。いくつかの重要な事柄から、そのビジネス企画の成否が大体予測できるらしい。

そして、成功するビジネスのパターンが最もよく読み取れるのが、大きな利益を上げている他企業のビジネスモデルなのである。

鋭い実業家は、どういった類《たぐい》のパターンで成功を見通すのだろうか？

1ついえるのは、成功するビジネス戦略は業界を問わず適用できるということだ。

サンフランシスコの料理人スティーブ・エルズ[25]は、1970年代にメキシコ料理専門店をオープンしようと考えていたが、大繁盛する可能性はかなり低そうだと思った。

ベイエリアにはメキシコ料理店がひしめいていて、恐ろしく競争が激しい。そこで彼は、メキシコ料理のファストフード店を、タコスが比較的珍しい場所にオープンすることを思いついた。デンバーだ。店は「チポトレ」と名づけた。

エルズは、最初からフランチャイズ・チェーンを築こうとしたわけではなかった。ただ単に賃料が払えて、黒字になるレストランをつくろうとしただけだった。しかし、1号店に行列ができたとなれば、いやでもその可能性の大きさがわかる。

エルズのエピソードで注目すべき点は、その成功がある1つの決断から始まったということと。つまり、ある地域で人気を獲得している商品を見つけて、それをまったく別の場所に紹介した、という決断だ。

この手法は、タコス以外にもたくさんのものに応用できるアプローチといえる。

経験豊富な実業家は、チポトレなどのケーススタディからビジネス戦略を学ぶ[26]ことで、成功事例のブループリント（計画図）のデータベースを頭の中に構築している。

このブループリントのデータベースによって、優れた実業家は機が熟したときにそれを捉えて、現在あるリソース以上に利益を生み出すアイデアの捻出に力を注げる。

チポトレのケーススタディから、野心ある実業家に役立ちそうな、さまざまなヒントを考えてみよう（下の図表参照）。

事業ブループリント

実績のある商品を別の新しい市場へ

考えられる適用例

- 自分の周囲で人気のある商品で、どこか他の場所に紹介できるものはないだろうか？
- 自分の周囲で人気のあるサービスで、どこか他の場所に紹介できるものはないだろうか？
- 自分の周囲で人気のある料理や飲料、デザートで、どこか他の場所に紹介できるものはないだろうか？

ここまで来たら、もちろん逆の問いもできる。

- どこか他の場所で人気のある商品で、近所に紹介できるものはないだろうか？
- どこか他の場所で人気のあるサービスで、近所に紹介できるものはないだろうか？
- どこか他の場所で人気のある料理や飲料、デザートで、近所に紹介できるものはないだろうか？

チポトレは、このブループリントを利用して出現した数多くの成長著しいチェーンの1つだが、実は「スターバックス」もそうだ。[27]

1980年代、スターバックスはコーヒー通に豆を販売するだけの小売業者で、店舗数もほんの数店しかなかった。スターバックスにマーケティング・ディレクターとして新たに採用された元ゼロックス営業マンのハワード・シュルツは、あるときミラノを訪れていくつものエスプレッソ・バーを目にした。シュルツはすっかり気に入った。

アメリカにこんな店はない。アメリカでは、味のしないスーパーマーケットのコーヒーや、コーヒーショップとは名ばかりの多少こぎれいな食堂と大差ない店が当たり前だった。

シアトルでなら、コーヒーハウス文化が花開きはしないだろうか？

しかし、スターバックスの経営陣はこのアイデアに興味を示さなかった。彼らはホスピタリティ事業には手を出さないと言って譲らなかったが、シュルツは粘って最終的に同社CEOに試験的に1店舗だけ出すことを認めさせた。そして、これが驚くほどの成功を収めた。

だが、それほどの人気を獲得しても、同社の創業者たちは店舗数を増やすシュルツの計画に断固反対した。

シュルツは仕方なくスターバックスを辞め、自分でエスプレッソ・バーを開いた。

シュルツが開いた店のビジネスモデルは、彼のイタリアでの体験をシアトルにそのまま再現した（移し替えた）ようなものだった。

シュルツの店の名は「イル・ジョルナーレ」。ミラノで発行されているイタリアの新聞名から取ったものだった。バリスタは白いシャツを着てボウタイを結び、店内のスピーカーからはオペラ音楽が流れており、メニューにはイタリア語でも書かれていた。

数年後、シュルツの元雇用主がいよいよコーヒー豆販売の事業を売却することになったとき、シュルツには買い取るだけの十分な資金ができていた。

そして、オリジナルの「スターバックス」の名の下、シュルツは2つの事業を合併した。

外から見ていると、起業家は天才のように見えるかもしれない。彼らはアイデアの泉で、必要に応じてビジネスアイデアを生み出す尋常ではない能力を有しているように思える。

とはいえ公式に従って考えるようになれば、起業の機会はどこにでも転がっていることが自分でもわかってくるだろう。

軍事・医薬品・車のリバース・エンジニアリング

リバース・エンジニアリングの試みのすべてが、敏腕マーケターが人気フランチャイズの分析を行うような穏やかなものとは限らない。時には、危険度がはるかに高い場合もある。

一部の業界では、リバース・エンジニアリングが生死を分けるからだ。

あなたは世界的な指導者で、あなたの国が戦争に巻き込まれていると仮定しよう。

ある友好同盟国が、すさまじい破壊力の新兵器を開発した。その兵器があれば、戦場での形勢を大きく自国側に有利に引き寄せられるという。この情報にあなたは大喜びした。

だが、ふと別の考えが浮かんだ。

今、あなたの国はその国と同盟関係にあるが、戦争が終わったらどうなるだろう？　軍事的に自国が他の国よりはるかに劣っている状態で、国際社会においてあなたの国は本当に安全でいられるのだろうか？

ヨシフ・スターリンは1944年、まさにこの難題に直面した。[28]

アメリカが、爆撃機B－29スーパーフォートレスの使用を開始した。広島と長崎に原子爆弾を投下する役目を負った軍用機だ。これは戦況を変える兵器である。

ソビエト連邦も武器庫に核兵器を保有していたが、その輸送手段がなく、核兵器を大した脅威にはできていなかった。

1944年7月29日、B－29がソビエト連邦東部のウラジオストク近くに不時着したとき、スターリンたちはこれに飛びついた。彼らはB－29を解体し、すべての部品をバラバラに分解したのだ。

部品一つひとつを計量し、寸法を測定して記録していった。大勢の設計者とエンジニアが一心不乱に作業し、さまざまな工場に必要な部品をつくらせ、元のB－29と寸分違わぬ軍用機を複製した。

複製機の完成から2年とたたないうちに、ソビエト連邦は恒例の年次航空ショーで長距離爆撃機を初披露した。爆撃機の名はTu－4（ツポレフ4）。実際、この機はその名称を除いて、B－29とまったく区別がつかなかった。

接収した兵器のリバース・エンジニアリングは、なにもソ連に限った話ではない。軍事技術の進歩の歴史を紐解いてみれば、これに非常によく似た話がいくらでもある。実際、今日でも行われている慣行なのである。

この10年だけで見ても、イラン軍は、ジェット戦闘機やヘリコプター、ミサイル、「破壊不能の」ハンヴィー、ロッキード・マーティン社のハイテク軍用偵察ドローンをリバース・エンジニアしたと伝えられている。[29] われわれが知る範囲だけでも、これだけあるのだ。

リバース・エンジニアリングによって、殺人兵器の拡散が助長されたが、これは一方の側の極端な例である。その対極にあるのが、医薬品の世界への絶対的な貢献だ。

今日、私たちが使う医薬品の90パーセント以上がジェネリック医薬品（後発医薬品[30]）だ。すなわち大企業が特許を保有する製造方法に倣って製造された調合薬である。

ジェネリック医薬品には、計り知れない利点がある。これらがなければ、世界中の多くの人にとって、命が助かる医薬品が手の届かないものとなってしまう。

医薬品は、特許が切れればその製法が公開され、他の製薬会社がジェネリック医薬品としてその医薬品を製造できると、たいていの人は考えている。だが、それは稀なケースだ。

多くの場合、製薬会社は自社の製法の公開を避けるため、さまざまな法律や規制を持ち出して抵抗する。オリジナルの製法が公開されて、ジェネリック医薬品が製造されるのは、ごく稀なことである。

それよりもむしろ、ジェネリック医薬品は「デフォーミュレーション[31]」と呼ばれる一連の複雑な実験・分析によって開発されることのほうが多い。デフォーミュレーションと呼ばれるのは、1つの錠剤や丸薬を、最終のフォーミュラから個々の配合成分にまで分解する、通常とは逆手順の作業を行うためだ。

デフォーミュレーションには、長年の教育も莫大な費用のかかるラボも必要ない。世界中には分解・分析で長年の経験を誇る専門ラボが多数あるので、インターネット環境とクレジットカードがあれば誰にでも行える。しかも、分析対象は医薬品に限らない。

こうしたラボに依頼すれば、高級化粧品やシャンプー、フレグランスから塗料や接着剤、洗濯用洗剤に至るまで、驚くほど広範な製品の配合を解明してくれる。

費用は、ほんの2000ドルほどだ。

何十年か前であれば、ヒット商品を分解してその構造を明らかにし、正確な設計図を作成するには、膨大な時間と費用が必要だっただろう。だが、もうそんな必要はない。

企業としては、自分たちの発明がいともたやすくコピーされてしまうのは悔しいだろうが、この事実を受け入れて、もっと賢く対処してきた企業もある。

たとえば、自動車業界では、何十年も前からリバース・エンジニアリングが重要な役割を果たしてきた。1933年、豊田喜一郎[32]は新型シボレーを分解した結果から、織機製造から手を広げて自動車開発部門を設立すべきだと一族を説得した。

3年後、喜一郎一族の会社「豊田自動織機製作所」は第一号の車を発売し、自動車開発部門をトヨタと改名して独立させた。一族の姓「豊田」を8画（日本におけるラッキーナンバー）で書けるように、カタカナで表記した名前だ。

それから1世紀近くたつ頃には、豊田喜一郎のかつての型破りなアプローチが、自動車メーカーの標準的な開発手順の一部になっていた。今日、自動車メーカーは日常的にライバル社の車すべてを分解している。ただ、彼らはこのプロセスをリバース・エンジニアリングとは呼ばず、「競合ベンチマーキング[33]」と呼んでいる。

スターリンの場合と同様に、エンジニアたちが競合他社の車に飛びつき、手際よく部品を1つずつバラバラにしていく。そして技術的な進歩、想定されるコスト削減幅、他の自動車メーカーの戦略的方向性に関してわかったことを記録していく。

自動車業界について特に注目したいのは、主要メーカーがすべて競合他社の製品をリバース・エンジニアリングしているということでもなければ、そのことを公言してはばからないということでもない。

同業界の特筆すべき点は、近年、自動車メーカーが集団で競合他社の知的財産を共有しはじめたということだ。時には、その情報の中に自社の製品に関する機密情報が含まれる場合もある。

この動きには「A2MAC1」[34]という明敏なフランス企業の取り組みが貢献している。熱烈なカーマニア兄弟によって1997年に設立されたA2MAC1は、専門的に車を分解し、そのレポートをサブスクリプション・サービスで販売している。ネットフリックスのような彼らのデータベースには、600を超える車の「分解結果」と、各部品の重量から形状、ボルト1本1本のメーカーに至るまで、全部品の詳細な分析結果が収められている。

A2MAC1のサブスクリプション・サービスでは、分解した部品を現物検査のために借り出すことも可能で、最近は「VRグラス」を用いて顧客が遠隔で部品を見られるように、部品のスキャニングまで行っている。

この20年のあいだに、なぜ自動車の信頼性がこれほど高まったのか、あなたも疑問に思ったことがあるだろう。その一部には、A2MAC1が貢献しているかもしれない。*


*この10年間で、10年落ちの中古車の平均価格[35]は75パーセント上昇した。しかし、その同じ10年のあいだに、新車の平均価格はわずか25パーセントしか上昇していない。ということは、中古車がかつてよりずっと長く、その価値を保っているということだ。

自動車メーカーが互いに他社の車をより容易に研究できるようにすることで、非常に短期間のうちに業界全体のレベルが格段に上がってきた。リバース・エンジニアリングを行うことに眉をひそめたり、それを行っていることを否定したりするのではなく、皆で知識を共有したほうが、業界全体として大いにメリットがあることに自動車業界は気づいたのだ。

創造性に対する誤った考え方

他者の創作物を詳しく調べたり分解したりすることに関しては、悪いイメージがつきまとう。その創作物が創造性を伴う分野のものであれば、なおさらだ。

創造性にはオリジナリティが必要で、「オリジナリティというのは他者の作品の中に見つかるものではない」という発想に、この考え方は端を発する。

クリエイティブな分野の専門家は、模倣だとか盗作だとかの非難に非常に敏感だ。ほかにも理由はあるが、だからこそ悪意はなくとも、他者の作品を詳しく調べることは自作品の制作アプローチに影響を与え、ついつい模倣になって、結局は盗作したような形になるのではないかというもっともな懸念が生じる。

しかし、こうした見方は創造性についての考え方が間違っている。[36]

これは理想主義に凝り固まった考え方で、日々進歩し続けている分野では特に、非現実的かつ非生産的である。

まず、創造性はアイデアを組み合わせるところから生まれるもので、単独で生まれるものではない。新しいアイデアや新鮮なものの見方に出合ったとき、人は最も創造力が高まる。創造性をもたらす1つのカギは、積極的に経験する姿勢だ。新しいものに目を光らせ、好奇心旺盛にウサギの巣穴を探検しに行く人は、殻に閉じこもって外部との接触を断っている人より、はるかに創造的である。

次に、オリジナリティは創造性と同一ではない。

新しいコンセプトを取り入れる際に、特定の考え方に囚われて、自身のオリジナルのアイデアについて別の有意義な用途が見出せなくなるのは、よくあることだ。

ビジネスの世界には、「先発者」が、よりクリエイティブで大胆なライバルに抜かれる例があふれている。パームパイロットやアタリ、アルタビスタ、フレンドスター、AOLの開発者なら、おそらく全員が認めるとおり、世界初であることは、世界一であることと同じではない。

最後に、リバース・エンジニアリングで手っ取り早く創造性が獲得できるわけではない。だが、リバース・エンジニアリングは新しいスキルの獲得に役立ち、それによってまったく新しいやり方で事を起こせるようになる。これは重要な点で、たいていの業界で起こっている現在の進歩のスピードを考えればなおさらだ。

もし、世界一人気を集めているブログを週末にリバース・エンジニアリングすることで、月曜日の朝に面白いブログを新たに開設して、そこにあなたが自分の得意分野で見つけたベストプラクティスを盛り込むことができれば、人はあなたのブログに引きつけられる。あなたは、自分の創造力と訴求範囲を効率よく向上させられたことになる。

簡単にいうと、リバース・エンジニアリングの反対が、オリジナリティではないということだ。リバース・エンジニアリングの反対は、知的な思い込みである。

たしかに、本書で取り上げたようなやり方を乱用する人もいる。

ビジネスモデル全体が、売れ筋の製品をそっくりそのまままねて、より低価格で顧客に販売することで成り立っている企業もあれば、国外に居住する人の知的財産にほとんど配慮を示さない国もある。

だが、そうした人や企業、国にばかり目を向けるのはお門違いである。

シリアル・キラーがいるからといって、テーブルナイフが無価値になるわけではないのと同様に、安易な模倣者がいるからといって、リバース・エンジニアリングの教育的価値がなくなるわけではないからだ。

その道のプロで、既存の製品を単にコピーすることに関心のある人はほとんどいない。

プロは、それよりもはるかに重要で価値のあるものを求めている。別の視点で捉えて、新たな方向性で利用できる成功事例だ。

他者の作品の隠れた公式や方法論を研究すると、自分の創造性が抑圧されてしまうのではないかと思う気持ちはわかる。

しかし調べてみたら、実はその反対であることがわかる。

模倣から始めることで独創性が開花する

ある晩、酒を飲みながら友人が、週末に絵のワークショップに行かないかと誘ってきた。あなたはそれほど芸術的才能があるわけではなかったが、この友人のことは好きだったので、ちょっとした気晴らしで行ってみることにする。

ほぼ即答で、あなたは「もちろん」と答えた。

アトリエでは、予想もしなかったショックな出来事があった。友人と別々のグループに入れられてしまったのだ。そのことで抗議しようと思ったまさにそのとき、ワークショップの最後には各グループの完成した絵をプロの画家に評価してもらうと、先生から告げられた。

「さあ、誰がいちばんクリエイティブか、頑張っていきましょう！」

これであなたの競争心に火がついた。友人からも同じ意気込みが感じられる。あなたも友人も、勝ちたいと思ったのだ。

皆はワークショップが終わってようやくわかったのだが、先生がワークショップ参加者に告げていなかった仕掛けが1つあった。

あなたとあなたの友人は、受けるレッスンの内容が異なっていたのだ。あなたは、3日間ひたすら課題をスケッチして練習するよう言われていた。一方の友人のグループは、同じくスケッチの練習をするのだが、1点だけ大きく異なるところがあった。

課題のスケッチに加え、ワークショップの2日目には、プロの絵画を模写するよう指示されていたのだ。そのあと自分の課題のスケッチにもう一度戻るようにと言われていた。

そこで問題である。

ワークショップの最後には、2人のうちのどちらがよりクリエイティブになっていた可能性が高いか？ 週末ずっと、自分のオリジナル作品を制作していたあなただろうか？ それとも、自分のオリジナル・スケッチを制作しつつ、合間に本職の画家の作品を模写して、再び自分自身のスケッチに戻った友人だろうか？

これこそ、『コグニティブ・サイエンス』誌に掲載された2017年の興味深い論文[37]で中心テーマに掲げられた疑問であった。

東京大学で創造性について専門に研究を行う岡田猛《たけし》と石橋健太郎は、上述したシナリオに似た3日間のワークショップを含む一連の実験を行った。その結果は、私たちが創造性について教えられてきた考え方に、大きな疑問を投げかけるものとなった。

他者作品の模写を行うと、被験者の創造性だけでなく、模写した作品とは何の関係もないアイデアも刺激されて、それによって描画がさらに独創的になったという。

つまり、人は模写する際に、ただ単に完成したアプローチをまねてなぞっているわけではないということだ。模写は好奇心と受容性を刺激するので、それによって自身の作品に思ってもみなかった新鮮なタッチが生まれたのである。

待てよ。ここでちょっと確認したいことがある。

既存のものをコピーすることで、創造性が促されるという主張は大きく直感に反する。コピーするというのは、オリジナリティの正反対じゃないのか？ 研究者は一体このことをどのように説明しているのだろうか？

研究では、模倣するという行為と、それによって刺激された作品を区別している。

短期的に見れば、他者の作品を模倣しても創造性は開花しない。

本当のマジックが起こるのは、あとになってからだ。

ある作品を注意深く分析して、核となる要素を見極め、それをもう一度再構築する「模写」のプロセスは、変化を促す頭脳エクササイズで、これが私たちの考え方に魔法をかける。

あるものを、ただ受動的に受け入れる場合と異なり、模倣するには神経を集中して取り組まなければならず、細部にも予想外のテクニックにも注意を向けなければならない。

プラスに作用するのは、観察力が高まることだけではない。模倣する際に、人は自ずとその作品の作者の意図をじっくり考えてみるようになり、見逃しがちなポイントにも敏感になる。それによって自分の従来のやり方への疑問が生じてくる。

そうして新しい考え方への扉が開き、自分自身の作品をもっとクリエイティブにできる点を見つけられるようになるのだ。

反対に、クリエイティブなアイデアを求めて自分の内側ばかり探っていても、大きな飛躍を遂げられることは滅多にない。自分の作品に固執して、外部の刺激を避けていると、どんどん創造性が失われていってしまうことが研究で示されている。

心理学者は、ある問題に囚われすぎて陥ってしまう認知トラップを、「アインシュテルング効果」「知覚セット」「機能的固着」など、さまざまな名称で呼んでいる。[38]

だがいずれも要約すれば、孤立して事を行うと、代償が伴うということである。外部刺激を受け入れないと、考える選択肢は必然的に少なくなり、使い古されたアイデアを何度も繰り返し使うとか、過去にうまくいった解決策に落ち着くことになる。

しかも、これがどんどん悪くなる。時間がたつにつれて、よい解決策とはどんなものかについての自分の思い込みの囚人になり、さらに自分の思考の幅を狭める。そして、頭の中で1つの問題を考えれば考えるほど、革新的なアイデアを思いつく可能性が低くなる。

模倣は、独創性を失わせるどころか、呪縛を解き放つ。

模倣は固定概念に疑問を投げかけ、認知的制約を緩めて、新しい視点に目を向けさせる。

一流の作品を分解したからといって、自分の創造力が乏しくなるわけでもなければ、単なる派生物のような作品の制作につながるわけでもない。

実際はその正反対で、自分の思考の見えない壁を打ち破るために、模倣は必要不可欠なツールなのだ。

では、模倣はどうやって行えばいいのだろうか？

お気に入りのポッドキャストから競合他社のウェブサイト、あるいはアカデミー賞受賞映画に至るまで、具体的には自分の好きな作品をどうやって分解すれば、その公式や方法論を抽出して、自分の創造力を開花させられるようになるのだろうか？

自分が見習いたいと思う作品を分解するための「信頼できるロードマップ」というものは、あるだろうか？

そして、さらには「リバース・エンジニアリングの行為そのものを、リバース・エンジニアすることは可能か？」というもっと大きな疑問に対する答えを探れないだろうか？

第2章

構造の分解

アルゴリズム的思考で優れた創造性を分析する

アリッサ・ネイサンは22歳のとき、ジョシュ・ヤノバーに出会った。[1]

2人は恥ずかしそうにメールを交換し、それからまた何度かメールのやり取りをした後、ジョシュの提案で出かけようということになった。

はじめてのデートで、2人はアートバーへ行った。いい感じだ。

しばらくして、アリッサは店にはもう自分たち以外お客がいなくて、スタッフが掃除をしていることに気づいた。スタッフの1人にもう閉店ですかと尋ねてみると、「はい、45分前に閉店しました」という答えが返ってきた。

すでに遅かったが、2人の夜はまだまだこれからだ。これでデートがおしまいなんてとんでもない。そこでふと思いつき、ジョシュの大のお気に入りのピザ屋に出かけることにした。そこで2人は美味しいマッシュルーム・ピザを分け合って、はじめてのキスをした。

完璧なデートだった。それから2年もたたないうちに2人は生涯を共にすることを決め、結婚式の予定を立てていった。

アリッサとジョシュの結婚はアルゴリズムのおかげだ。2人は世界一の人気を誇るマッチング・アプリ「ティンダー」[2]を通じてオンラインで出会った。

かなり最近まで、恋人をオンラインで探すなどというのは悲壮感漂う行為だと考えられていたが、今、そのような恥ずかしさは消えている。

複数の調査によれば、現在はカップルの40パーセント近くがオンラインで出会い、リアルで出会って交際を始めた人よりも、ずっとうまくいっている傾向にあるという[3]。

言い換えると、アリッサとジョシュのようにオンラインで出会った人たちのほうが、完璧なハッピーエンドの物語になる可能性が高いということだ。

オンライン・デーティング・アプリがカップルのペアリングに効果的な理由のひとつは、機械学習を利用して「暗黙の嗜好」を特定することだ。

アリッサのようなユーザーが、右にスワイプしたり、ある写真の上で一定時間とどまったり、プロフィールを拡大してみたり、テキストに返信したりするたびに、ティンダーのアルゴリズムがそれを記録していく。こうした行為はその人の関心を示すからだ。

アルゴリズムはそれから、アリッサが関心を示したすべての男性を調べ上げ、その共通点を分析する。アリッサが興味を示した男性は背が高いだろうか、低いだろうか？　大体の年齢層は？　それらの男性のプロフィールを見るかぎり、アウトドア派だろうか、それともインドア派のおとなしいタイプだろうか？

ティンダーのアルゴリズムが探しているのは、アリッサが理想とする男性の特徴を捉えたものだ。アルゴリズムがアリッサの好みをうまく捉えられるほど、彼女が魅力を感じるパートナーを効率よく紹介でき、彼女が「理想のパートナー」を見つける確率が高くなる。

この何年かで、ティンダーが採用しているようなアルゴリズムが幅広い業界に変革を起こしてきた。その理由は主に、すばやくパターンを捉えるアルゴリズムの能力にある。

何千、何万というクリックやスクロール、スワイプを数式化し、その数式を応用して将来の行動を予測する能力は、ビジネスやテクノロジーにとってはもちろん、恋愛の世界にとっても大きな意味を持つ。

これは、明らかにリバース・エンジニアリングに共通するプロセスである。

優れた物語や交響曲、写真を公式に変える場合も同様に、どの作品にも表れている特徴から公式や方法論を推測しなければならない。そのためには、一歩下がってパターンを読み取り、公式をつくりだす必要がある。

さまざまな面で、パターンを見つけ出すのは人が最も得意とすることだ。実際、大昔から人が生き残っていくには、それが必要だった。人類の歴史を通じて私たちの祖先は、あらゆることをパターン認識に頼って予測してきた。

たとえば、どこに行けば食料が見つかるか、どんな色の植物には毒がある可能性が高いか、1日のうちのどの時間帯ならサバンナを歩き回って安全かなどだ。危険な場所で生き残っていくには、周囲の状況を読み取って次に起こりそうなことを推測できなければならなかった。

心理学者は、パターン認識力の優劣が生死を左右しなくなった今も、この能力は成功への道筋を描くのに重要な役割を果たし、高い知性の中核を占めるものだと考えている。[4]

しかし、コンピュータ科学者の多くが指摘しているとおり、テクノロジーが進歩したおかげで、コンピュータがパターンを検出する能力は人間のそれをはるかに上回るところまで来ている。そこで、興味深い疑問が浮上する。

アルゴリズムがパターン認識に優れている理由は何なのか？

そして、リバース・エンジニアリングの能力を向上させるために、アルゴリズムは私たちに何を教えてくれるのだろうか？

ひと言でいうと、「たくさん」である。

まずは基本的なところから始めよう。パターン認識エンジン[5]は、大きく分けて4つのパートで構成されている。最初のパートは**データ収集**だ。

アリッサが魅力を感じる男性のタイプを予測する前に、彼女が好きな男性とそうでない男性のサンプルが複数必要になる。この2つは、一握りのプロフィールに対する彼女の反応から集めることができる。これがステップ1の**サンプル収集**である。

ステップ2は、これらのサンプルを目の前に並べて、**大きく異なるところを見つけていく**ことだ。これらの男性について、アリッサの好みを左右しそうな違いは何だろうか？

わかりやすいところでは、男性の年齢や体重、身長など、外見的特徴がある。また、掲載されている写真の数や、自己紹介の長さ、これらの内容から見て取れる人物像など、男性たちのプロフィールの質もある。このステップ2で違いを多く見つけられるほど、アリッサの関心を引く要素を正確に特定しやすくなる。

ステップ3では、**類似点を見つけていく**。アリッサが魅力を感じる男性には何が共通しているのだろうか？　外見的特徴の共通項は？　アリッサが「なし」とした男性についてはどうだろうか？　「なし」の男性は「あり」の男性とどこが違うのだろうか？

アリッサに選ばれた男性と、選ばれなかった男性の両群の特徴を比較することで、マッチング・アルゴリズムは、アリッサの判断を左右する要素を特定できるようになる。

最後のステップ4でいよいよ、アルゴリズムはその分析結果を利用して、アリッサが魅力を感じそうな男性を**予測**していく。ここではじめて、アリッサに提案される選択肢が、彼女にとってそれまでより魅力的な、いくぶん彼女好みのものになる。

そしてアリッサがさらにスワイプしていくと、アルゴリズムが収集する情報量が増え、それを使って好みの男性予測の精度を上げ、パフォーマンスを向上させていく。

食欲をそそる料理に隠された方程式

バリエーションの数がある程度までであれば、人はパターンをかなりうまく読み取れる。だがある一定レベル以上の複雑さになると、人のパターン認識力は一気に下がる。コンピュータのアルゴリズムが人間を上回るのはこの時点だ。[6]

コンピュータのアルゴリズムには、特徴を収めた大量のデータベースを参照し、同時に複数の要素を分析して、新たなデータが追加されるたびにリアルタイムで予測を更新できる能力がある。また、それらは思い込みで結果を予測することもなければ、社会的な圧力によって異例の予測を妨げることもない。しかも、これらの利点が複合的に作用する。

わかりやすい例として、IBMがどのように料理の世界を覆しているかを見てみよう。

IBMは少し前に、同社の初代CEOトーマス・J・ワトソンにちなんで名づけられたマシンラーニング・プログラム「ワトソン」に2種類の情報を入力した。人々が美味しいと思う食品に関する研究結果（快楽精神物理学と呼ばれる領域）と、アメリカの料理雑誌『ボナペティ』にこれまで掲載されてきた全レシピである。[7]

それからIBMは、「シェフ・ワトソン」と名づけられたプログラムにデータを高速処理させ、検出されたパターンにもとづいて新しいレシピを創作させた。

結果は驚くべきものだった。それはただ単にシェフ・ワトソンが提案してきた組み合わせが革新的だったからというだけでなく、シェフ・ワトソンのアルゴリズムが隠れたパターンを見出してきたからだ。

美味しい料理というと、私たちは「味」という要素にばかり目を向けがちである。だがシェフ・ワトソンの分析では、その料理に対する食欲をそそる要素は「味」ではないという。それは「香り」である。ローストチキンや栄養満点のロブスターのビスクの香りは、鼻と喉の受容体を活性化させ、まだ料理を口に含みもしないうちに、幸福ホルモンのエンドルフィンを滝のように血液中に放出して、無意識のうちに幸せな気持ちにさせる。

シェフ・ワトソンの発見から得られる2つめの洞察は、これよりさらに貴重なもので、野菜を刻むのと同じくらいデータを分析するのが得意な人にとっては、特に興味深いものだ。それは、香りというのは根本的に数学的なものということである。

その料理が本当に美味しそうな香りがするかどうか、実際に調理してみる必要はない。しなければならないのは、エクセルを起動させて、レシピの材料を分析するだけだ。

どの材料にも、特有の香りを発する化合物が含まれている。これらは芳香族化合物と呼ばれているものだ。シェフ・ワトソンの分析によると、賞を受賞したり、大絶賛するレビューがずらりと並ぶレシピには、隠れたパターンがあるという。

つまり材料に、芳香族化合物が共通してたっぷりと含まれているのだ。

シェフ・ワトソンが、普遍的に特定の食品が愛される理由を説明できるのは、このようなデータ主導の分析によって、複雑な数式を利用して表層から奥深くまで掘り下げ、目に見えない構造を発見しているからだ。

たとえばピザ。IBMの計算によると、トマト、モッツァレラチーズ、パルメザンチーズ、焼けた小麦粉には100種類を超える芳香族化合物が含まれており、そのためピザは人の食欲を刺激してやまないのだという。

シェフ・ワトソンはこれらの洞察を適用して、通常のシェフが思いつきもしないような複雑で大胆なレシピを新たに考案することもできる。中でもとりわけ食欲をそそりそうなのが、グリルしたアスパラガスとダークチョコレートの組み合わせ、鴨のローストのトマトとオリーブ、チェリー添え、チキン・ケバブのストロベリーとアップル、マッシュルーム添えだ。シェフ・ワトソンがはじき出した結果は明らかに、強力なコンピュータの手助けがなければ、どんなに冒険的なプロの料理人でも簡単には思いつかないものだろう。

ティンダーやIBMのシェフ・ワトソンの裏で動いているアルゴリズムのような「プログラム的アプローチ」から学べることはたくさんある。自分がまねをしたい作品のリバース・エンジニアリングについて、ヒントを得たいのならなおさらだ。

どのような仕組みでこのようなアルゴリズムが機能しているのか、もう少し詳しく見てみよう。まずは、ステップ1「サンプルの収集」からだ。

暗示的学習でパターンを複数消化する

パターン検出のために設計されたコンピュータ・プログラムが行う最初の動作は「分析」ではなく「収集」である。これは、多くの作家やミュージシャン、デザイナーの自己分析とも一致している。つまり彼らは自分を優秀な制作者ではなく、収集家と見ているのだ。

彼らは、料理人が懸命に材料を探るように夢中で他者作品の影響を消化して、執拗に追求し、自分の中に蓄積していく。

歴史を見れば、各界の超一流の人たちは、驚くほど多くが自分の好きな作品を夢中で集めていたらしいことがわかる。しかもその収集は、自分がその世界で有名になるはるか以前から始まり、超一流になったあとも続いていたようである。

アンディ・ウォーホルはアート作品を集めていた。[8] デヴィッド・ボウイはレコードを集めていた。[9] ジュリア・チャイルドは料理本を集めていた。[10] 映画監督のクエンティン・タランティーノは、あまりにたくさんの映画を観ていたので、地元のビデオショップが彼を、顧客にアドバイスする常勤の映画専門家として雇ったほどだ。[11] おかげで彼は、賃金をもらいながら、日中さらに多くの映画を観ることができた。

また、アーネスト・ヘミングウェイは、亡くなる時点で9000冊を超える本を所有しており、毎年200冊近いペースで本を増やしていた[12]。ソール・ベローが「作家とは、自分もまねして書いてみたいと思った読者である[13]」と言ったのは、正しかったように思えるエピソードだ。

なぜ、優れた作品を集めることが、これほど重要なのだろうか？

名人の域に到達する道のりは、まず他人の名人芸を認識するところから始まるからだ。

多くの著名な業界第一人者にとって、名人の域に到達するための旅路は、その分野の作品を貪りたい欲求から始まっている。そうしてのめり込んで消化するうちに、自分がいいと思う要素と、よくないと思う「クセ」に敏感になって、味つけを変えたくなる。

新たな情報が入ってくると、アルゴリズムがその情報を取り込んで、リアルタイムで改良されていくのとまったく同様に他者の業績を消化することが、自身のキャリアの中心的役割を果たすようになってくる。

たとえば、小説家のトム・ペロッタは30年以上にわたって執筆活動をしているが、今でもいい作品を書くには、憑かれたように読むことが必須だと考えている。

「いつも読んでいるのでなければ、私はあなたを作家とは認めない[14]」と彼は言い、「これは批判ではない。リトマス試験紙なのだ」と言っている。

他者の作品にどっぷり浸かることは、特に期待していなかったような形でのスキルの獲得を促す。意識しなくてもその分野の慣習が吸収できるからだ。

基本的な構造の例を複数消化するだけで、意識的に学ぼうとしなくても、パターンが理解できていくことが研究で示されている。これは認知心理学者が「暗示的学習」[15]と呼ぶプロセスである。

ネットフリックスで、最初の数エピソードで斬新さにすっかり魅了されたのに、シーズンの終わりには予想したとおりの展開に退屈さを覚えるようになった経験があるなら、それは暗示的学習のせいかもしれない。

さらに、他者の作品を研究すれば、「取り組める対象」の範囲が広がる。熟練の域に達するには、何よりも練習が必要だとよくいわれる。自分の専門性を磨きたいなら、目標を明確にして、その場で意見をもらい、何度も繰り返し行わなければならない。ところが、このやり方には明らかな問題点がある。自分が思いつかないアイデアは試してみようがないということだ。1人でどれだけ練習していても、最高のアイデアは生まれない[16]。最高のアイデアは、巨匠たちの作品の中にある。

広範な例を集めれば、作品はさまざまな影響を受けていることがわかる。たとえば、たいていの小説家は、プロットにも、会話にも、人物造形にも、設定にも、雰囲気づくりにも、言葉の選択にも等しく長けている作家は滅多にいないことに同意するだろう。何十年にもわたって広範な作品を読んで、それぞれ得意なものが異なることを彼らは学んできたのだ。それに気づいたことで、小説家たちは複数の作家の影響をうまく自分の中に取り込み、自分なりのモデルをつくり上げ、作品を洗練させていくことができる。

たくさんの例を集めて自分が魅力的だと思うものを選別していくことには、それ以外にもメリットがある。より簡単に多くのパターンを集められるということだ。

自分が優れたサンプルを研究して分析する際に、その数が多ければ多いほどそこにある共通点を見つけやすくなる。

破壊的イノベーターの思考法に学ぶ

サンプルを集めたら、次は何をすべきだろうか？　自分の心に響く素晴らしい作品を見つけたとき、どうすればその作品が魅力的な理由を特定できるだろうか？

ここから、パターン認識アルゴリズムは怒濤《どとう》の勢いで分析を行う。

まずは、あるサンプルから次のサンプルへと異なる要素を洗い出していき、「よい」サンプルだけに見られる主な特徴を明らかにしていく。

私たち人間のパターン検出方法は、幼い頃にやった遊びに似ている。間違い探しだ。

子どもの頃にやった間違い探しでは、非常によく似た絵を2枚並べて、解答者に絵を注意深く見てもらい、違うところを指摘してもらう。

これと同じアプローチが、自分の憧れる作品のパターン検出にも適用できる。

実際にどのようにするかを紹介しよう。

名前だけ知っている健康関連の第一人者のウェブサイトをたまたま見つけたとする。ランディングページが新鮮で魅力的だったので、すぐに興味を持った。だが、無料のニュースレターに登録しようとしたところで、あなたはふと手を止めた。

「いつもはこの手のニュースレターに登録しないのに、自分はこのページの何にそんなに引かれたんだろう?」とあなたは思う。

ウェブサイトの訪問者はたいていここで肩をすくめて、自分の疑問をそのままやり過ごす。しかし、間違い探しをしてみれば、ただ不思議に思う以上のことができる。

「なぜだろう?」の答えを探し続けることで、そのランディングページが魅力的な理由を1つずつ探っていける。

最初に湧いてくる疑問は「このランディングページは他の健康関連の第一人者のランディングページと、どこがどう違うのだろう?」だ。

そこから派生して、次のような問いかけもできる。

・これの何が、それほど魅力的なのだろうか?
・ここから、どんなことがわかるだろうか?
・これは私が今取り組んでいることに、どのように応用できるだろうか?

要するに、自分にどのような問いかけをしたかはさほど大切ではない。重要なのは、素晴らしい例に出合ったときに立ち止まり、自分の心に響く理由を解明する努力なのだ。亡くなったハーバード・ビジネス・スクール教授のクレイトン・クリステンセンは、10年かけて、平均的なマネジャーとイーロン・マスクやリード・ヘイスティングス、ジェフ・ベゾスのような破壊的イノベーターの違いを研究してきた。[17]

その結果はなかなか興味深いものだった。クリステンセンの研究によると、姿勢面ではマネジャーとイノベーターは驚くほど差がないという。起業家のほうが平均的なマネジャーより知性的というわけではなく、リスクを恐れない姿勢も平均的なマネジャーはイノベーターに引けを取らない。違うのは姿勢ではなく、行動だという。

ある種の行動に関していえば、上述した両群の差は驚くほど著しい。それは追究である。平均的なマネジャーと比較して、破壊的イノベーターははるかに自分の好奇心に従って行動する傾向がある。これは典型的な特徴で、革新的な思考を表す主な指標である。マネジャーは受け入れて従うが、イノベーターは疑問に思って追究する。

イノベーターはマクロ的に物事を見て疑問に思い（「これの真の問題は何だろう?」）、「もし○○だったら」というシナリオを考えて（「もし現金を受け取るのをやめたら、どうなるだろう?」）、そしてさらに重要な根本原因を探ろうとする（「どうすれば顧客にこのような行動を取らせられるだろうか?」）。

ある作品や商品が人気を得ている理由をじっくり考えることは、つまらないことでもなければ、非生産的なことでもなく、学術的なことでもない。そんなふうに考えては絶対にいけないのだ。自分のスキルを向上させたいなら、疑問に思って追究することは、あなたにできる最も重要な仕事の一部である。

上手に間違い探しができるようになるためのもう1つのアプローチに、複数の媒体を使って1つの作品を深く掘り下げて研究するというやり方がある。

たとえば、公式や方法論が見破りにくそうな作家がいるとする。そのときは、試しにオーディオブックを聴いてみるといい。作家が自分の作品を朗読するのを聴けば、執筆しているときに頭の中にあったことがその声に表れる。作家の読むリズムや抑揚から貴重な洞察が得られることもあり、ある語の発音の強弱から、作家の内に秘めた意図がわかることもある。

文字を音で聴くことがひとつの戦術であるのと同様に、音声を文字に起こすことも役に立つ。手本にしたい講演者がいれば、スピーチを録音して、それを文字に起こしてみるといい。

自分がじっくり勉強したい演劇や映画があれば、台本を購入するか、人を雇って文字起こしをしてもらうといい。ミュージシャンなら、曲を楽譜にしてみる。このように使える戦術がたくさんあるほど、違いを生み出している主な特徴を見つけやすくなる。

なぜその作品や商品があなたの心に響くのか、どんなに考えても何も浮かんでこないこともあるだろう。ご心配なく。違いを探して重要な差別化ポイントを見つけるのに使えるテクニックが、ほかにも数多くある。

それらのテクニックはすべて、「視点を変えてみる」という戦略が土台になっている。一歩下がってみなければ見えない隠れた構造を見えやすくする戦略だ。

これを「ズームアウト」という。

ブループリントのつくり方

1950年代のはじめ、あるクリスマス・プレゼントがプロ・フットボール界に革命を起こした。そのプレゼントをもらったのはウェリントン・マーラ[18]。第二次世界大戦の退役軍人で、NFLのニューヨーク・ジャイアンツのチームスタッフとして働いていた。

マーラの両親は新発明の画期的な商品「ポラロイドカメラ」を彼にプレゼントした。撮ったその場で写真プリントが楽しめる技術が市場に登場するとすぐ、プレゼントとして最も人気の高い商品になった。マーラは最新式の装置に夢中になり、職場に持っていかずにはいられなくなった。

彼がポラロイドカメラを見せた同僚に、チームのアシスタントコーチであるヴィンス・ロンバルディがいた。それを見たロンバルディにはあるアイデアが浮かんだ。そして、マーラを呼んで協力を求めた。

その日からというもの、ホームでジャイアンツが試合をしているときは、スタジアムのアッパーデッキの最上段に、ファンに交じってマーラの姿が見られるようになった。

ボールがスナップされる直前、マーラはこっそりと相手チームの守備陣形を写真に撮り、錘《おもり》をつけた靴下にそれを詰め込んで、次のプレイまで辛抱強く待った。そして、ファンがフィールドの試合に気を取られている隙に、ジャイアンツのベンチのほうに向かってその靴下を投げる。

この情報は何ものにも代えがたいほど貴重だった。マーラのポラロイドのおかげでジャイアンツはかつてなかったほどの快進撃を収め、それからの8年で優勝決定戦（のちにスーパーボウルと改称された試合）に6回出場した。

今ではどのプロ・フットボールチームも連続的に空撮を行い、ものの何秒かでその画像がカラータブレットに届く仕組みを採用している。コーチも選手も同様に、試合を通じて真剣にその画像をチェックしているが、それには正当な理由がある。

広角で撮影した画像は、実際にプレイをそばで見ている者には見えない情報を伝えてくれる。対戦相手から一歩下がって距離を取り、フィールドで起こっていることの全体像を垣間見られるほど、チームのゲームプランが早く露呈する。

これと同じ原理が、他者の作品の組み立てを明らかにするのにも適用できる。近くで見ていて捉えられないパターンは、俯瞰してみれば見えてくることがよくある。

より日常的な話として、「ズームアウトする」とはどういうことだろうか？

文章の執筆を例に説明しよう。それはリバース・アウトライニング[19]と呼ばれる方法で、このアプローチを完璧に捉えている。

中学生レベル以上の文章術のクラスを受けたことがあるなら、おそらく作品のアウトライン（要約《要約》）を書かされたのを覚えているだろう。各セクションであなたが書こうと思っていることの主要なポイントを一覧にすることで、執筆に先立ってブループリントを準備するプロセスである。

リバース・アウトライニングは、通常の要約よりも卑怯で挑発的なアウトライン作成法だ。自分が書こうと思っていることの重要なポイントを列挙するのではなく、その逆のことを行い、すでに完成している作品の主要なポイントを書き出していくものである。

大学では、自分の論文の流れと論理的整合性を確認する手段として、リバース・アウトライニングを教えられる。自身の論の主要なポイントを一文にまで削ぎ落とせば、各パラグラフの重要度が評価しやすくなる。

しかし、リバース・アウトライニングにはもう1つ別の利用法がある。作家を目指す人にとっては、この使い方のほうがはるかに価値がある。それは、リバース・アウトライニングによって、すでに出版されている作品の隠れた構造を解き明かすというものだ。

私はロチェスター大学大学院2年生のときに、ほぼ不可能と思われる課題を出されたことがある。学術誌に掲載する論文を書くよう言われたのだ。もちろん、学術論文は山ほど読んでいたし、実験も山ほど行っていた。だが、自分で書くとなると話がまったく異なる。学術論文を書くなんて、宇宙船を造れと言われたのと同じような気分だった。

それから、苦闘の日々が続いた。図書館やカフェに足しげく通い、点滅するカーソルを何時間も呪わしげな目で睨みつけて、眠れない夜を過ごした。

そしてある朝、私は何か違うことをしてみようと思った。

これ以上頭をかきむしりながら、天啓のようにインスピレーションが突然湧いてくるのを期待するのではなく、自分が特に尊敬している高名な心理学者の論文を何時間か没頭して、再読してみようと思ったのだ。そうしたら、彼の才能が私に乗り移るかもしれない。

私は1つの論文を一語ずつ丁寧に読み、それから次の論文に移って、3本目の論文へと精読を進めた。そしてとうとう、あることに気づいたのだ。5本目か6本目の論文を読む頃には、それは無視できないほど明らかになっていた。

これらの論文には、あるパターンがあった。何度も繰り返し出てくる構造である。冒頭のパラグラフでは、驚きの統計や新しい情報を提示して、明らかに著者は読者を引きつけようとしていた。それから、先行研究の主張を精査していく前に、挑発的な疑問を投げかけて、そこから自論をドラマチックに展開していた。これによって論理的整合性を保ちながら、同時にどこか大胆な印象を実現していた。

私はこの発見に心が躍り、彼の論文のリバース・アウトライニングを開始した。そして、授業で学んできたことよりも貴重な知識を手に入れた。

学術論文を構成するためのブループリント《設計図》だ。

それから何年かして、このアプローチは単に正式な研究論文の執筆だけに適用できるものではないことに気づいた。オンラインでバズるコンテンツを作成するうえでも、同じように不可欠なアプローチとなる。

それに気づいたのは私だけではなかった。作家のドリ・クラークは、既刊書をリバース・アウトライニングして、その洞察を作品の制作に生かす方法を教えるコースを開発している[20]。マーケティング目的で、バイラルコンテンツを作成するためのクラークのアドバイスの中に、次のようなものがある。

まず、読者が「そうだ、そうだ」と頷きたくなるような形で問題を提起する。長い本文は、あいだにヘッダーを入れて区切り、読者の好奇心をあおる。そのうえで、コンテンツをシェアすれば、自分が賢く見えると読者が思うような刺激的なヒントを提示して締めくくる。

リバース・アウトライニングの価値は執筆にとどまらず、クリエイティブな分野の広い範囲に及ぶ。マーケターなら、記憶に残る広告やキャンペーンをリバース・アウトライニングすることができるし、コンサルタントなら、成功した提案やピッチをリバース・アウトライニングすることができる。

また、ライブ・パフォーマーなら人を引きつけるスピーチやプレゼンテーション、あるいはパフォーマンスをリバース・アウトライニングできる。ポッドキャスト配信者だって、この手法を利用して番組の構造を解き明かすことができるし、映画監督なら、絵コンテをリバース・アウトライニングすることができるだろう。

リバース・アウトライニングが役に立つのは、作品の全体像を一気に見渡すという「普通ではないこと」を行うからだ。

リバース・アウトライニングのプロセスは、私たちが通常、創作で経験するプロセスとはまったく異なる。本を読む場合も、映画を観る場合も、ストーリーはどんどん展開していくため、作品中のごく小さな断片にしか意識を向けられない。全体としてストーリーの展開を捉えようと思ったら、記憶の糸をたぐり寄せてつなぎ合わせるしかない。

だが、この記憶というものが実に不完全で信頼できない。

リバース・アウトライニングなら、断片をつなぎ合わせて全体像をつくらなくてもいい。ストーリーが時間軸を行き来しても、それを1枚の文書にまとめれば、話の流れが効率よく把握でき、視野を広げて一つひとつの断片も新たな視点で見られる。

最終的には筆跡や質感、亀裂に囚われることなく、何歩か下がってキャンバス全体を鑑賞できる。スタジアムの上段に陣取り、愛機のポラロイドを手にしたウェリントン・マーラの隣にぴったりとくっついて試合を眺めるようなものである。これなら間違いなく、見逃していたパターンにきっと気づけるはずだ。

パターンを読み取るのにリバース・アウトライニングが効果的な2つめの理由は、皮肉なことだが、細部を無視せざるをえないことだ。情報の大きな塊を一文にまで削ぎ落とすには、重要でない細部を大量に捨てなければならない。

つまり、作品に対して抽象的な見方が求められるのだが、その抽象化が重要なのである。『ハリー・ポッター』をはじめて読んだ人は、そのマジカルな設定、親近感の湧く登場人物、面白くてたまらないプロットにすぐに夢中になる。そしてあとになってから、たとえば気だるい夏の午後にうたた寝をしているときなどに、「おや、これははじめてじゃないぞ」という感覚に襲われるかもしれない。

孤児である主人公がおじさんとおばさんの家で暮らしていて、厄介払いされるようにエキサイティングな冒険の旅に出かける話に出合ったのはこれがはじめてではない。

主人公が、冒険の旅で自分の隠れた能力に気づいて悪者をやっつけていく。

あの『スター・ウォーズ』にも、似たような物語がある。

だからといって、必ずしもJ・K・ローリングの作品の価値が低いとか、面白くないというわけではない。ただこのことから、距離を取ってみることで、浮き上がってくるパターン[21]について重要なことがわかる。

数字を使って隠れたパターンを見つける

ここで重要な点を確認しておこう。

それは、パターンを捉えるには抽象化が必要だということだ。

ズームアウトしてパターンを見つけるには、リバース・アウトライニングが唯一のツールというわけではない。これ以外にも、「アイデアを数字に変換する」という方法がある。

病院に行くと、体温や体重、血圧、心拍数などの測定がそのたびに行われる。これらはあなたのカラダの状態を示すバイタルサインである。これらの数値それぞれから、医師はあなたの体調を知ることができ、検査に必要な部分を知る手がかりが得られる。

これらの測定値が役に立つのは、患者を標準化できるからだ。医療従事者は患者を別の個人と比較することで、その過程で重要な差異にもとづいて検査に必要な部分の特定が容易になる。患者と同年齢層の健康な人の平均バイタルサインがわかれば、すぐに患者のバイタルサインとの差をはじき出せる。

これが特徴を数値化することの利点である。重要な特徴を数字に変換すれば、その特徴が現れる頻度をサンプル同士で比較できる。

近年、データサイエンティストがこのアプローチを使って、ヒット曲やベストセラー書籍、映画のヒット作の特徴を数値化するようになってきた。

　大ヒット作と普通の作品を比較すれば、その作品が大ヒットする理由を明らかにする以上のことができると、データサイエンティストたちは考えている。数値による比較を行えば、新作の発表前に売れ行きを予測し、改良が必要な点を正確に特定することもできる。

　ヒット曲やベストセラー小説、大ヒット映画を製作するにあたって、データからはどんなことがわかるのだろうか[22]？　実際、かなりのことがわかる。

『ビルボード』のトップ10に入りたい？　それなら、曲は四分の四拍子でダンサブルな曲にして楽しい歌詞にし、楽器の種類をあまり増やさないようにすればいい。

　映画の大ヒット作を撮りたい？　それなら幅広い登場人物を設定して、下品なシーンは控えめにし、魅力ある強敵をひとり入れてシナリオを書けばよい。

　売れる小説が書きたい？　それなら冒頭の一文は短くしてできるだけ副詞は入れずに、中学生が理解できる平易な言葉を使うようにすればいい。

　視聴者の反応をリアルタイムで捕捉できるストリーミング・ツールのおかげで、こうしたデータ主導の洞察は今後、飛躍的に増加するものと思われる。

　かつて、視聴者の反応を探るには、消費者が曲を聴いたり、映画を観たり、本を読んだりしたあとのフィードバックを調べるしかなかった。

　ところが今、スポティファイはユーザーが曲の「次へ」を押した瞬間を正確に捉え、ネットフリックスはどのエピソードが一気見に値するかを判断し、キンドルは電子ブックのどのあたりで読者がゆっくり読み、どこをハイライトして、どこを完全に飛ばすかを把握している。

朗報は、このアプローチを利用するにあたって、もう自分自身で膨大な数のデータポイントを集める必要もなければ、統計学の博士号も、スーパーコンピュータも必要ないということだ。それどころか、超一流の作品のパターンを見つけるには、数字を受け入れる気持ちと、調べようという熱意があればそれでいい。

すべては特徴を数値化することから始まる。作品のどこがユニークなのか、その特徴を見極めるには測定値が多いほうが特定しやすくなる。

では、どのような項目の数値化が特に重要なのだろうか？

最初はすぐにはわからないだろう。だからこそ、好奇心を持ち続け、数値化できるものは片っ端から数値化していくことが求められる。

たとえば、来月のカンファレンスで、あなたは重要なプレゼンテーションを行わなければならないと仮定しよう。あなたには気に入っているＴＥＤスピーカーがいて、その人のプレゼンテーション・パターンをもっとよく理解したいと思ったとする。

その場合、どのようなことを調べて数値化すればいいだろうか？

調べるポイントを準備するとしたら、次ページからのようなものになるだろう。

長さ

- プレゼンテーション時間
- 語数

構造

- たとえば、次の部分に割くスピーチの割合
  - はじめの挨拶
  - テーマ
  - 支持する根拠1
  - 支持する根拠2
  - 支持する根拠3
  - 結論

内容

- 次の部分に割くスピーチの割合
  - 経歴紹介
  - 経歴以外の逸話／エピソード
  - 説得力のある根拠
  - 証拠となるデータ／事実
  - 実用的な戦略

- 提示された質問／続きが気になる文章の終わり方の数
- ジョークの数
- テーマを繰り返した回数
- 言葉の複雑さ
  - 文章の複雑さ／何年生レベルか
  - 一文の平均長さ
  - 文の割合
    - 短い（5単語以下）
    - 中くらい（6〜14単語）
    - 長い（15単語以上）

感情

- **視聴者の感情の動き**
  （パラグラフごとに感情をポジティブ、ネガティブ、ニュートラルで分類して評価）
  - ポジティブな感情の割合
  - ニュートラルな感情の割合
  - ネガティブな感情の割合

伝え方

- **ペース**
  - 話し方のスピード（１分間あたりの単語数）

- **ボディランゲージ**
  - 開放的か閉鎖的か
  - 歩いている時間と立っている時間の割合

- **スライド**
  - スライドの数
  - １分間に示されるスライドの数
  - スライド１枚あたりの平均単語数
  - スライド１枚あたりの平均画像数

他者のプレゼンテーションを数値化できたら、次は自分が過去に行ったスピーチも同様に数値化して、目標とする話し手が際立っているカテゴリーを探してみるといい。

その話し手のほうがたくさん質問しているかもしれないし、より平易な言葉を使っているかもしれない。また、自身の体験を盛り込んでいるかもしれないし、スライドの数が少ないかもしれない。それらがわかれば、話し手のスタイルに隠されているパターンだけでなく、自分が魅力的だと思うプレゼンテーションのタイプについて重要なことがわかる。

では、このアプローチを史上最も再生回数の多いTEDトークの分析に適用してみよう。分析するのは、芸術教育研究者の故ケン・ロビンソン卿が2006年に行ったスピーチ「学校教育は創造性を殺すのか?」だ。

その中でロビンソン卿は、学校教育制度はミスを恐れるよう子どもに教えるため、生まれ持った創造性を損なわせていると結論づけている[23]。

ロビンソン卿は人を引きつける話し手だが、その理由はいくぶん変わっている。

彼の話し方は、大観衆を前にした人の典型的な話し方ではない。そもそも彼は、堅物の熱い専門家である。だが、視聴者はロビンソン卿のことをそうは見ていない。彼は、スピーチのあいだじゅう視聴者を引きつけてやまないからだ。

その理由は、彼のスピーチを数値化したデータを見ればわかる。

一般的なスピーチとどれくらい異なる点があるか、見てみよう。

長さ

- **プレゼンテーション時間**：19分24秒
- **語数**：3105

構造

- **導入部**
（416単語／13%）
  - 自分の演題をカンファレンスの他のプレゼンテーションと関連づけてスピーチを開始

- **テーマ**
（51単語／2%）
  - 「私が主張したいのは、今は、創造性が読み書き能力と同じくらい教育では重要であるため、両者を同等の立場で扱わなければならない、ということです」

- **子どもには生まれながらに創造性があることを示す逸話**
（640単語／20%）
  - 神を描いた少女の話
  - キリスト降誕劇
  - シェイクスピア
  - ピカソ

- **世界中の教育制度が創造性の育成を軽視している**
（763単語／25%）
  - アメリカに移住したスピーカー本人の逸話
  - 教育制度はどんなことを教えるよう設計されているか
  - 働くために有用な科目
  - 大学に入るために役立つ科目

- **現在の課題**
（154単語／5%）
  - かつてないほど多くの大学院生を生み出している
  - 仕事の性質が変わりつつある
  - 大学教育のインフレ(高卒ではもはや十分ではない)

- **知性の働く仕組み**
（308単語／10%）
  - 知性にはさまざまな形がある
  - 知性は動的なもので、時がたてば変化することがある
  - 知性は各個人に固有のものであり、人によって異なる

- **感動的な締めくくりのストーリー**
（773単語／25%）
  - ダンサーのジリアン・リン
  - ジリアンのストーリーを、カンファレンスの他のプレゼンテーションと関連づけて紹介
  - 課題「現在定められている教育は視野が狭い」を再提示して、解決策「全人類を教育する」を紹介

内容

- **以下の部分に割くスピーチの割合**
  - 経歴紹介:394単語/13%
  - 経歴以外の逸話/エピソード:674単語/22%
  - 説得力のある根拠:1608単語/52%
  - 証拠となるデータ/事実:22単語/1%
  - 実用的な戦略:0単語/0%

- **提示された質問/**
  続きが気になる文章の終わり方の数:25
- **ジョークの数**:40
- **テーマを繰り返した回数**:3
- **言葉の複雑さ**
  - 文章の複雑さ/何年生レベルか:5年生レベル
  - 一文の平均長さ:11単語
  - 文の割合
    - 短い(5単語以下):23%
    - 中くらい(6~14単語):58%
    - 長い(15単語以上):19%

感情

- **視聴者の感情の動き**
  (パラグラフごとに感情をポジティブ、ネガティブ、ニュートラルで分類して評価)
  - ポジティブな感情の割合:36%
  - ニュートラルな感情の割合:40%
  - ネガティブな感情の割合:24%

ロビンソン卿のTEDトークにおける感情の動きグラフ

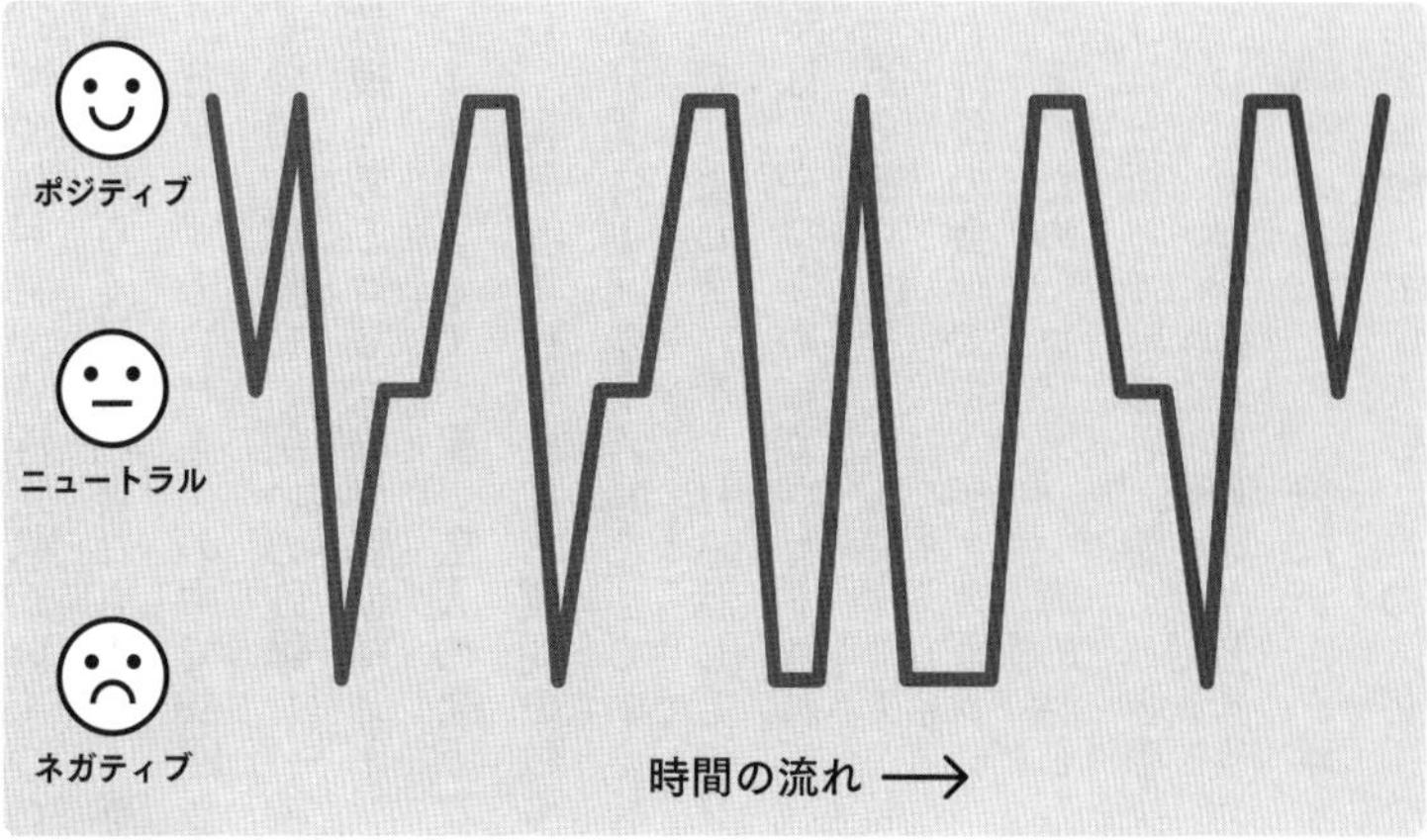

伝え方

- **ペース**
  - 話し方のスピード：１分間あたり161単語

- **ボディランゲージ**
  - 開放的か閉鎖的か：100%開放的
  - 歩いている時間と立っている時間の割合：歩いている1%、立っている99%

- **スライド**
  - スライドの数：0枚
  - １分間に示されるスライドの数：N/A
  - スライド１枚あたりの平均単語数：N/A
  - スライド１枚あたりの平均画像数：N/A

ここで、すぐに目につく測定値がいくつかある。

1つめは、おそらく最も顕著なもので、ジョークの数である。わずか20分足らずのスピーチの中で40回もジョークを飛ばしている。1分間に2回以上笑わせているので、容赦ない笑いの砲撃だ。権威ある国際カンファレンスでスピーチを行う芸術教育の教授であるロビンソン卿のイメージと、そのスピーチの仕方はまったく違う。彼のスピーチはまるでお笑い芸人のようなのだ。

それから、視聴者に投げかける質問の数もある。25回だ。

これは1分間に1回以上質問をしている計算になる。実をいうと、ロビンソン卿には文章の末尾に「ですよね?」をつける話し方のクセ(と明らかに英語の特徴)があるため、25回という数字は、やや多めにカウントされている。

だが、質問を多く取り入れるスピーチの形式には、視聴者を話に引き込む効果があり、まるで友人と普段の会話でするディスカッションのように、視聴者を常に話に参加させることができる。そのため、ロビンソン卿の話し方が全体として効果を上げている。

このように分析してみると、驚くべき事実も数字として示されてくる。

それは、ロビンソン卿が自身の主張を支える根拠として示す統計の数だ。20分近い講演のあいだに、彼はデータポイントを1つしか示しておらず、スピーチの説得力にほとんど貢献していない。彼のスピーチの持つ説得力はデータにもとづく「事実」ではなく、すべて「逸話」に関係したものである。

分析結果の数字を見れば、そのことがいやでもわかる。

彼のスピーチ内容の「証拠となるデータ／事実」に割り当てられた割合を見るといい。たった1パーセントだ。それに対して、経歴紹介および経歴以外の逸話／エピソードはどうだろう？　なんと35パーセントである。

別のいい方をしよう。ロビンソン卿は学者であり、教育分野では世界有数の専門家のひとりである。彼には瞬時に引き出せる興味深いさまざまな事実の蓄積がある。にもかかわらず、彼はＴＥＤの会場で聴衆を引きつけ、６５００万人を動画に釘づけにするために何をしたか？

彼はストーリーテリングの手法を用いたのだ。ロビンソン卿のスピーチを数値に変換することで、彼の手法が独特である要因がすぐに判明する。数値をざっと眺めただけで、そのスピーチの成功要因が具体的にわかり、大半の視聴者のように、彼のスピーチをただ見ているだけではわからないことが見えてくる。

しかし、話はそれで終わりではない。なぜならこうした分析は、ただ単に要因を明らかにするためにやっているのではなく、そこから学ぶためにやっているからだ。

ロビンソン卿の方法論をまねて、それをまったく新しいやり方に適用しようと思えば、簡単にできるだろう。また、テンプレートを作成して、噂になるほど人気の高いロビンソン卿のスピーチをもとにブループリントを完成させることもできるだろう。

いずれにしろ、やらなければならないのは、彼のスピーチをリバース・アウトラインングして、その数値を調べることだ。

このように分析したおかげで、原稿はどれくらいの長さで書けばよいか、各セクションの割合はどのようにすればよいか、視聴者にはどのような感情の起伏を経験させればよいかが正確にわかる。

また、どのようなタイミングで修辞疑問文を入れ、面白いエピソードを挟んで、ジョークを交えればよいかの感覚も身につけられる。

ケン・ロビンソン卿のTEDトーク・テンプレート

長さ

- 目標語数：3105

構造

- 導入部（13%）
  - イベントの他のスピーカーのトークを褒めてスピーチを始める
  - 自分のプレゼンテーションに関係のある重要ポイントを強調する
- テーマ（2%）
  - 他の人のプレゼンテーションの話から自分のスピーチのテーマへと話を移す

- テーマの中で、見過ごされていると自分が思う問題点を明らかにし、別の見方を提示する
- 自身のテーマをはっきりと一文で簡潔に述べる

- **自分のテーマを支持する逸話を話す（20%）**
  - 短めのユーモラスなエピソードで、自分のテーマを支持する根拠を示す

- **現状がどうなっているかを説明する（25%）**
  - できれば、自分の幼少期の話や自分の子ども、あるいは配偶者の話を挟み込む

- **現在の課題が
どれほど深刻になる可能性があるかを話す（5%）**
  - 放っておけば、自分が気づいた問題が深刻な事態に発展する可能性について何通りか示す

- **解決策の話に移る（10%）**
  - 述べてきた問題への対応について別の見方を示す科学的洞察を提供する

- **感動的な締めくくりのストーリー（25%）**
  - 現在、提示した問題の犠牲になっている人のエピソードを見つける
  - あなたが提示した解決策を用いれば、その人が問題をどのように克服しやすくなるかを簡単に説明する
  - あなたの解決策を実行した結果、驚くほどうまくいった人の話をする
  - 紹介したストーリーをカンファレンスの他のプレゼンテーションと関連づける
  - 課題を再提示して、解決策を紹介する

これでインターネット史上、最も人気を集めたスタイルに則って、人を引きつけるプレゼンテーションを行うための詳しいガイドラインが手に入った。

そこから自分でプレゼンテーションの原稿を書いて、さらにロビンソン卿のTEDトークの数値や感情の動きと比較すれば、その結果をもとに改善が必要なところを洗い出すことができる。

ロビンソン卿のアプローチはたしかに独特だ。誰もが20秒おきにジョークを交えて、エピソードをたっぷり盛り込んだプレゼンテーションを行う能力があったり、行いたいわけではないだろう。だが、心配は無用だ。必ずしもロビンソン卿をまねる必要はない。

話し手としてのアプローチが、自分の好みに合う別のプレゼンターを見つければいい。

要するに、それがリバース・アウトライニングのパワーであり、特徴を数値化してテンプレートを作成する利点である。

幅広い作品を分解して、自分が共鳴するやり方を見つけ、その構造を明らかにして、まったく新しい形で自分が容易に利用できるようにするための方法論にすぎないのだ。

徹底的な数値化でビジネス戦略を明らかにする

世界的にきわめて優れたウェブサイトは、どこが違うのだろうか[24]？

　エレガントでセンスのいいウェブサイトのお手本として、マーケターがよく名前をあげるのがアップルのサイトだ。アップルのホームページを開いたり、iTunesストアを利用したことがあるなら、無駄のないすっきりしたレイアウトがアップルの好みであることがわかるだろう。

　しかし、同社のサイトの優位点はそれだけだろうか？　本章で紹介したツールを使ってアップルのホームページを分解したら、何がわかるだろうか？

　まずはアップルのウェブサイトのリバース・アウトライニングから始めるのがいいだろう。先日、アップルのサイトを開いてみたところ、以下のようなことがわかった。

アップルのウェブサイト――リバース・アウトライニング

- ウェブサイトのメニュー
- 全画面 Airpods Pro
- 全画面 iPhone 11 Pro
- 全画面 iPhone 11
- 画面半分 プライバシーポリシー／ 画面半分 iWatch
- 画面半分 TV+ ／ 画面半分 アップルのクレジットカード
- 画面半分 Apple Arcade ／ 画面半分 iPad
- 免責事項
- サイトのナビゲーション・リンク

ウェブサイトを数値化した結果

レイアウト	アップル	サムスン
バナーの数	9	29
バナーのスクロール	0	14
クリック可能なボタンの数（メニュー以外）	18	37
クリック可能なボタンの数（メニューを含む）	88	272
画像		
クローズアップ画像（全体比）	56%	7%
人の写っている画像（全体比）	11%	17%
メッセージ		
総語数	140	324
ヘッドラインの平均的長さ	2.1	6.9
機能に重点を置いたもの	56%	75%
利点に重点を置いたもの	56%	25%
価格に関すること	18%	52%

ズームアウトしてみると、アップルのアプローチの俯瞰図が得られる。

しかし、アップルのウェブサイトから拾った数々の特徴を数値化して、それを他のウェブサイトのものと比較してみるまで、同社のウェブサイトのどこが他と違うのかというパターンをつかむことはできない。

そこで、事前に用意した数値化のリストを見て、アップルのウェブサイトと同社の最大のライバルの1つであるサムスンを比較してみよう。

（上の図表を参照）

この両社のウェブサイトは、どこが違っていただろうか？

すぐ目につく違いはいくつかある。まず、アップルのランディングページのほうがはるかに情報量が少ない。パネルの数も少なく、ヘッドラインは短めで総語数はサムスンの半分にも満たない。

アップルはなぜ、最大のライバルよりも少ない情報しか提供していないのだろうか？

アップルは、シンプルさをブランドとして重んじている企業で、そのモットーはウェブサイトを含む同社のマーケティングにも浸透している。

つまりアップルのウェブサイトは、可能なかぎりシンプルにつくられている。

価格に関する言及もサムスンより少なく、メッセージは製品の機能そのものよりも利点をアピールすることに重点が置かれている。たとえば、新 AirPods に最新のノイズキャンセリング・テクノロジーが搭載されていることを伝えていない。同社はそれよりもっと詩的で、直感的なイメージを大切にしている。

アップルは、さまざまな製品でこれらのアプローチを繰り返し巧みに使っていて、サムスンの2倍を超える頻度で製品の利点をアピールしている。それはなぜか？

人々の論理的思考ではなく、感情に訴えかけているからだ。

最後に、両社のサイトはその美しさの差も明らかである。

アップルのウェブサイトは画像がすべて静止画で、カラーも比較的似た色調を使用している。またマウスをかざしただけでパネルが拡大することもなく、ハイパーリンクは点滅しない。とにかく動きがないのである。すべてが完全に静止している。

それに対してサムスンのウェブサイトはカラフルかつ動的で忙しい。サムスンのサイトがショッピングモールの人混みを歩くようなものだとしたら、アップルのサイトは美術館での鑑賞に似ている。これも意図的にそう設計されている。過剰な刺激は人を不安にさせることをアップルは知っているのだ。そして不安は、シンプルさの敵である。

アップルが使用する語数を少なくして人の感情に重点を置き、過剰刺激を避けていることは、すべて収集した計測値情報から得られる。そこから、特徴を数値化するもう1つの利点も浮き彫りになる。カーテンのうしろを覗き見て、その企業が何を目標にしているかを知ることができること、つまり戦略が明らかになるのだ。

たとえ、アップルのようなサイトをつくる気がなかったとしても、そのような設計になった思考プロセスをリバース・エンジニアリングすることには、計り知れない価値がある。

この数値比較を見てわかるとおり、安上がりで強力な情報収集のための手段となる。

一方で、アップルのサイトをモデルにしたウェブデザインにするのであれば、構造・デザイン・メッセージに関する方向性が定まるだけでなく、目標値として使える数値もわかる。

原稿を書いて数値化し、ケン・ロビンソン卿のプレゼンテーションと比較したTEDトークの場合とほぼ同様に、今度はウェブサイトのドラフトを数値化して、それをアップルのサイトの数値と比較すればいい。あるいはティファニーのサイトでもいいし、ウォルマートのサイトでもかまわない。とにかく、自分が気に入ったところであれば、どこかの業界のトップに限らず、世界中のどのウェブサイトでもかまわない。

このアプローチの仕組みは、コンピュータのアルゴリズムがパターンを検出して予測を立てるのに利用しているツールと同じである。

サンプルを収集して重要な差異を数値化して類似点を特定し、その結果をもとに新しいものをつくれば、あなたも予測が立てられる。しかも、非常に成功しているサンプルの隠れたパターンに則った予測である。

だが、これには1つ問題がある。

おそらく、あなたもおおよその見当はついているだろう。

その問題とは、その作業をやっているあいだ、あなたの頭を悩ませる疑問である。

成功事例をリバース・エンジニアリングして、独創的な点を的確につかんですっかりまねてつくり直したのでは、とうていオリジナルの力には及ばないのではないだろうか？

そのとおりだ。それだけでは何かが足りない。

それは何か？

第3章

価値の創造

創造性の呪縛を解き放って価値をつくる

マルコム・グラッドウェルのように書く秘訣は、何だろうか？[1]

これは現代のノンフィクション作家たちを夢中にさせてきた難題である。

グラッドウェルの処女作『ティッピング・ポイント』が、２０００年にはじめて『ニューヨーク・タイムズ』紙のベストセラー書の欄に掲載された。それ以来、さまざまな分野の無数の作家たちが、なんと４００週間もベストセラー書の欄に居座り続けた本作の秘密を解き明かそうと試みてきた。そこには、明らかにある種のパターンがある。

この作品は「ストーリー→調査結果→ストーリー→調査結果」という構造になっていて、今ではこれが売れるノンフィクション作品の基本構造になっている。

小説風のスタイルで、主な登場人物を生き生きと描き、難しい理論をわかりやすく伝える。徹底してシンプルな書き方にこだわることで、無味乾燥なデータをディナーパーティーの抗いがたいカクテルのように変えているのだ。

同書に対する関心の高さは、強迫観念的ともいえるほどだ。ちょっとオンライン検索すれば、記事や解説、分析が山ほど出てくる。グラッドウェル自身による24回のビデオ講座シリーズを含め、プロ育成のための文章術のコースも、驚くほどたくさん出てくる。

グラッドウェルの公式を分解するのは、間違いなく有意義なことだ。売れるノンフィクション作品を執筆したいなら、ノンフィクションの代表的な作品を残してきた作家以上に、研究対象として適した人はいないだろう。

グラッドウェルの書き方の公式に、人々がこれほどの憧れを抱くのは皮肉なものだ。グラッドウェルが作家としてのキャリアをスタートさせたとき、彼自身は自分のような作家にはなりたくなかったという。

グラッドウェルは、別のスタイルで書くことを目指していたのだ。それは、彼が憧れていた作家の文章スタイルである。

「私は作家になろうと決めたとき、ウィリアム・F・バックリーのように書こうとしていたんだ。私の幼い頃のヒーローでね[2]」と、グラッドウェルはアメリカの保守派雑誌『ナショナル・レビュー』誌を創刊した評論家バックリーに言及して語った。

「私の初期の原稿を見ると、驚くほどそっくりだよ。とにかく私は必死に手本を探して、コピーしまくっていたんだ」

本書で取り上げる多くの一流パフォーマー同様に、グラッドウェルの達人への道も、他者の作品を分析し、再現可能な公式へと抽出する努力から始まった。

だがその取り組みは、彼も率直に認めているとおり期待はずれだった。

特に珍しい話ではない。実際、この事実はリバース・エンジニアリングの重大な限界を明らかにしている。模倣するだけでは、たいていの場合において十分ではないのだ。

それどころか、このやり方をしているかぎり、自分の作品は間違いなくまともに受け止めてもらえない。その理由として簡単に思いつくのが、この手法だと独創性に欠ける作品を生み出してしまうことである。

2005年にアリゾナ州の専業主婦が、ヴァンパイアと恋に落ちる高校生を主人公にした小説『トワイライト』を出版し、文学界に旋風を巻き起こした。この作品の熱狂的な人気により、その後ヴァンパイアを描いたヤングアダルト作品が無数に生み出された。

だが、ステファニー・メイヤーのオリジナル作『トワイライト』の何分の一かでも話題になった作品はほとんどなかった。[3]

模倣作品《コピーキャット》の嵐ほど、そのジャンルの人気を一気にしぼませるものはない。

理由は簡単だ。あるパターンが繰り返し使われれば使われるほど、展開を予測しやすくなり、魅力が薄れてしまうからだ。

ただ単に公式や方法論をまねるのでは、記憶に残るような結果は得られない。見落としやすい原因もある。素晴らしい作品というのは、過去の1つの成功例だけを拠りどころにしているのではないからだ。

成功する作品は、複数の要素の組み合わせで成り立っている。

基本中の基本として、一方に公式があり、もう片方にそれを利用する人間がいる。2人の人間に同じ公式を提供したとしても、2人の結果はおそらく異なる。それはなぜか？

それぞれ持っている力も違えば、性格も生い立ちも違い、そうした要素が作品のつくり方に反映されるからだ。

そういうわけで、本物か本物でないかの問題が生じる。

第2章で世界一人気を集めたTEDトークの裏にある公式を明らかにし、そこにはケン・ロビンソン卿がよどみなく発する自虐的なジョークも含まれていた。理論上は、本書を読んだ誰もがそのテンプレートを下敷きに次のプレゼンテーションを計画することができる。

だが、現実を見よう。もし、ジョークを言うのがあまり得意でなかったら？　あるいは、あなたのトピックは真面目なトーンを必要とするもので、ユーモアは不適切だったら？　あなたにはケン・ロビンソン卿のような学術的名声がなく、説得力を持たせるにはどうしてもデータが必要ということもある。

そう、その場合には適切な公式や方法論以上のものが必要になる。必要なのは、適切な公式や方法論を、適切な人間が、適切なコンテクストで使うことである。

最後の要素の「適切なコンテクスト」は、実現するのが特に難しい。前述した『トワイライト』のクローンは皆、ヒットしなかった。その理由は、どれもこれもがひどい本だったせいではない。『トワイライト』のクローンがヒットしなかったのは、読者の期待が変化していたためだ。

ある体験をした瞬間に、消費者にとってその体験は既知のものとなる。すると、かつて目新しかった設定に引きつけられなくなり、以前は虜になったキャラクターに魅了されなくなって、かつてのプロットのひねりにも慣れて驚かなくなる。

つまり読者が順応して、ほんの何日か前には心を鷲づかみにされたやり方が、もはや目新しくもなんともない平凡なものに思えるようになるのだ。

これは絶対に越えなければならないハードルで、音楽業界は生き残りを懸けて、他のどのクリエイティブな業界よりもそのことを学んできた。

音楽業界では、スーパースターは滅多に同じ手を長くは使わない。スーパースターの座にとどまっているためには、アルバムごとにイメージやスタイル、サウンドにひねりを加えて、アプローチを変えなければならないことを彼らは学習してきたのだ。

デヴィッド・ボウイは、この「パターン破壊」戦略を使った最初のアーティストだ。[4]

衣装をヒッピー風（1960年代前半）からスーツとネクタイ姿（1960年代後半）へと変え、さらにビートニク・スタイル（1972年初期）、キラキラメイク（1973年）、高級ブランド衣装（1970年代半ば）へと変えるとともに、サウンドのほうもロックンロール、グラムロック、ポップス、ジャズフュージョン、定番クリスマスソングと多種多様なジャンルに取り組んできた。

エルトン・ジョンやマドンナ、マライア・キャリー、ケイティ・ペリー、ブルーノ・マーズ、ビヨンセらは皆これに倣った。今日、一流のミュージシャンは、時代とともに進化していくものだと私たちは思っている。いつしか消えていくのは、時代に順応できず、何年も使い古された同じやり方を繰り返すアーティストだ。

同様の原則は、ビジネスの世界にも適用される。

ペイパルの共同創設者ピーター・ティールは次のように話している。

「ビジネスに同じ瞬間は二度とない。次のビル・ゲイツがオペレーティング・システムを開発することはない。次のラリー・ペイジとセルゲイ・ブリンが検索エンジンをつくることもないはずだ。次のマーク・ザッカーバーグがソーシャル・ネットワークを築くこともないだろう。彼らをコピーしているようなら、君は彼らから何も学んでいないことになる」[5]

だからこそ、他の人でうまくいったやり方を単純にコピーするだけでは、結局失敗するのだ。必要なのは、自分の能力と関心、状況をうまく引き立てて、成功へと導いてくれる適切なやり方を見つけることである。

しかし、具体的にどうすれば見つかるのだろうか？

行きすぎた創造性の追求がもたらす問題

だったら、「他者の影響をまったく受けないようにして、完全なオリジナリティを目指せば、前述した問題が解決するじゃないか」と考えるかもしれないが、これもまた誤りである。広範な消費者を対象にするプロジェクトではなおさらである。大ヒット映画を製作したいとか、聴衆が沸くプレゼンテーションをしたいとか、また食べたいと思ってもらえる料理がつくりたいといった場合にしてはいけないのは、何から何まで新しくすることだ。

理由はなぜか？　消費者がどんなに大胆で革新的なアイデアを求めると言っても、実際にそのようなものは完全に拒絶されることが研究でわかっているからだ。

ジェニファー・ミューラー[6]は、南カリフォルニア大学の社会心理学者で、創造性に関する研究を行っている。ミューラーの研究から、注目に値する傾向がわかった。

アイデアは斬新であればあるほど、拒否される傾向が強いという。さらに悪いことに、斬新なアイデアを握り潰すだけでなく、その発案者に汚名を着せることもある。

ミューラーの研究によると、きわめて斬新なアイデアに出合うと、人はそれを退けるだけでなく、その発案者を能力の低いリーダーと見る傾向にあるという。

人が新しいものを頑《かたく》なに受け入れたがらないのは、なぜだろうか？

新しいものはどこか落ち着かなくて、落ち着かないことは気持ちが悪いからだ。

オフィスほど、その傾向が顕著なところはないだろう。

職場では、確実性があって安心できるアイデアが非常に好まれ、そのアイデアを出したのが実際のプロジェクト担当者であれば、なおさら歓迎される。

一方、リーダーが職場で創造性を発揮すれば、反感を買う。創造性の高すぎるものは職場に不安感をもたらし、私たちが上の人間から得たいと思っている安心感とは反対の空気が広がるからだ。

もしあなたがこの洞察に懐疑的であったり、自分は一般的な人より新しいアイデアに対してはるかに許容力があるから、自分には当てはまらないと思っているとしよう。

それなら最近、新しい曲を聴いて自分が好きだと思ったときのことを思い返してほしい。そして自問していただきたい。それはどれくらい目新しかっただろうか？　聴いたことのない楽器が入っていたのだろうか？　珍しいキーで演奏されていたのだろうか？　あるいは、リズムパターンが風変わりだったのだろうか？

あなたが大半の人と同じなら、このような特徴を備えた曲を聴くと、妙な感じがするばかりか、許容範囲すれすれだと感じるだろう。まさに、それが音楽なのだ。

私たちが心引かれる映画やアート、レストランについても同じことがいえる。人は自分では斬新さを求めていると思いたい。だが、本当に好きなのは、馴染みのあるものなのだ。

イギリスのバンド「レディオヘッド」のリードボーカルで、ソングライターのトム・ヨーク[7]に訊いてみるといい。

1990年代の終わり頃、レディオヘッドはロックミュージック・シーンの頂点に君臨していた。そのサウンドは流行に乗りながらも独特だった。他のバンドよりメロディアスかつ内省的で、苦悩するグランジ・ロックのミュージシャンに代わって『ビルボード』のチャートを独占した複雑なオルタナティブだった。

同バンドの3枚目のアルバム『OKコンピューター』は、レディオヘッドをかつてない新たな次元に飛び出させるものだった。『ビルボード』の1位になったあと、このアルバムは複数回にわたってプラチナを記録した。イギリスのある人気投票では、ビートルズのどのアルバムも抜いて史上最高のシングルアルバムに選ばれたほどだ。

メンバーの多くは大喜びしたが、ヨークは違った。彼はますます休養できなくなった。

「もうロックバンドなんてやりたくない」

そんな言葉がふと、口を突いて出たようだ。

ヨークは、自分と同時代のロックバンドが、アルバムごとに毎度おなじみのパターンを繰り返し、どんどんつまらなくなっていくのを嫌というほど目にしていた。彼はレディオヘッドも同じ運命を辿ることを恐れ、バンドをまったく違う方向に導こうと決めた。

彼は、レディオヘッドの次のアルバム『キッドA』を憑りつかれたように制作したが、それはまったくの新しいレディオヘッドになっていた。

「『キッドA』は、でっかい消しゴムで全部消して、スタートし直すようなものだ」[8]と、彼は『ローリング・ストーン』誌に語った。

ヨークが最初にやったのは、エレキギターをやめることだった。エレキギターの代わりにシンセサイザーやシーケンサー、ドラムマシンを入れて幻想的なサウンドにした。同時代の音楽の影響を払拭するために、頭を完全にリセットした。都会を離れて、絵画のように美しいコーンウォールへと向かい、田園風景の中を歩き回ってはスケッチをして、小型のグランドピアノで作曲した。

バンドのアプローチを何から何まで徹底的に進化させようとしたので、自分で書く歌詞さえも信じられなくなった。冗長さを避けるため、ヨークはリスナーに曲の意味を解釈して理解してみろと言わんばかりに、あえて無作為な言葉の羅列を選んだ。

そのうえ、彼は一部の曲でシンセサイザーを使って自分の声を歪ませ、意味のない歌詞の大部分を正確に聞き取れないようにした。

ヨークは頑なだった。シングルはもう制作しない。ミュージックビデオも制作しない。アルバムだけが彼の言葉だった。

反応はまちまちだったという言い方では、寛大すぎるだろう。大半のファンは心底戸惑った。まるで、レディオヘッドが2つあるようだったのだ。

まずは一般受けするシングルで大成功を収めた大好きなロックバンドのレディオヘッド。もう1つは、リスナーの期待をことごとく破壊しようとむきになっている実験的シンセサイザー集団のレディオヘッド。

評論家も容赦なかった。『ローリング・ストーン』誌はこのアルバムを「イライラさせられる」と評し、『ミュージックウィーク』誌は「まったくもってじれったい」と酷評して、『スピン』誌は「キャリアの自殺行為」であると書きたてた。

レディオヘッドは既成概念の枠を超えるのに成功した。その志を称える人はいるが、彼の挑戦的なまでのオリジナリティへのこだわりは、間違いなくファンを遠ざけた。

20年以上たった今も、レディオヘッドはニューアルバムをリリースし続けているが、最も多くダウンロードされて売上の大半をはじき出しているのは1990年代の楽曲である。

創造性を追求しすぎると、痛い目に遭うのはアートの世界だけではない。

ビジネスの世界には、最終的には成功したものの、当初は撥ねつけられたコンセプトの例が数多ある。理由は単に、コンセプトが示されるタイミングが何年か早かったからだ。

多くの場合、アイデアの質だけでは勝負できない。それと同じくらい、消費者の受け入れ姿勢も重要になってくる。

アマゾンのオフィス用品や書籍、食品の1時間配送サービスは、現代のイノベーションの典型のように思えるかもしれない。だが、Kozmo.com[9]は20年前に同様のサービスを提供しようとして完全に失敗した。

同じことが、ウーバーイーツやドアダッシュなどのハイエンドのフードデリバリー・ビジネスについてもいえる。ウーバーイーツやドアダッシュが提供しているのは、１９８７年にテイクアウト・タクシー[10]が提供していたのと、まったく同じサービスだ。テイクアウト・タクシーもまた廃業した。

それからApple Watchがある。ニュースや天気予報、交通情報、スポーツの試合結果に瞬時にアクセスできるものだが、これらの機能はすべて20年近く前にマイクロソフトのスマートウォッチＳＰＯＴ[11]に搭載されていた。

ここにあげた例は、有用性がないわけではないのに優れたアイデアが受け入れられなかったり、無視されたりすることがときどきあることの証左である。新しさが裏目に出るときがあるのだ。市場は、斬新なアイデアを受け入れるようにはできていない。

こんなことを書いてくると、袋小路に迷い込んだ気分になる。完璧に模倣したのではどこにも辿り着けない。かといってまったく新しいものは眉をひそめられる。

それなら、本当に正しいアプローチとはどういうものだろうか？

長く愛される作品をつくる秘訣は独自のひねり

２０１４年にハーバード大学の研究チームが、この「新しさへの抵抗の矛盾」をテーマに、「助成金申請が承認された医学研究申請書」の特徴分析を含む鋭い実験を行った。[12]

学術研究は競争の熾烈な世界である。週に60時間働いて、学術誌に掲載される論文を量産し、その分野の第一人者と認められるだけでは不十分である。その職にとどまるには、2～3年ごとに米国立衛生研究所などの主だった政府機関の専門家委員会に、自分の研究テーマが資金援助に値することを認めさせなければならない。

では、研究の助成金申請が承認されるかどうかは、何で決まるのだろうか？

その答えを見つけるために、ハーバード大学の研究チームは実際に助成金の申請書を作成し、大学教授や医師を含む該当する分野の専門家１４２人に評価してもらった。

申請書は、研究テーマの重要度や実現可能性、新しさなどさまざまな基準で評価された。また評価の専門家チームには、それぞれの研究テーマが助成金交付に値するかどうかを点数で評価してもらった。

その結果、ジェニファー・ミューラーの論が裏づけられた。

要するに研究テーマが斬新であればあるほど、専門家は助成金対象として推薦しなかったのだ。しかし、専門家が実際に何を求めているかについて、隠れた興味深いヒントがデータからわかった。どのような申請書が専門家に最も推薦してもらいやすいのだろうか？

それは、ほんの少しだけ新しい内容が含まれているものである。

この結論は、もう1人の有名な（ただしフィクションの）創造性の専門家にとって、驚きでも何でもなかっただろう。それはドン・ドレイパー[13]である。

ハーバード大学の研究チームが上述の研究を行う少し前に、テレビ番組『マッドメン』が放送したエピソードで、気まぐれなことで有名な広告代理店のクリエイティブ・ディレクターのドン・ドレイパーが、どっきりカメラのテレビ番組についての相談を受けた。隠しカメラのリアクションシリーズ『キャンディッド・カメラ』というテレビ番組のヒットに乗じたものだ。

このときの彼の返答が、人々に受ける理想的な公式とはどんなものかを物語っているかもしれない。「今あるものにちょっとひねりを加えたものがいいんだ。人々はそういうものを求めてるんだよ」

言い換えると、完璧な模倣ではどこにも辿り着けず、かといってまったく新しいものは眉をひそめられる。であれば、解決策はこの両極端を避けることとなる。

これは一般に、マイナー・チェンジとしてよく知られているものだ。

助成金申請の研究を行ったハーバード・ビジネス・スクールの教授カリム・ラカニ[14]は、これを「最適な新しさ」という別の名で呼んでいる。

確立された公式に新しいひねりを加えたほうが、成功しやすいとなれば、これは朗報である。多くのクリエイターが感じている「何かまったく独創的なものを生み出さなければ」というプレッシャーはもう感じなくていいのだ。実際、そんなものはむしろ逆効果になる。

長く愛される作品をつくる秘訣は、斬新さではない。実績のあるパターンを利用して、それに独自のひねりを加えることだ。

複数のアイデアが融合したときに創造性が生まれる

リバース・エンジニアリングは等式の左辺にあたるもの、すなわち実績のあるパターンを見せてくれるものだ。ソースの数によってバリエーションに差が生まれる。

これには、自分が受けた影響を組み合わせることが含まれる。

クエンティン・タランティーノは、1990年代にはじめて大手プロダクション製作の映画『パルプ・フィクション』で彗星のごとく登場したとき、当時最もオリジナリティあふれる映画監督の1人として映画シーンに迎えられた。

タランティーノの作品は独特であったが、無から有が生じたわけではない[15]。タランティーノの映画が独創的だったのは、会話による悪ふざけが随所に盛り込まれ、そこにファンクミュージックやファイトシーン、人々が顔をそむけるバイオレンスなど、他のあまりメジャーでないジャンルの特徴がたっぷり取り入れられたためだ。

言い換えると、彼は多種多様なものの影響をミックスしたわけで、そのミックスが今日、タランティーノらしさをすぐに認識させるスタイルになっているということだ。

ミュージシャンも独自のサウンドをつくろうとして、よく同様のアプローチを取ることがある。ドアーズのギタリスト、ロビー・クリーガーがノリのよい自身の新曲のコード進行をはじめてバンドメンバーに聞かせたとき、彼らの反応はあまりよくなかった。[16]

キーボードのレイ・マンザレクはリフレインの部分が「ソニー&シェールにそっくりだ」と言って片づけたことを覚えていた。「ソニー&シェールにそっくり」というのは、1967年当時、「主流すぎて面白くない」の同義語であった。

だが、バンドはすでにスタジオに入っていて、メロディ部分に取りかかっていた。最初にしたのは、ラテン音楽のドラムビートを加えることだ。次に、ジョン・コルトレーン風のジャズのソロを加えた。パズルの最後のピースは、ヨハン・ゼバスティアン・バッハからイントロ部分をいただくことだった。

ロックミュージック史上、最も多くの人に記憶されることになるイントロをたった今自分たちがつくり上げたことなど、メンバーは知る由もなかった。この曲のタイトル「ハートに火をつけて」を思いついたのは、ジム・モリソンであった。

ビジネスの世界には、さまざまな影響を融合した例として、古くから有名なものがいくつもある。世の中をすっかり変えてしまったもので、今日私たちが当たり前のように受け止めている技術革新の多くは、実際には多種多様な分野から拾ってきた幅広いコンセプトのマッシュアップにすぎない。

MP3プレーヤーも携帯電話も、スティーブ・ジョブズが発明したものではない[17]。だが彼は、アップルの開発チームがこの2つを融合してiPhoneを完成させられるように導いたのだ。

1995年、スタンフォード大学の2人の学生が、ワールド・ワイド・ウェブ（WWW）上における情報の整理に、研究者が研究論文を引用する方法を取り入れて、あるシステムを完成させた[18]。それがグーグルだ。

イノベーションの歴史というものは、既存のアイデアの融合に負う部分がきわめて大きい。ブドウ圧搾《あっさく》機（これでインクを供給）が貨幣打刻印機（これで活字版を提供）と融合されて世界初の印刷機が誕生していなければ、書籍すら誕生していなかっただろう[19]。

作家マット・リドレーの言葉をパラフレーズすると、「創造性とは複数のアイデアがセックスしたときに生まれるもの[20]」となる。

自分なりのひねりを見つける1つの手段として「影響」の融合が利用できる。

ただし、このアプローチには1つ見逃せない限界がある。自分が受けた影響を自分なりの形でうまく配置する能力だ。影響を組み合わせる手法が最も奏功するのは、文化的主流の外にインスピレーションを求め、そのジャンルのファンがいちばん気に入っている要素を取り込むことができるクエンティン・タランティーノのような人の場合だ。

自分なりのひねり方を見つけるもう1つの方法が、他で効果の出ているアプローチを拝借して、それを自分のものに適用することだ。

2008年にバラク・オバマは、どこからともなく現れて合衆国大統領の座を勝ち取ったが、その10年足らず前には、シカゴで苦しい選挙戦を強いられていた。[21]

自分を議員に選出してもらうえるように、有権者を説得するためにできることは何でもやっていたが、1つだけ問題があった。彼は演説がひどく下手だったのだ。

もともと法学教授だったオバマは、大勢の前で講義をすることに慣れてはいたが、それは聴衆の参加を促すものではなかった。しかも、難解な学術的思想をスピーチの中に入れたがる傾向があり、演説が有権者の頭の上を素通りしていた。

有権者は彼のスピーチに冷ややかな感情しか抱かなかった。オバマの選挙キャンペーン・スタッフは、学術的な専門用語を使わず、感情を込めて話すようオバマに忠告した。

だがオバマは頑固で、とうとうコンサルタントのロン・デイビスに、罵りの言葉を吐かせるにいたった。

「このバカたれが。お前なんかどこにも行けやしないよ。野犬の捕獲人にも選出されないね。

どこまでうぬぼれが激しいんだ。空気を抜きやがれ[22]」

それでも、オバマは聞く耳を持たなかった。オバマは惨敗への道を突き進んでいき、11月には2倍以上という不名誉な差をつけられて敗北した。

この選挙戦でオバマは、財産を失い、社会の主流からはじき飛ばされて、根無し草のようになった。しばらく政界を離れようと思ったそのとき、ある人から、シカゴのあちこちの教会へ行って、牧師がどのように説教をして会衆にメッセージを伝え、会衆の心に響かせているかをよく観察するようにすすめられた。

それから、ほんの数年後。彼が連邦議会上院議員に立候補する頃には、オバマの演説スタイルは変わっていた。抽象的な話し方をやめ、ストーリー仕立てにして聖書を引用し、繰り返すことによって自分のメッセージが人々の頭に刻まれるようにした。

だが、変わったのは言葉だけではなかった。そもそも伝え方が変わったのだ。オバマはあるときには大きな声で、またあるときには声のトーンを調節して静かに話し、いくぶん感情を込めて、重要なポイントは巧みに間《ま》を入れながら強調することを学んだのだ。

教会で一般に用いられている話術を政治の演説分野に取り入れることで、オバマは自分のスピーチのスタイルを進化させた。そして、他とは一線を画す政治勢力として、自分の地位を確立したのだった。

一方でビジネスの世界では、周辺分野を調べて新鮮なアイデアを探るということが、驚くほど一般的に行われている。

スティーブ・ジョブズはスティーブ・ウォズニアックと共同でアップルⅡを開発しているとき、単に先駆的なコンピュータ以上のものをつくりたかった。[23] 誰からも注目される目新しい装置をつくりたかったのだ。

だが、彼がインスピレーションの源泉として求めたのは、他のコンピュータではなかった。その代わり、彼は百貨店のメイシーズに出かけていった。台所用電化製品を見て回ったとき、クイジナートのフードプロセッサーが目に留まった。プラスチック製のワークボールから、彼は当時としては革命的なコンピュータのデザインを思いついた。オールインワンの一体型のユニットで、組み立てる必要がない（したがって、分解するのも困難）。

革新的なアイデアを求めて、自身の分野以外を漁る起業家はジョブズだけではない。世界初の大規模ソーシャルメディア・プラットフォームであるAOLの会長スティーブ・ケース[24]にも同じことがいえる。

ケースは早くから、電話の場合と同様に、AOLのサービスの価値は利用者の数によって大きく左右されることを認識していた。成功させるには、大急ぎで大規模なネットワークを構築しなければならない。さもなければ、すでに登録してくれている少数の利用者も失うリスクがある。AOLの利用者数を増やすために、ケースは洗濯洗剤市場で一般的に使われている作戦を利用することにした。無料サンプルの提供だ。

1990年代に育った人なら、スリーブに黄色い人形《ひとがた》のステッカーが貼られたAOLからの無料のコンパクトディスクが、何日かおきにどの家の郵便受けにも届いていたのを覚えているだろう。

新規顧客を引きつけようと、ケースの指示でAOLは無料トライアルキットに3億ドル超を費やし、何百万という消費者に何時間ものインターネット・アクセスを提供した。これだけ聞けば、目もくらむような額の支出かもしれないが、2015年にケースはAOLをなんと44億ドルで売却することに成功している。

ケースがこのマーケティング戦略を採用していなければ、AOLの売却にはまったく価格がつかなかった可能性が十分にあったと聞くと、さらに興味深いだろう。

ケースが採用した戦略は、それまでソフトウェア業界の人間が誰も真剣に考えてみたことがなかったものである。

マンネリ化を防ぐ「未熟な経験」の魔法

1960年代初頭、スタン・リーは漫画を描くのをやめようとしていた[25]。

当時、世間一般には、漫画ファンは単純なヒーロー物が好きで、激しいファイトシーンを強く求めているとの通念があった。リーは、同じようなつまらないプロットを何度も量産するのに飽き飽きしていた。まもなく40代に突入することも、自分の生きる道は漫画しかないことも、問題にならなかった。彼は一か八か、別の仕事をやってみようと思った。

そこで辞表を提出する直前、リーは妻のジョアンに相談した。妻のアドバイスがなければ、今、スパイダーマンや超人ハルク、ソー、X－MENなどのスーパーヒーローが、どこの家庭でも通じる名前にはなっていなかっただろう。

リーの素晴らしい作品が主なきっかけになって開催されている年次コンベンションの「コミコン」で、彼は後年、次のように語っている。

「妻が私に言ったんです。辞めるなら、もう1作だけ好きなように描いてみればいいんじゃないの。鬱憤《うっぷん》を晴らしなさいよ。起こるかもしれない最悪のことはクビになることだけど、どのみち辞めたいんでしょ？」[26]

リーは妻のアドバイスに従った。勇気を得たリーが、最終的にした仕事は何だったか？漫画の熱狂的なファンが誰も予想していないもの、つまり欠点のあるスーパーヒーローを描いたのだ。当時、これは完璧であることを賛美する一般的なアプローチから、とんでもなく離れた大胆なひねりだった。

フレンドリーで楽天的、賢いスーパーマンが業界を席巻していた中、リーは優れた身体能力は保ちつつも、精神面の脆さという重大な変化を加えたのだ。

リーは、『ファンタスティック・フォー』という作品から、怒ったり、すねたり、あがいたりして言い争い、復讐に燃えるスーパーヒーローを描いていった。出版社を大いに驚かせたのは、読者がそんなスーパーヒーローを愛したことだ。リーは最終的に、完璧でないキャラクターを自由に創作して、読者が真に求める大胆なストーリーを描けるようになった。

今日、マーベル・コミックの作品の中では、『ファンタスティック・フォー』は知名度の低い作品に数えられるが、この作品が時代を超えて生き続けられなかったからではない。リーのその後の作品が大成功を収め、毎年何十億ドルという売上を達成し続けたためだ。

マーベルのフランチャイズに関して興味を引かれるのは、夏(と、ときどきは感謝祭)が来るたびにとてつもない収入があることや、その売上がこの13年間飛躍的に増加してきたことだけでなく、その映画がずっと熱狂的なファンからも、型どおりの方法論を重んじるインテリの評論家からも、絶賛され続けていることだ。

どのマーベル映画にも、いくつかの決まった特徴がある。その特徴の多くはスタン・リーの作品にまで遡り、それらが組み合わさって1つのパターンを形成している。

マーベル作品では、ヒーローに超能力があって、ヒーローがその使い方を学ばなければならないことがよくある。作品には気の利いたジョークや皮肉がたくさん盛り込まれていて、登場人物が命の危機に瀕したときに、それが顕著になる。

そして、各映画作品の大部分を占めるヒーロー同士の内輪の戦いがある。『キャプテン・アメリカ/アイアンマン』『アントマン&ワスプ』『ソーVS.ハルク』がそうだ。マーベル映画では、ヒーローが実際に敵と戦うよりも味方同士で激しく口論する時間のほうが長いことも珍しくない。

さらに、強いけれどどこか不安定な男どもとの対比で登場する小柄で生意気な女性の存在があったり、完全に結ばれることは絶対にない純愛があったり、ひねりの効いたポップカルチャーの要素や、映画の結末へと導くCGを駆使したヤマ場の決闘シーンがあって、マーベル映画の次回作のプレビューとなるエンドロールがある。

このように各要素を全部並べると、見事な方法論があることがわかるだろう。

そして、いくつか興味深い疑問が浮かんでくる。

マーベルはどうやって、毎年毎年映画ファンを引きつけて劇場に足を運ばせているのか？同じキャラクター、同じストーリーライン、同じテーマで、どうすれば観客を退屈させずにすむのか？　すでにあるレシピを使って新鮮に感じさせる方法があるとして、そこからどんなことが学べるだろうか？

2019年、INSEADのスペンサー・ハリソン率いる創造性研究チームが、マーベルのアプローチについて幅広い調査を行い、まさに上述したような疑問に答えようとした。[27]研究チームはその答えを見つけるために、マーベル作品の俳優陣から監督、プロデューサーに至るまで全員を対象に膨大なインタビューを行い、映画のシナリオを分析して、映画の1本1本を批判的に調査した。そして彼らが見つけた主な答えの中に、ハリウッドの映画監督にとどまらず、幅広く適用できる洞察がある。

マーベルがある公式をマンネリに感じさせないために採用している方法の1つが、映画に新しい要素を取り入れること、すなわちスーパーヒーロー物とは畑違いの監督を起用することだ。経験豊富な実績あるメンバーを繰り返し何度も使う代わりに、マーベルは新鮮な視点を取り入れる目的で、あえてスーパーヒーロー物の作品の経験が浅い人物を監督に起用している。ハリソンはこのアプローチを「未熟な経験」と呼んでいる。

マーベル映画の作品を見たことがあるなら、『マイティ・ソー バトルロイヤル』は『マイティ・ソー／ダーク・ワールド』をコミカルにしたものだと気づいたかもしれない。

後者は『ゲーム・オブ・スローンズ』のスタッフが撮影を指揮しているのに対して、前者は即興コメディが専門の人物が監督をしている。コアチームで実績ある方法論に従いつつ、専門外の人間をグループに加えることで、マーベルは毎作、多少新しいと感じる程度にひねりを加えることができている。

マーベルのアプローチから引き出せる明らかなヒントの1つが、チームに新しいメンバーを注入し、その影響によって公式を新しい方向に進化させることだ。

クリエイティブなものをつくりたいなら、いかに成功が約束されそうであっても、いつも同じ顔触れのチームでぬるま湯に浸かっているのではなく、数プロジェクトごとにチームを刷新することを模索したほうがいい。

これは、社内の新しいメンバーをチームに入れるのでもかまわないし、新たに人材を採用するのでも、あるいはプロジェクトごとに外部からフリーランスの人間やコンサルタントを招き入れるのでもかまわない。

個人で仕事をしている人には、マーベルのやり方は当てはまらないと思うかもしれない。だが、どうやら必ずしもそうではないようだ。実際にはチームを組んでいなくても、誰か他の人の専門性を活用できるときが往々にしてあるからだ。

現在のあなたは、「あなたが最も多くの時間を一緒に過ごす5人の人間によって決定づけられている」というのは、よくいわれることだ。自分の近しい友人、同僚、家族があなたに微妙に影響を及ぼして、多くの場合、知らず知らずのうちにあなたの信念や期待を形成しているというものだ。

人は皆、時間の使い方や周囲に置く人間をある程度自分でコントロールしているが、クリエイティブなアイデアを花開かせるために、自分の周辺環境を変えてみようと考える人はきわめて少ない。だが、実はそれをすべきなのだ。

この視点で考えれば、私たちが過小評価している行動の1つにネットワークづくりがある。私たちの多くは、ネットワークづくりを事業開拓やキャリア向上のための有効なツールと考えるように教わってきた。

ところが、必ずしもすべての人がネットワークづくりをそのようには見ていない。

第2章で触れたハーバード・ビジネス・スクールの故クレイトン・クリステンセン教授によると、企業幹部は人脈づくりを通して自分や自社を売り込んだり、貴重なリソースにアクセスできる人と友だちになったりしているが、起業家はそのやり方が少し違っていて、優れた洞察や最新のアイデアを集める手段として、人脈づくりを利用しているという。[28]

あまりに多くの人が自分に都合よく、自己欺瞞《ぎまん》の言い訳をして人脈づくりを軽んじている。だが、そんな言い訳を捨てて、示唆に富む数人の人と素直につながって1つか2つの刺激的なアイデアを集められたらどうなるか、想像してみてほしい。

幅広い分野の友人や同僚を積極的に探して、多様性に富んだ人脈を構築することで、誰でも自分の仕事に取り入れる価値のある新しいアイデアを見つけるチャンスが広がるのだ。

もちろん、自分にとっていちばん価値があると思う人の影響を取り込みたいと思っても、その人とつながることが不可能なときもあるだろう。

たとえば、結婚式で乾杯の音頭を取ることになっていると仮定しよう。そこにあなたは、気の利いたコメントをチャーミングに添えてやりたいと思っている。その場合、あなたにとって完璧なお手本はコメディアンのスティーヴン・コルベアだ。

だが、CBSに電話してコルベアのマネジャーにつないでもらうのが無理なことは明らかだ。そこで、彼の喋りをリバース・アウトライニングすることを考えるが、それをしてもあまり意味がないことに気づく。コルベアのパフォーマンスは時事問題に特化しているからだ。

コルベアの視点を結婚式の乾杯の音頭に採り入れる方法はもう1つ別にある。コルベアなら、結婚式のスピーチに盛り込む話題をどういうふうに話すか自問してみることだ。

「コルベアなら、結婚式の乾杯の音頭をどのように始めるだろうか？」

こうしたシンプルな疑問を持つだけで、あなたの頭脳はある特別な状態になり、コルベアの方法論が自分の意識下に浮かび上がってきて、彼のアプローチに沿った作品を創造できる可能性が高まる。

それとは別に、カニエ・ウェストだったら、ドナルド・トランプだったら、あるいはオプラ・ウィンフリーだったら、結婚式の乾杯の音頭をどのように始めるだろうか。このように自分に問いかけてみれば、あなたはまったく違った方向に導かれるはずだ。

そして実際、自分の脳に誰かの影響を取り込もうと働きかけるだけで、人のマインドセットは変化し、行動も変化することが研究で示されている。

しかも影響力を持つのは、有名人に限った話ではない。影響力はブランドにまで広がる。たとえば、ディズニーのロゴを見れば、人は行動がより正直になるし[29]、ゲータレードのボトルを見れば、何であれ今していることに対するモチベーションが上がり[30]、レッドブルの画像を見れば、活発に行動するようになることが[31]、研究でわかっている。

これらの例が示しているのは、何か独創的なものを生み出そうとしているときに脳に誰かの影響を吹き込むことには、大きな潜在力があるということだ。

誰かをお手本として頭に思い浮かべることで、お手本の特徴と自分の考えが融合したアイデアが閃き、自分の創造性が刺激される。

人とつながることは、ビジネスの世界では特に効果的なアプローチである。

ホリデーシーズンに向けた新たなプロモーションの企画で悩んでいるマーケティング・マネジャーのステファニーの例を考えてみよう。

このとき昨年のキャンペーンを調べたり、何か新しいアイデアをひねり出そうと必死で知恵を絞るのではなく、まったく違う業界の有名ブランドの手法を探ってみるのだ。

この場合、先ほど示した疑問（「コルベアなら、結婚式の乾杯の音頭をどのように始めるだろうか？」）が、「アマゾンなら、この製品をどのようにリリースするだろうか？」や「ディスカウント百貨店のターゲットなら、これを陳列でどのように目立たせるだろうか？」、あるいは「キム・カーダシアンなら、このオファーをどのようにして口コミに乗せるだろうか？」になる。

このように自問することがちょっとしたアイデアの独創的な出発点になり、こうした視点で見ることがなければ見逃していたであろう戦略や戦術、手法が浮かんでくる。

またこのように自問することは、ステファニーに、自社の歴史や位置づけのせいで見えなくなっているものがあるのではないかと考えてみる、クリエイティブな機会を与える。

あえて知らずにいることで二番煎じを防ぐ

ここまでのところで、すでに実績のある公式や方法論を取り入れて、そこに独自のひねりを加えるための戦略を3つ確認してきた。これらの戦略による利点は、次のとおりだ。

1 複数の影響を組み合わせることができる
2 違うジャンルや業界のアイデアを探り、それを自身の作品に反映させることができる
3 物理的にも仮想的にも、自チームや自分の人脈の構成を変えることができる

4つめの戦略は、取り込む情報を自信を持って取捨選択し、あえて影響を排除することだ。何に注意を払うか、何を無視するかを吟味して決めることは、同じ業界で自分を差別化するための重要な前提条件となる。

スティーブ・ジョブズが指摘しているとおり、「クリエイティビティとは、ただ物事をつなぎ合わせること」である。ジョブズがこの言葉の中に盛り込まなかったのは、彼の鋭い洞察の戦略的な意味。すなわち、シェフとして他のシェフと自分を差別化したいなら、違う材料で調理してみればいいということだ。

それなのに、クリエイティブな職業の人の多くが同じニュースレターを購読し、同じポッドキャストを聴いて、同じ本を読んでいる。単に世の中の流れに後れを取りたくなかったとしても、本当にそれらに興味があったとしても、結果は同じである。

このようなことをやっていては、オリジナリティを獲得するのは難しい。自分の中にどの影響を取り入れるかを選択することが、ありきたりな創作を避けるための予防薬となる。

これが、自分の中に取り入れるものの数を減らす第二の理由につながる。

自分の中に取り込んだ材料に、より重みをかけられるようになるのだ。

人間の処理能力はゼロサム・ゲームだ。注意が広く分散すればするほど、一つひとつの影響は小さくなる。役に立たないインプットをなくすことで、本当に有益な影響に自分の注意を向けられる。貴重な一流のコンテンツが、凡庸なコンテンツの騒々しい大波に押し出されてしまうこともなくなる。

一時的な流行に対する耐性も身につく。創造性というものは、主にその人が何に注意を払うかで決まる。あなたが注意を払う対象が一過性のトレンドであったり、最新の流行であれば、あなたが生み出すものは賞味期限の短いものになるだろう。

反対に、長期にわたってその地位を保っている一流のものを深く掘り下げて、その影響を自分のアプローチに反映させれば、独創的なひねりを生み出すことが可能になり、あなたの成果物はより長命になる可能性が高くなる。

さらに、取り入れるものの数が少ないほど、より特色あるアプローチに辿り着けることを認識して、成功を収めているクリエイティブな例は驚くほど多い。そうした認識があるから、彼らは一部の影響を戦略的に無視している。

たとえば、ロック界の大物トム・ペティは、フォークやカントリー、ポップミュージックを融合した自分の曲のメロディは、とりたてて独創的ではないことをしっかりと認識していた[32]。実際、トム・ペティの曲は、当時のポピュラー音楽ミュージシャンのブルース・スプリングスティーンの曲と、眉をひそめるほど重なるところが多かった。

だからこそペティはそのキャリアを通じて、知らず知らずのうちに似すぎてしまわないように、断固としてスプリングスティーンの音楽を避けていた。

ヴァン・ヘイレンで主に曲を書いていたエディ・ヴァン・ヘイレンは、亡くなるまでの何十年ものあいだ、同時代のポップスをいっさい聴かないようにしていた。その代わりに聴いていたのは、ヨーヨー・マだ。

「つくりたいと思っても、僕にはコンテンポラリーなレコードはつくれなかった[33]」と、エディ・ヴァン・ヘイレンは2015年に『ビルボード』誌で語っていた。「だって、コンテンポラリーミュージックってどんな音楽なのか、僕は知らないから」

コメディアンのビル・マーはHBOでウィークリー・ニュースの番組を持っている[34]。イギリス人のコメディアン、ジョン・オリバーも同様である。

しかし、マーはオリバーの番組を一度も見たことがなく、見たいとも思っていない。彼はオリバーの影響を避けるため、意図的にオリバーの番組を無視しているのだ。

NBCの『ザ・トゥナイト・ショー・スターリング・ジミー・ファロン』で司会を務めるジミー・ファロン[35]についても同じことがいえる。ファロンは、マーもオリバーも避けているだけでなく、ニュース番組を担当している他のコメディアンすべてを避けている。

自分の創造性は、自分が取り込むものによって形成されることを認識しているからだ。先に紹介したコメディが大好きな映画プロデューサーのジャド・アパトーでさえ、映画を製作するときは他のコメディアンの作品を避ける。[36]他のコメディアンの影響を排除するためだけではない。自分の自信を保護するためでもある。

自分が映画をつくっているときに、彼がいちばん避けたいのは、自分が今やっていることがすべて二番煎じだという思いを払拭できなくなることだ。

「あえて知らずにいること」という戦略を選択するのは、新しいものを取り入れず、創造力が閃くのを待つという意味ではない。

自分の作品の役に立ち、自分の作品の幅を広げてくれるものに対して鋭敏になり、注意を払うべき対象を十分に吟味して選択するという意味である。それが、新しいものよりも伝統的なものに目を向けたり、時には過去にいいと思った優れた作品を意図的に振り返って、あらためて分析することを意味する場合もある。

同じ作品を複数回見たり聴いたりしても、せいぜい価値がいくぶんか上乗せされるだけだと人は考えがちである。「一度読んだり観たりした本や映画を、もう一度読んだり観たりする意味はどこにあるのだろう?」と。

ところが調べてみると、これは成功している作家の姿勢とはまったく異なる。

実際、受賞歴のある作家は驚くほど多くの人が毎年、未読の書を読むよりも一度読んだ作品を再読することに時間を充てているのだ。それはなぜか?

初読と再読とでは、もたらされるメリットが異なるからだ。

熟練の作家は、同じ本でも読むたびに自分の注目点が変わることを知っている。

はじめて読んだときはプロットに目が行く。大枠で見ると、この作品はどんな作品だろうか? 全体的な感情の動きはどうなっているだろうか? 誰にどんなことが起こっているのだろうか?

ところが再読したときは、ストーリーラインにはもうあまり注意が向かない。

作品の構造上の重要なヒントや作家の技法を紐解いていくのは再読からだ。ここから、語の選択や人物造形、作家が省いた重要なディテールなど、簡単に見逃してしまいがちな要素に対して、自然と周波数を合わせられるようになる。

ブッカー賞受賞作家のジョン・バンヴィルは、次のように指摘している。

「気に入った古典は、読めば読むほどその作品の方法論が見えてくる。読み直すたびに、最初は乳白色の曇りガラスのような表面に隠されていた作家のテクニックの小さな歯車やはずみ車が、より鮮明に見えるようになる」[37]

伝統的なものをあらめて見直すことには、もう1つ別のメリットもある。現在のプロジェクトに伝統的なものの影響を加味することは、確立した方法論を活性化するもう1つの有効な手段となりうる。

これはミュージシャンが頻繁に利用する手段である。たとえば、ダフト・パンクやアーケイド・ファイアなどのバンドは、自分たちの新曲に独特の味を加え、そのサウンドを意外性のあるものにするため、折にふれてクラシック音楽からダンスミュージックに至るまで、古い音楽の影響を自分たちの曲に取り込んでいる。

これは芸術の世界と同様に、ビジネスの世界にも関係のあるテーマである。オンライン広告の普及により、棚上げされてきたあらゆるマーケティング戦略を考えてみてほしい。それほど遠くない昔、ローカルのビジネスはチラシを印刷して、イエローページに広告を載せ、ラジオでCMを流して自分たちで宣伝をしていたのではないか。ところが今日、大半の企業はそうした戦術をバカにして、マーケティング費用はインターネットベースのコミュニケーションに絞ったほうがいいと考えているのではないだろうか。

しかし、誰もが右へ倣えをしているわけではない。

幅広い分野に鋭敏なマーケターが、ライバルとの差別化を図るには、いわゆる古くさい多くのマーケティング戦略が非常に有効であることを発見している。

たとえばダイレクトメール（ＤＭ）[38]。表面的に見れば、ＤＭを奏功させるには膨大な費用と時間がかかる。ライターとデザイナーを雇って、送付先の住所をどうにかして手に入れなければならない。それから印刷代と郵送代もかかる。だが、Ｅメールなら費用はその何分の一かですむ。だったら、Ｅメールで広告をばらまくほうが簡単ではないかと考える。

でも、本当にそうだろうか？

ここでいくつかの数字を紹介しよう。アメリカで働いている人は、１日に平均１２０通を超えるＥメールの嵐に晒《さら》されている。１週間にすれば８４０通を超える。では、その同じ期間に郵便受けに届く物理的な郵便物の数は何通だろうか？

18通である。たしかにダイレクトメールは安上がりではないが、人々の注意を引きつける可能性は、綿密に計画した最高の出来栄えのＥメールよりはるかに高い。

インターネット界の大物、アマゾンやアップル、グーグルでマーケティングを担っている人々を含め、世界トップクラスの鋭いマーケターは皆、この発想を見逃すはずもなく、メッセージを早急に広く伝えることがきわめて重要な場合には、今でもダイレクトメールを利用し続けている。

進歩とは、新しさを追求することだと人は思いがちである。

だが、前を向くためにうしろを振り返ってみることも、時には必要となる。

見過ごされてきた部分に華やかに光を当てる

1950年代の終わり頃、ロイ・オービソンのキャリアに花開く気配は、まったくなかった。[39]収入はなんとか食いつなげるギリギリで、誰も買おうとはしてくれないカントリーソングを毎日書いては、夜に小銭稼ぎの演奏の場を求めて場末の酒場やドライブイン・シアターを訪ね歩いていた。

ほんの数年前、オービソンのバンドだったティーン・キングスの「ウービィ・ドゥービィ」という曲がマイナーレーベルのトップ100に入ったこともあったが、それもずいぶん昔のことのように思える。バンドは作曲者の印税取り分のことでもめて解散していた。

オービソンはソロに戻り、テキサス州オデッサのごみごみしたアパートで、妻と幼い息子との生活をどうにか維持するため、歌手としての成功の道を必死で探っていた。

オービソンは、いわゆるロックンロールのスターでは絶対になかった。

彼はシャイで控えめで、ぶ厚い牛乳ビンの底のようなメガネをかけても見えるかどうか。ステージに上がっても直立不動で、注意を引くことを恐れているかのようだった。

その頃、オービソンは苦闘しているソングライターのジョー・メルソンに出会った。メルソンはオービソンに2人で一緒に曲を書こうともちかけ、2人はすぐに意気投合してオービソンのキャリアを一気に押し上げる歴史的なバラードを書いた。

この曲によって、オービソンは野暮ったい田舎者から国際的なセンセーションになった。その曲のタイトルは「オンリー・ザ・ロンリー」だ。

譜面で見ると、「オンリー・ザ・ロンリー」に特別なところは何もなかった。オービソンとメルソンは、この曲がヒットするとは思っていなかった。2人は最初、エルヴィス・プレスリーに、次にエヴァリー・ブラザースにも曲を売り込んだが、どちらにも断られた。

だが、オービソンが歌ったシングルが1960年5月にリリースされると、とんでもない反響があった。当時無名だったオービソンが、世界中で最も人気のあるミュージシャンの1人になったのだ。

「オンリー・ザ・ロンリー」をこれほど特別なものにしたのは、詞や曲ではなかった。曲の構造でもなければメロディでもなく、心を揺さぶる希望に満ちた歌詞でもなかった。

オービソンの繊細な声は、それまでにすでにレコード会社のプロデューサーたちが何人も聴いて退けていたのだから、その歌声でもなかった。

秘密はアレンジにあった。パート編成の方法だったのだ。

「オンリー・ザ・ロンリー」は当時の他のポピュラー音楽と違って、通常なら歌のバックに埋もれさせられている要素を前面に引っ張り出し、センターステージに据えたのだ。

その要素とは、バックコーラスであった。

「オンリー・ザ・ロンリー」は印象に残る旋律で始まる。オービソンではなくバックコーラスが歌う「ダンダンダンドゥビドゥワー」である。

バックコーラスを前面に出そうというのはオービソンのアイデアであったが、それを生き生きとしたものにしたのは、サウンド・エンジニアのビル・ポーターだった。

楽器演奏を先に録音して、あとからそれに歌をかぶせるのではなく、ポーターは試しに違うアプローチをやってみた。彼は伝統的なやり方をやめて、マイクに近づいて囁くような声で歌うバックコーラスを録音するところから始めたのだ。

そのあとで、コーラスの魅力を失わないように楽器演奏をかぶせた。結果、印象に残るサウンドができあがり、これがオービソンの代表曲の中心を担うサウンドになった。

このように、曲を差別化するために、バックの演奏に埋もれている要素を表に出して、自分のアプローチの中心に据える手法は、独自のクリエイティブなひねりを加えるための5つめの方法となる。

バックコーラスの魅力的な使い方は、既存の公式の中に存在している要素を見つけ、その地位を向上させて、それを自分の個性にする方法の一例である。

もう1つテレビ史上最高のヒット作にもその例が見られる。『となりのサインフェルド』だ。『となりのサインフェルド』が、当時の他のコメディ番組と異なる点はいくつもある。

まず登場人物が個性豊かで、それぞれ自己中心的な態度でストーリーラインに絡んでくる。だが、それだけではない。主役らしい主役がいないのだ。『となりのサインフェルド』は他のシットコムと異なり、盛り込まれる「事件」が地球上の誰もが日々経験しそうな軽めのもので、そうした軽い「事件」を大げさに取り上げてプロットの中心にしている。

エピソードには毎回、話す声の小さい奴、大声で喋る奴、話すときの距離が近い奴、電話勧誘の人間、体臭のきつい奴、ひどい顧客サービス、忘れられた駐車場、迷惑なご近所といった小さなイライラが登場する。

チョコレートバーの正しい食べ方は？　1つのチップスを誰もが使うサルサソースに何回までなら浸けるのを許せるか？　トイレを使う人は、隣の個室の人とトイレットペーパーを共有するべきなんだろうか？　このような鋭く辛辣《しんらつ》な疑問に『となりのサインフェルド』は毎週、福音的な情熱で取り組んでいる。

たいていの人の暮らしの中で起こる類の些細な出来事を取り上げて、それを番組のプロットの前面に押し出すことで、『となりのサインフェルド』はまったく独自のスタイルを実現していた。いわゆる、何でもないことを連ねた番組だ。

ただし、それは何でもないことではなかった。他の番組が、あえて無視してきたストーリーラインだったのだ。

皆に注目されていない材料を取り上げ、それに華やかに光を当てるのは、数々の有名広告キャンペーンの中心的アプローチでもある。

それを示すにはおそらく、アブソルートをスウェーデンの無名の新商品からウォッカ界の世界的なスターへと押し上げたキャンペーン[40]以上の例はないだろう。

アブソルートが1979年にはじめて国際市場に登場したとき、勝算はほとんどなかった。アメリカでは、スミノフやストリチナヤといったロシアのブランドが積極的に展開しており、ウォッカ市場はロシアのブランドが独占していた。アブソルートに、多くの選択肢があるようには見えなかった。

原産国で差別化する方法もあったかもしれないが、大半の当時のアメリカ人は、スウェーデンのウォッカが良品である可能性はいうに及ばず、スウェーデンがウォッカをつくれるとすらまったく思っていなかった。

味で勝負するのも難しいだろう。ウォッカの味は非常に微妙なものだ。最も舌の肥えたドリンカーでさえ、ブランドの違いを見分けるのは困難だ。

では、アブソルートはどうやって自ブランドを差別化し、アメリカのウォッカ市場でトップにのし上がったのだろうか？

ウォッカを飲む体験のうち、背景に押しやられて見過ごされてきたものに光を当て、その地位を引き上げ、アブソルートの広告キャンペーンの主役にしたのだ。

それはボトルの形状である。

過去1年のあいだに、何かの雑誌を手に取ったり、バス停を通りすぎたことがあるなら、アブソルートの広告に見覚えがあるだろう。アブソルートの製造会社は、今年でほぼ40年近く、同じキャンペーンのさまざまなバリエーションを流している。アブソルートのボトルの形に、フォトショップ加工で入れた人気の旅行先やアクティビティ、イベントの画像に端的なヘッドライン「アブソルート〇〇」が添えられている。

1980年に登場した広告の最初のバージョンは、後光と天使の輪がアブソルートのボトルに添えられたデザインで、「ABSOLUT PERFECTION」のヘッドラインが添えられていた。その後、年を追うごとにキャンペーンはより抽象的になり、外形はとどめつつも、実際のボトルは使われなくなっていった。

アブソルートのクリエイティブチームに無限大の自由度が与えられ、人を引きつけそうな無数のトピックにアブソルートを組み込んでいけるようになったのだ。

ロイ・オービソンや『となりのサインフェルド』と同様に、アブソルートは、ウォッカを飲むという体験の「取るに足らない側面」と考えられていたものを取り上げ、そこに関心を向けさせただけでなく、忘れられないものにすることで商品を差別化した。

だが、アブソルートの話はそこで終わらない。

アブソルートが、そのアイコニックな広告キャンペーンを開始してからおよそ10年後、販売代理店のカリヨン・インポーターズがアブソルートの販売権利を失った。

このニュースは、カリヨンの社長ミシェル・ルー[41]を激しく打ちのめした。ルーはアブソルートの画期的なクリエイティブ広告デザインの一翼を担い、広告デザインにアンディ・ウォーホルなどのアーティストを個人的に引っ張ってきた。

だからアブソルートの成功を自分のキャリアの至宝のように考えていた。「私はこの子を赤ん坊から育て、世話をして、たっぷりの愛情を注いできました[42]」と、彼は取締役の地位を追われる前にレポーターに話していた。「新しい親にも同じようにきちんと面倒を見てもらえるよう、心から祈ります」

カリヨンがアブソルートに大規模販売代理店の契約を切られ、ルーは途方に暮れていた。しかし、それもある閃きを得るまでのことだった。

自分が愛したブランドを手放してからほどなくして、アブソルートをアメリカのベストセラー・ウォッカにした手法を甦らせればいいのだという考えが、ルーの頭に浮かんだのだ。

もちろんウォッカではない。そこはもう売約済みの市場である。

それでも、商品を差別化して消費者にアピールする手段として、ボトルのデザインをクローズアップしていない飲料はほかにも数多くある。

最初のターゲットは、それほど懸命に探さなくても見つかった。全国展開する販売代理店として、カリヨンは広範なスピリッツおよびリカーのリストを管理していたからだ。

わずか2年後、いよいよ第一弾のリリースの準備が整った。1986年、人目を引いて顧客をうっとりさせるブルーのしゃれたボトルが、ルーの貢献により市場に登場し、それまで人気のなかったジン市場がひとりでに再活性化していった。

ルーのクリエイションは「ボンベイ・サファイア」と呼ばれた。

弱みが強みになる偶然のイノベーション

ひねりを見つける最後の方法としてよくあるのが、「偶然」である。それはオリジナリティをまったく追求していない人によって、もたらされるものである。

シンガーのエイミー・ワインハウスとソングライターのマーク・ロンソンは2006年からコラボレーションを始めたが、[43]独創性を追求してはいなかった。

それどころか、その正反対であった。2人は意図的に、1960年代のモータウンのソウルフルなサウンドを再現しようとしていたのだ。

ロンソンは、NPRのガイ・ラズに次のように説明している。

「あのサウンド、あのグルーブをどうやって再現すればいいかわからなくてね。[44]それまで、そんなことまったくやったことなかったから。でも、僕は彼女自身と彼女がやりたがっていることにすごく引かれていたから、『どんな形であれ、どうすればいいか見つけてやる。たとえそれが間違っていても』という感じだったんだ。僕たちは間違っていたんだと思う。

新しい形のものになってしまったから。誰もがやりたいような類のものさ」

ワインハウスとロンソンは、テンプテーションズやシュープリームスなど伝説のグループをできるだけまねようと努力した。2人の曲を聴けばそれがわかる。

メロディアスなベースライン、美しく響くリバーブ、シャンシャンとリズミカルなタンバリンの音。すべての要素はそこに揃っている。

だが、ヒップホップ系のDJだったロンソンは、にぎやかな電子的なビートを重ねずにはいられなかったし、ワインハウスの暗くて辛辣《しんらつ》な歌詞は快活なモータウンサウンドの歌詞とは似ても似つかなかった。

ワインハウスとロンソンは、昔ながらの方法論をまねて作品をつくろうと懸命に努力したにもかかわらず、結果として完成した曲は「リハブ」や「ユー・ノウ・アイム・ノー・グッド」「バック・トゥ・ブラック」を含め、彼ら独自の個性的なサウンドになった。

これらワインハウスの初期のヒット曲は、何がそれほど印象的なのだろうか？

本章で取り上げてきたたくさんの事例と同様に、2人の作品の魅力はシンプルなブループリントに尽きる。要するに、「確立された公式＋新しいひねり」だ。

そのひねりをどうやって取り入れたかというと、ワインハウスとロンソンの場合は通常とは異なるルートでそこに辿り着いた。確立された公式に従おうとして、そこに到達できなかったこと自体が偶然のイノベーションとなって、「埋め合わせされる形になった」という道筋だ。

料理界のレジェンドであるジャックス・ペピン[45]は、料理の世界にも似たようなパターンがあることに気づいていた。

ペピンは無数の料理本を出版してきたが、書かれたレシピに完璧なものはないし、完璧になどなりえないと考えている。料理には必ず予測できない要素がつきもので、それ自体が料理の仕上がりを左右するからだ。

つまり、料理する人間の影響だ。すべての料理人は、必ず独自の経験を積んできており、料理に対する考え方や方向性も千差万別で、そのつもりがあってもなくても、そうした傾向が自分のつくる料理に反映される。

ペピンは、料理教室で教えることにも多大な時間を割いてきたが、まさにその教室で彼は料理には必ず料理人の人格が投影されることに気づいたのだ。

「15人の生徒にサラダ、茹でたじゃがいも、ローストチキンをつくるよう指示[46]し、いつも『私を驚かせたいとか、人より抜きん出たいとか、そんなことは思わないでください』と言っていました。まあそれで何がどうあろうと、とりあえず目の前には15のそれぞれ異なるチキンが出てくるわけです。3つはほぼパーフェクト。3つは生焼け、3つは冷たい、3つは焼きすぎ、3つは何とか。でも、とにかくすべて違うんです。違うことで自分を責める必要はまったくありません。自分の感性で調理すれば、違うのが当たり前だからです」

ペピンは生徒に、自分の衝動を抑えて、完成形のレシピに忠実に従うことを求めていると思うかもしれない。だが彼がすすめているのは、まったくそういうことではない。

それどころかペピンは、向上心あるシェフには、とにかく一度だけレシピに正確に従ってみるよう言っている。そして次のステップは、レシピの指示に従いながら、自分の持ち味を出していくことだ。

料理人の仕事はコピーすることではない。自分なりに考えて調整し、「それぞれの美的センスと味覚に合わせて［レシピを］もみほぐしていくこと」である。

ワインハウスとロンソンが一緒に曲づくりを始める10年ほど前、マルコム・グラッドウェルは『ワシントン・ポスト』紙を辞め、『ニューヨーカー』誌に移った。[47] 10年にわたって、新聞記事という独特の執筆スタイルを身につけてきたグラッドウェルにとっては、不安でいっぱいの大移動だったが、『ニューヨーカー』誌が彼を雇ったのは新聞記事を書いてもらうためではなかった。

「突然、自分がこれまでに書いてきたものの3倍から5倍もある長い記事を、書かなくちゃいけなくなったんです」[48]と、グラッドウェルはポッドキャストの「Longform」で振り返っている。「新聞はとにかく要約します。どうすればできるだけ短く簡潔に表現できるか？ところが今度は、拡大するという考え方をしなければならない。そこで、とにかく話を広げるというマインドセットに切り換える必要に迫られます。どうすれば、この話を6000語の内容のあるストーリーにできるか？」

4パラグラフの記事を書くことに慣れていたグラッドウェルが突然、1時間以上読者を楽しませる記事を書かなくてはいけなくなったわけだ。

最初、彼はどうしていいかわからなかった。長い文章に求められることに、合わせていかなければならなかったからだ。最終的に、彼はあるアプローチを思いついた。

「私がやったのは、いろいろなアイデアとナラティブを組み合わせてみることです。だってほかに空白を埋める方法がわからなかったから。ストーリーだけを伝えるなんて、そんな能力、私には大してありません」

これは、多くの作家が覚えておいたほうがいい勇気ある告白である。

グラッドウェルは独創的にしようとしたわけではなかった。彼のオリジナリティは、彼自身に『ニューヨーカー』誌らしい記事を書く能力がなかったことによるものだったのだ。

彼は自分の能力不足を補おうとしていたのだ。そしてその補う努力から、人目を引く革新的なものが誕生したのである。

数年前、グラッドウェルは『逆転！　強敵や逆境に勝てる秘密』[49]（講談社）という本を出版した。その中で彼は、強みと弱みに触れ、見かけは当てにならないことがあると説いている。

強みのように見えていたものが実際には弱みで、弱みに見えていたものが実際には強みであるのはよくあることだ。グラッドウェルはこれを自身のキャリアを説明するつもりで書いたわけではなかったが、弱みに見えていたものが意外にも強みになる例として、これ以上ぴったりなものはなかなか見つからないだろう。

本章は、1つの疑問文で始まった。

「21世紀の最も影響力のあるノンフィクション作家のように書く秘訣は何だろうか?」

しかし、たぶんこの疑問文は間違っている。

そう、リバース・エンジニアリングを行えば、グラッドウェルの著作に潜む重要なパターンをあぶり出すことができる。しかし、単純に彼のスタイルを再現するのは間違いである。コピーするだけでは、滅多に画期的なものは生まれない。

素晴らしい結果を生み出すには、優れた作品を分解して、ひねりを加えるしかない。したがって、正しい疑問文は「どうすればマルコム・グラッドウェルのように書けるだろうか?」ではなく、**「どうやってグラッドウェルのスタイルを取り入れて、それを自分なりのものにできるだろうか?」**である。

PART 2

ビジョンと能力のギャップを埋める

アイデアを現実にする方法とは

南北戦争が終わって間もない1870年代後半、アメリカの銀行から数百万ドルが消えた。ボルティモアでは、25万ドルが第三合衆国銀行から消えた。ニューヨーク州北部のサラトガ・カウンティ・ナショナル・バンクは、50万ドルがなくなっていると報告した。ニューヨーク市近くのウエスト・ビレッジでは、「侵入不可能な」警備で有名なマンハッタン貯蓄銀行の300万ドル近くが忽然《こつぜん》と消えた。

アメリカじゅうの金融機関が襲撃に遭い、銀行幹部はパニックに陥った。

これらは、いわゆる銀行強盗ではなかった。銃を突きつけて脅し、窓口係を恐怖に陥れる恐ろしい強盗などいなかった。犯人は最も意外な出入口からやってきた。専門家でも警備員が必要だとはほとんど考えない場所だ。犯人たちは地下からトンネルを掘って、隣の企業の壁を突き破り天井から下りてやってきたのだ。

さらに謎だったのが、爆薬も使わずにどうやって金庫を開けたのかである。どの犯行現場でも、ダイナマイトは1本も使われていなかった。しかも大半は、どうやらバールすら使わなかったようなのだ。

捜査員たちはすぐに、これは新手の犯罪であることを認識した。ニューヨーク市の警察長官ジョージ・ワシントン・ウォリングはのちに、日記に次のように綴っている。

「一般にこの種の犯罪に手を染めるのは、犯罪者の中でも最も知的レベルの高い者である」[1]

ウォリングは正しかった。彼は黒幕の仕事を見破っていたのだ。だが1点だけ、ウォリングはのちに誤りを認めることになる。これらの犯罪が成功したのは、知性によるものというよりも、新しくて強力な技術によるものだったのだ。

これらの犯罪は、正確にどのようにして成功したのだろうか？

犯人の用いた手法は、リバース・エンジニアリングである。

ウォリングが追っていた男ジョージ・レオニダス・レスリー[2]は、世界の犯罪史上に残る銀行強盗の1人だと、専門家は今でも考えている。彼は9年間で、アメリカにおけるすべての銀行強盗の80パーセント以上を指揮し、「強奪王」の異名を取った。

レスリーは、１００件を超える銀行強盗を指揮して、およそ１２００万ドルを盗んだと見られている。当時の平均的なアメリカ人の給料は、年収３７５ドル未満だった。

レスリーのアプローチはシンプルだった。彼は通常の顧客のふりをしてターゲットとなる銀行を訪れて預金をする。新しい銀行口座開設の手続きをしているあいだに、レスリーは何げなく周囲を見渡し、銀行のレイアウトと設計を頭に入れる。

次に、彼は貸金庫を借りたいと申し出る。貸金庫は銀行内でもより安全な場所に設置されているので、レスリーは銀行内部の聖域まで見ることができ、金庫にも近づくことができるというわけだ。

この時点でレスリーはさりげなく、自分はプロの建築家でアメリカじゅうのさまざまな銀行のコンサルティングをしていると告げる。このつくり話によって、彼は単なる顧客としての役割を捨てることができる。そして、将来的なクライアントである銀行の役に立ちたいという名目で、自由に歩き回り、金庫の配置について感想を述べ、目についた特徴を指摘して、金庫に関する質問を平然と投げかける。

見たところ教育レベルが高く、身なりも申し分のないこの建築家が、あろうことか銀行強盗を指揮しているなどとは、誰も疑わないはずだ。

自宅に戻ると、レスリーは急いで仕事に取りかかる。

鉛筆を手に、覚えているかぎり詳細に図面を描き起こす。銀行内部の各部屋の寸法、形を図面にして、仲間の動きの邪魔になる可能性のある什器やその他の障害物の配置を記す。さらに天井や床、壁に使用されている建材と、そのおおよその厚さも書き込んで、どの道具を持参すればいいのか、どれくらいの騒音が発生するのかを把握する。

こうしてレスリーは大まかなスケッチ以上のものを手にしていた。これでブループリント《設計図》ができあがったわけだ。そこからいよいよ彼は、銀行に侵入するのに利用できそうな強度の弱いところを、1つ残らず洗い出していく。

完全犯罪を計画するセンス

犯罪の首謀者としてのレスリーの成功を、すべてリバース・エンジニアリングに帰するのは公平ではないだろう。銀行内部のレイアウトを設計図に変える作業は、彼の計画の第一段階にすぎない。完璧な銀行強盗を成功させるには、知識だけでは不十分であることをレスリーは理解していた。

それには優れた実行力が必要だが、これは設計図とはまったく別物である。

彼の解決策はこうだ。まず、近所の使われなくなった倉庫内に銀行内部の実物大の模型を組み立てる。そこに仲間を集め、それぞれの仲間への詳細な指示を含むマスタープランを披露する。一つひとつの動きまで入念に計画し、銀行内にいるあいだの1分1秒まで慎重に指示を出していく。

次の何週間かは練習の時間だ。レスリーが監督して、毎回ストップウォッチで時間を計る。実行班の動作がスムーズになってくると、レスリーは対処しなければならない新たな障害を導入してプレッシャーを増大させる。ろうそくを吹き消して、真っ暗闇の中で練習させることまでした。これが、予想外の事態に備えられるようにするための彼のやり方だった。

レスリーの計画があまりに綿密で準備も徹底していたため、彼の死後、捜査員たちは細部へのそのこだわり方に驚嘆した。彼は設計図を作成したばかりでなく、模型までつくって、ありえない条件下で何カ月もかけて練習したのだ。

さらに、銀行強盗に最適な日時まで特定していた。金曜日の夜である。

どんなに仕事熱心な銀行でも週末は閉店する。したがって、金庫が空になっていることに行員が気づくまでに2日半かかる。その頃にはレスリーの強盗団はとっくにいなくなり、痕跡もすっかり薄れてしまう。

これほど周到に計画すれば、たいていの犯人は少なからず自信を持つものだ。しかし、レスリーは絶対に危ない橋を渡らなかった。

オペラ関係の人づてに入手した衣装で、彼は強盗団に変装させることまでした。日中、レスリーの仲間たちは怪しげなチンピラだったが、金曜日の夜になると、かつらにマント、礼装という『フィガロの結婚』のエキストラのようないでたちで、強盗団は玉石を敷いた通りを足音を忍ばせて歩いていく。

リハーサルが終わると、レスリーはニューヨーク州スタイブサント・ハイツの自宅に戻り、まったく別のことに取り組んだ。記録的な短時間で金庫を破れたのは、そのおかげだ。客に扮して銀行の施設を見学しながら、レスリーは金庫のメーカーとモデルを正確に特定する。見学後、彼は金庫メーカーに直接連絡し、自分が監督する建築プロジェクトで金庫が必要だと伝えて同じモデルを購入し、自宅でその金庫を分解していった。

長い年月をかけてレスリーは何百という金庫を分解し、金庫の設計と構造にすっかり習熟していた。そして、あるパターンに気づいた。

金庫はどれも似たようなものだ。扉の外にあるノブを回すことで、扉の内側にあるスピンドルに取りつけられた複数の金属板が動く仕組みになっている。この金属板がある配列になると、金庫の扉が開く。簡単なことだ。

だが、問題はまだある。配列の組み合わせを探るには、邪魔されずに集中できる環境と、十分な時間が必要になる。しかし銀行強盗の最中には、そのどちらもまず得られない。

レスリーは、あるアイデアを思いついた。ダイヤルのすぐ上に小さな穴を開ける。すると、その穴を通して中の金属板が動くのが見えるのだ。これで配列を探る必要性を回避できる。裏技によってうまく金庫の扉を開けたあと、レスリーは開けた穴をパテで塞ぎ、金庫の外側と同色の塗料で塗っておく。こうすることで、金庫泥棒が発見されたあとでも、彼の解錠テクニックは謎のまま残る。

実に綿密なレスリーのアプローチを紹介してきたが、これには興味深いストーリーだという以上の意味がある。つまり仕事のパフォーマンスには、知識以上のものがかなり関係しているということだ。

レスリーの設計図は、指針を示してはくれても、銀行強盗を成功させるにはそれだけでは足りない。設計図には、目立たないように侵入する方法、記録的な速さで金庫を破る方法、気づかれずに脱出する方法などの指示は含まれていなかった。これらの要素は、さらに詳細な計画、慎重に練り上げられた事前演習、リスクの評価計算によって生み出される。

リバース・エンジニアリングからは、たしかに貴重な洞察が得られる。

しかし具体的には、どうやってその洞察を自分の作品に生かせばいいのだろうか？

本書の後半では、その点について説明する。

超一流の作品理解には代償が伴う

優れた作品を数式化するのは重要だが、それをうまく再現して形にするのはまた別の話だ。すでに確立されているレシピは有益だが、それには代償が伴う。高すぎる期待だ。

一見、これは大したことではないように思える。しかし実際は、大きな障害となることがある。ラジオ番組『ディス・アメリカン・ライフ』プロデューサーのイーラ・グラスは、スキル向上を目指しているときは「ビジョンと能力のギャップ」を経験することがよくあると指摘している。

クリエイティブな仕事を選ぶ人は皆、その方面の感性が優れているからその職業を選ぶ。しかし、そこにはギャップがある。最初の2〜3年は、頑張って作品を制作するが、それほどよくない。よくしようとしているし、可能性もあるが、よくない。それでも、その業界に導いた感性は、今でも研ぎ澄まされている。その感性があるからこそ、自分の作品にがっかりする。多くの人がこの段階を乗り越えられない。そしてやめていく。[3]

グラスの言う「ビジョンと能力のギャップ」は、やる気を奪うことがある。その人の基準が高ければなおさらだ。自分が目指す分野の傑作を分解したあとなら、これはもっともな心理状態といえる。つまり、ビジョンが高ければ高いほど、そこに到達するのが難しくなる。

さらに悪いことに、このギャップが完全に埋まることは永遠にない。

アン・パチェットはきわめて優れた小説家で、数えきれない文学賞を受賞している。それでも新しく作品を書きはじめるときは毎回、ビジョンと能力のギャップに苦しむ。

パチェットの場合、執筆には3つの段階がある。「構想を練る」「ぐずぐずして執筆に取りかからない」「執筆を進める」で、最初の段階が群を抜いて幸せなときだ。

アイデアを練っているときについて、彼女は次のように書いている。

本は私の目に見えない友人です。どこにでもいて、進化していて、刺激的。アイデアをまとめるには何カ月も、あるいは何年もかかるけれど、私はメモも取らないし、アウトラインもつくらない。私が構想をまとめているとき、ノートルダム大聖堂のバラ窓から切り取った翅《はね》を持つ大きな蝶《ちょう》のように、本が私の頭のまわりを飛び回って、仕事をスムーズに進ませる。まだ1語も書きはじめていないその本は、言葉にはできないくらい美しくて、パターンは先が読めず、その本の色が私に沁み込んでくる。とても自由で誠実だから、そのけだるい飛翔を追っているとき、その本を愛する気持ち、その本に対する私の信頼は人生で唯一の完璧な喜びなのです。[4]

これはロマンチックな初デートの翌朝や、仕事のオファーをもらってから初仕事までの期間にも似たウキウキする時間で、パチェットの未来は希望に満ちた豊かなものに思える。

このあとに続くのが、先延ばしの期間である。何冊も書籍を出版してきたパチェットには、この先に過酷な旅が待ち受けていることが心のどこかでわかっているため、取りかかるのに抵抗してしまう。彼女は都合よく優先順位を書き換えて、生産的な気晴らしに浸かる。

そしてようやく書きはじめるが、胃はちくちく痛み、意気消沈する。そのことを彼女は生々しく詳細に綴っている。

それ以上口実を思いつかなくなって、先延ばしすることが取りかかることより辛くなると、ようやく手を伸ばして空中の蝶をつかむ。頭の中から蝶を取り出してデスクに置き、そこで自らの手で殺す。（中略）ＳＵＶで蝶を轢くことを想像してほしい。この生き物の美しさ、色彩、光、動きなどすべてが消えてしまう。私に残されたのは、友人の干涸《ひから》びた抜け殻であり、壊れた体は欠け、解体され、粗末に組み直されて、死んだ。それが私の本だ。[5]

パチェットがこれを声に出して読むと、彼女は大げさに言っているのだとか、笑いを誘おうとしているのだと聴衆は思う。そこで彼女は、自分はこれ以上ないほど真剣であることを示さなければならなくなる。

> 頭から手への旅は危険で、死骸がずらりと並んでいる。これは書こうとする人誰もが通る道で、実際に書く人の多くは迷子になる。[6]

この点においてグラスとパチェットは意見が一致している。

明確なビジョンを持つ代償は、単純に自分の作品に満足できないことだけではない。やめてしまうリスク要因にもなり得る。

優れたものに対する感性が鋭いほど、凡庸なものに耐えるのが難しくなる。そこが問題で、優れた作品を分解すれば、必然的に自分の基準が高くなる。

センスは人の心理的欲求を映し出す鏡

しかしそれは、おそらくビジョンと能力のギャップの誤った解釈である。つまり、スキルは教わることができるが、ビジョンとセンスは伸ばすのが明らかに難しい。

人のセンスは正確にどこから生まれるのだろうか？

人はある種の経験に対する嗜好性を遺伝的に備えて生まれてくるが、センスというのは単なる嗜好ではすまされない。もっと繊細で複雑なものであることを示す証拠はいくらでもある。[7]世の中には、あるものを美しくする要素に敏感で、平凡なものから特別なものを見分けることが得意な人がいる。

また、センスは遺伝によるものだという意見に、誰もが同意しているわけではない。経済力によるものだと主張する人もいる。

亡くなったフランスの社会学者ピエール・ブルデューによると、世の中でいいとされるものを決めるのは、社会の上のほうの階層だという。[8]裕福な人々が大切にする品物や体験が、広範な社会の規範をつくり上げているということだ。

そして下のほうの階層は、この嗜好を受け入れ、密かに（そして無意識に）金持ちのまねをすることで、自分もひとかどの者に見えることを願う。

センスは、人の人生経験から生まれるもので、その人の歴史を映し出したものであると考える人もいる。この考え方に従うと、センスは、それまでの人生で満たされてこなかった心理的な欲求を満たそうとする試みといえる。

このレンズを通して見ると、センスとは何かが見えてくる。

自分が目指すものと、自分がどのような体験に最も引かれるかは偶然ではなく、誰の心にも響くものでもない。それはある意味、人の深層を表すものである。

具体的には、その人の心理的欲求を映し出す。

スイス生まれのイギリス人哲学者アラン・ド・ボトンは、この見方を支持し、人のセンスは多くのことを物語ると主張している。

ド・ボトンによると、ある文化の人々（ロシアやサウジアラビアの国民など）はなぜ豪華絢爛な装飾に引かれるのか、別の文化の人々（北欧の国々の人など）はなぜすっきりしたシンプルなデザインを好む傾向にあるのか、その理由は明らかにできるという。

いずれも、歴史的条件に対する反応なのである。

ロシアやサウジアラビアの国民は長年、経済的貧困に耐えてきた。華美なインテリアは貧困の対極にあるもののため、彼らはけばけばしいほどの装飾を好む（成り上がりのラッパーのあいだでは、ゴールドのチェーンや指輪、金歯をこれ見よがしに見せびらかすのがおしゃれだとされているのも同様の現象である）。

一方、北欧の国の人々は、経済的に比較的安定した環境で育ってきたため、裕福さを視覚的に示したいという欲求が湧いてこない。それよりも、日常生活における過度の刺激を癒してくれるものとして、落ち着いた心安らぐインテリアを好む。

センスの正確な起源はさておき、ひとつ確かなことがある。優れた作品を生み出すには、心に響く作品を見出す能力を磨くことが、絶対に必要な前提条件となるということだ。

小説家ジョナサン・サフラン・フォアは、これを次のように表現している。

偉大な作家とそうでない作家、あるいはまったく作家でない人を区別するものは、センスだと思う。客観的に、何がいいかを知るという意味でのセンスではなく、自分自身が何に反応するかを知り、自分が何かに強く反応すれば、同じように強く反応する人が世の中にはいるはずだと、飛躍的に信じることである。[10]

これは鋭い洞察で、重要なことを示唆している。すぐに高いレベルのものができないからといって、自分の能力不足を嘆くのではなく、改善の余地があるという事実を喜ぶほうが賢明だということだ。

その本能は、優れた業績を達成するのに欠かせない。

「あらゆるものの90パーセントは駄作」を超える

1950年代、SF作家のシオドア・スタージョンはうんざりしていた。[11] 文学評論家たちが彼のジャンルをボロクソに言うのを何年も傍観していたのだ。

出版界のトレンドセッターは、SFに否定的で、真剣に取り合わなかった。真剣に取り上げたとしても、たいていはひどいことを言われた。彼らがSFを軽視していることは明らかで、SF作品は幼稚で二流のゴミだと考えられているとしか思えなかった。

スタージョンは、評論家はどういうわけか自分たちの過ちが見えないのだと、考えるようになった。そこで1958年に、彼自身が自分の作品の評論を書くと、これが文学界で話題となりセンセーションになった。

スタージョンの論評は簡潔で、強く印象に残るものだった。評論家の意見を否定するのではなく、彼らの見方に同意し、彼らの意表を突いたのだ。

「SFにクズ作品があまりにも多いことは認めるし、大変残念なことである。しかし、ゴミがどこにもないことほど不自然なことはない」

これの言わんとするところは、出版されている多くのSFは残念なものだが、それはどのジャンルの作家の作品でも同じだということだ。したがって、SF作品は他の文学ジャンルと比べて、よくもなければ悪くもない。その点を強調するために、彼は挑発的な意見を提示した。

「あらゆるものの90パーセントは駄作である」

「スタージョンの法則」として、永遠にその名をとどめることになったこの意見は、どんな分野でも、「生み出されるものの90パーセントはゴミである」とまで広げられる。

つまり、芸術の90パーセントはどうでもよい作品で、インターネット・コンテンツの90パーセントはつまらないもので、レストランの90パーセントは人の味蕾《みらい》を刺激しない。90パーセントというのは明らかに恣意《しい》的で極端な推計値なので、誰もが納得するわけではないだろう。しかしスタージョンの法則は、ある点において貴重な数字を示している。

自分のセンスが、とりわけ自分がきわめたいと思っている分野の作品評価で、通用するかどうかの判断基準になるのだ。自分が出合う作品の半分が素晴らしいと思うなら、おそらくあなたは、まだ自分が心底好きなものを十分にわかっていない。

これは、ビジョンと能力のギャップに落ち込むなといっているのではない。正しく活用すれば、優れたパフォーマンスを発揮し、自分の内なる基準を満たしたいという欲求が、向上への原動力となるということだ。

今の自分と、なりたい自分との距離に落ち込むのではなく、活力が湧いてくるようにするには、ギャップの埋め方がわからなければならない。

では、具体的にはどうすればいいのだろうか？

このあとの章で、高いパフォーマンスを達成するために、エビデンスにもとづいた実践的な戦略を幅広く検証していく。その際、3つのグループが私たちの前に登場する。

エリートアスリートと、大成功を収めている企業のリーダーと、クリエイティブな世界のスーパースターだ。

アスリートのグループからは、練習の効果を最大限生かして、新たな技術を身につけ、プレッシャーのかかる条件下で力を発揮する方法を学ぶ。

ビジネス界のリーダーからは、数字を適切にモニターし、すべてを危険に晒《さら》すことなく知的なリスクを取る方法を学ぶ。

そしてクリエイティブな世界のスーパースターからは、新しいアイデアをテストし、より有益なフィードバックを得られる方法を学ぶ。

何を目指すにせよ、すべては自分のパフォーマンスを向上させることから始まる。

それは何か？

それが次章のテーマ「スコアボードの活用」である。

第4章

スコアボードの活用

数値化と指標の活用がスキル向上を促す

ランチのすぐあとに電話が鳴った。母親からだ。

彼女の母親は医者に行ってきたばかりだった。その声の調子から怯えているのがわかる。ようやく母親が状況を説明しはじめた。血圧が急激に上がっていて、危険なレベルに達しているという。服薬の効果にも限界がある。

早急に減量して、健康のためにそれを維持しなければならないらしい。

「すぐそっちに行く」。あなたはそう告げて、コートをつかんだ。

家に着くと、母親が泣いていて、あなたに助けてほしいと言う。彼女には1人でそれをやりきる意志の力がないのだ。「お願い、助けて」

あなたが最初に行ったのは、キャビネットのチェックだ。

ブルーベリー・マフィン、たっぷりバターをコーティングしたポップコーン、ホワイトブレッド。あなたはゴミ袋にこれらを次々とすべて放り込んでいく。次は冷蔵庫。あなたは自分の目を疑った。サラミのスライス、大量のアイスクリーム、カロリー爆弾のチーズケーキ。2つめのゴミ袋もこれでいっぱいになった。さあ、3つめだ。

家とゴミ置き場とのあいだを何往復かしたあと、あなたは自分のスマートフォンを手にいちばん近いジムを探す。そのとき、ある考えが浮かんだ。ジムもいいけど、個人トレーナーのほうがもっといい。エクササイズの予約を入れて、そのあと電話をかけ、さらに何回かプラスで予約を入れる。

食習慣を変え、エクササイズをたっぷり行う。あなたはこのアイデアに満足している。いい気分だ。母親を抱きしめて、そのおでこにキスをする。

「大丈夫、きっとうまくいくわ」と、あなたは母親に請け合う。

1カ月後、あなたはクリニックの診察室で母親の隣に座っていた。医者からは、体重がいくらか減って、血圧も少し下がってきていると告げられた。徐々にではあるけれど、間違いなく改善傾向にあるそうだ。

あなたは母親の様子をうかがった。きっと誇らしそうにしている。少なくとも、少しホッとしているに違いない。だが、そのどちらでもないことがすぐにわかった。なんだか固まっている。そこであなたは言った。「母の食事を変えたんです。それから週に3回エクササイズもしていいます。ほかにも何かできることがあるでしょうか?」

「1つあります」と、医者は言った。臨床試験で大きな効果が認められた治療法だという。初期の臨床試験の結果で、減量を加速させ、ストレスを軽減して、リバウンドを防ぐことが示されている。何より素晴らしいのは、副作用がゼロだということだ。

あなたは恐る恐る尋ねた。「それはおいくらなんでしょうか?」

医者はにっこり笑って、「費用はかかりません」と答えた。

そうしてデスクの引き出しを開けた。「これです」

特定の指標を使って成果を最大化する

さて、医者は何をすすめたのだろうか?

それは医療処置ではなく、実験的薬剤でもなかった。新しい食事療法やエクササイズのメニューでもない。それはシンプルな内容で、成果を上げている多数の企業が行っている秘密兵器だった。

このアプローチを使って成功してきた企業に、ラグジュアリーホテル・チェーンのザ・リッツ・カールトンがある。リッツ・カールトンをよく知らない人のために、必要な情報をここにすべて記しておこう。リッツ・カールトンは2019年、J・D・パワー・アンド・アソシエイツが実施するすべての調査カテゴリーで完璧な評価得点を記録し、5年連続でその年の最優秀ラグジュアリーホテル賞を獲得した。

なぜリッツ・カールトンは、それほど優秀になれたのだろうか？

クラシカルな建物とモダンなインテリアの巧みな組み合わせが、何らかの役割を果たしたのは間違いない。しかし、ホテルの宿泊客にどんな点がよかったかを尋ねた質問では、別の答えが返ってくることが多かった。それは他に類を見ないほど素晴らしい顧客サービスだ。どのような顧客サービスをすれば、1泊何千ドルもするホテルの宿泊料が妥当な値段となるのか不思議に思うかもしれない。私自身も同じことを思った。

数年前、その答えを知る機会があった。2018年のことだ。

私は家族と一緒に、ケイマン諸島のリッツ・カールトンを訪れた。小さなことではあるけれど、ここで皆さんにお伝えできるような素晴らしいサービスは山ほどある。けれども何年たっても、つくづくその素晴らしさに驚嘆する瞬間は、滞在の最終日に訪れた。

ベルボーイが私たちの荷物を部屋まで取りに来たとき、私たちはまだまったくチェックアウトの準備が整っていなかった。服もまだ全然片づけていない。あと10分はかかるだろう。私たちはできれば待っていてほしいと、申し訳なさそうにベルボーイに伝えた。

するとドアの外で待っていたり、しばらくしてからまた来ましょうかと言ったりすることなく、彼は私たちが予想もしていなかった行動に出た。彼自身が荷づくりを手伝いはじめ、子どもたちがおもちゃなどを忘れていないか確認する（実際忘れていた）ために、同僚を呼んで家具を動かすことまでしたのだ。

あとでわかったことだが、私たちの家族の体験が特別だったわけではない。

インターネットで「ザ・リッツ・カールトン　顧客の体験談」を検索してみると、宿泊客の誕生日にはバラの花びらを浮かべたバスのサプライズを用意していたり、部屋の設備の修理を依頼するとチョコレートのレンチを置いていったり、動物のぬいぐるみを忘れていった子どもには旅の思い出を楽しめるように、そのぬいぐるみをプールやスパ、ジムなどホテル内のさまざまな場所に置いて撮った写真とともに、ぬいぐるみを送り届けたりしていることがわかる。

リッツ・カールトンは具体的にどうやって、それほど質の高い顧客サービスを実現したのだろうか？　それは、パフォーマンスの測定値を常時追跡することによってである。

明確な問い合わせへの対応としては、まずは問い合わせをそのままの意味で受け取り、適切に返答することが求められる。

チェックイン時刻は何時ですか？

午後4時です。

ホテルにコーヒーショップはありますか？

はい、ございます。

ゴーグルが見つからないのですが、どこかで見ませんでしたか？
申し訳ございません。見かけておりません。

これらの返答はすべて完璧であり、事実として間違っていない。しかし、リッツ・カールトンの従業員に言わせれば、これは貴重な機会を逃していることになる。明言されていないニーズに応えるということは、そもそもなぜこの質問がなされたかを考えるということである。

その裏にある、お客が解決したいと考えている課題は何だろうか？

このレンズを通してお客の質問を聞くことで、リッツ・カールトンの従業員は他のホテルチェーンの従業員とは違う、よりお客の立場に立った対応ができる。

チェックイン時刻は何時ですか？
午後4時ですが、早めにお着きでしょうか？
もしよろしければ、アーリーチェックインの手配をいたしましょうか？

ホテルにコーヒーショップはありますか？
はい、ございます。よろしければ、メニューをお送りしましょうか？

ゴーグルが見つからないのですが、どこかで見ませんでしたか？

申し訳ございません。見かけておりません。よろしければ、新しいのをお持ちしますが。

明言されていないニーズに応えることで、リッツ・カールトンの従業員はお客を驚かせ、思い出に残るサービスと、非常に高いネット・プロモーター・スコアの両方を実現できている。*


そして、その結果は注目に値するものである。

それは単に、リッツ・カールトンが常にラグジュアリーホテルのランキングのトップに君臨しているからではなく、特定の指標に照準を合わせることで、いかに素晴らしい成果を生み出すことができるかを実証しているからである。

行動に測定値を結びつけると、力強いものが生まれる。

本章では、この「なぜ？」に答えることを目指していく。


---

*リッツ・カールトンはまた、スティーブ・ジョブズなどの著名人のファンを驚くほど数多く獲得している。かの有名なアップルストアを立ち上げる前に、ジョブズは自社のスタッフにリッツ・カールトンをまねるよう指示していた。[2]

数値の記録がもたらす無数の利点

測定値に注目しているのは、リッツ・カールトンばかりではない。

今日、企業はデータにどっぷりと浸かっている。ちょっとマウスをクリックするだけで、企業幹部は売上と顧客のニーズを即座に調べられ、マーケティング・マネジャーはウェブサイトの訪問者をモニターして行動を起こしたかどうかのコンバージョン率を追跡できる。そして、人事部の責任者は求人への応募状況と従業員の保持率を確認できる。

企業幹部が「重要業績評価指標（ＫＰＩ）」に魅せられてきたのには理由がある。だがそれは単に、ＫＰＩで業績がより効率よく管理できるようになるからではない。測定値が改善を促すからだ。この指標が導入された途端、人は本能的にそれまで以上に業績に注意を払うようになり、改善しようと努力する。したがって、適切な指標を見極めることが、確実に成長を遂げていけるか、最終的に倒産するかを分けることがある。

測定値を活用してメリットがあるのは、企業だけではない。

同じ効果は、自分自身の行動を確立したいと考える個人にも利用できる。

どの領域でも、測定値が自己啓発の最も貴重なツールになるにもかかわらず、十分に活用されていない興味深い事例がある。たとえばダイエット。

本章の最初に示したエピソードで、医者が母親にすすめた特別な対策は何だったのか？

それは食べたものを毎日記録することだ。カイザーパーマネンテの保健衛生の専門家が行った「１７００人を対象にした臨床試験」では、ダイエット挑戦者に、食べ物を口にするたびに食べたものを正確に記録するよう指示しただけで、同じように食事療法を行いつつ、食べたものを記録していなかったグループと比較して、2倍も体重が減った。[3]

なぜ、記録することでこれほど顕著に効果が現れるのだろうか？

それはダイエットをしている人に、自分の食品の選択を振り返る機会を与え、自分のありのままのカロリー消費量がわかるようにするからだ。

だが、役に立つのは過去の食品選択を振り返ることだけではない。

記録することには、将来の意思決定を左右する効果もある。

時間に追われている企業幹部でも、同じ効果を見たことがある。

コーチングのクライアントに最初にしてもらうエクササイズに、複数の就業日にわたって時間の割り振りを記録してもらう方法がある。これによって、彼らが1週間をどのように使っているかが客観的に見られるようになる。そのあと、クライアントと一緒にその結果を見て話し合う。

すると結果は一目瞭然。彼らの優先課題に役に立たない雑務にかける無駄な時間や、必要以上に時間をかけている活動がはっきりとわかる。

ただし、この「客観的」エクササイズにはひとつ騙されやすい欠点がある。時間の割り振りを記録するというプロセスそのものが、企業幹部の選択に影響を及ぼすのだ。あなたが、自分の閲覧履歴の誘惑に負けて、30分間ユーチューブの動画を見るのは時間の浪費であるが、それをタイムシートに記録するのも時間の浪費なのである。

それでもあなた自身が、場合によってはあなたのパフォーマンスコーチと一緒に、あとであなたの行動を分析するのに役立つとわかれば、目先の利益をいくぶんか犠牲にしてでも、長期的に見てより賢明な判断ができるようになる。

適切な測定は、無駄も明らかにできる。パフォーマンス指標のデータを収集すれば、求める結果に貢献しないものがすべて無視できなくなる。

私のコーチングのクライアントの中には、大企業から小さな新興企業に移った人が一定数いる。この人たちがいやでも気づいたことに、ミーティングに臨む姿勢の変化がある。

大人数の長時間に及ぶ会議になんとなく違和感を覚えていただけだったのが、同僚と世間話をすることにも生理的に拒否反応を示すようになったのだ。

なぜこのような変化が起きたのだろうか?

事業家は自分のビジネスに有利に働く指標を敏感に察知する。これらの指標を無視する代償は経済的破綻である。統率の取れたミーティングは有意義であるが、だらだらと長いだけで意味のない議論は、イノベーションや経営、利益にほとんど役立つことがない。

これに対して、一般の従業員レベルでは、自分のキャリアアップに役立つ指標を一体どれくらいの人が記録しているだろうか？

ミーティングが時間の生産的な使い方ではないことを従業員がいかに認識していても、たいていの場合、組織の文化としてそれを回避することは不可能である。

しかし、それでも疑問が残る。

もしすべての従業員が、次の昇進に必要な成果を測る指標をリアルタイムで手にしているとしたら、ミーティングはこれほど一般的になっているだろうか？

以前の顧客に再度連絡をするとか、新しいマーケティング構想を練るなど、大切なのになかなか手をつけられないことや、軽視していると自分自身のキャリア向上の妨げになりそうなことに注意を向けるときは、記録を取ることが特に有効である。

望ましい行動を指標に変えることで、その指標に従うことがより容易になる。

なぜなら、測定には感情的な側面が含まれているからだ。

ベンチャーキャピタリストのベン・ホロウィッツは著書『HARD THINGS』（日経BP）に、「指標とはインセンティブである」[4]と書いている。人は自分の成績などの数字の向上が目に見えれば、進歩がより実感でき、満足感が向上して自信が湧いてくる。

その反対に、数字が大幅に下がると落胆し、挫折を感じて、恥ずかしいとさえ思う。

こうした感情的な揺さぶりは、取るに足りないことではない。私たちの行動に心理的圧力をかけ、より高いスコアを目指して懸命に努力させる。

要するに、数字がモチベーションになるということだ。数字のおかげで、よりよい決断ができ、一貫性を崩さず、気を散らすことが少なくなって、より感情移入できるようになる。

これが「スコアボードの活用」だ。数値化することが向上を促すのである。

だからこそ、体重を減らすのであれ、新しいスキルを獲得するのであれ、あるいはリバース・エンジニアリングした公式を自分のものにするのであれ、向上を目指す道のりは、スコアを記録することから始まる。

脳が数字を好む本能的な理由とは

スコアがモチベーションに影響しやすい分野があるとしたら、それはビデオゲームだ。ビデオゲーム・デベロッパーは、スポーツとは関係のないゲームでもスコアが表示されるようにゲームを設計している。彼らは経験から、パフォーマンス値を表示させたほうがゲームが断然面白くなると知っているのだ。

スコアはまた、対戦相手との競争や、自己ベスト更新を懸けた闘いを誘発する。

私の親しい友人のグレッグ・エルウェイは現在、1980年代のアーケードゲーム「タッパー」の世界記録保持者である。[5] 彼はタイトルを獲得するために、食事やトイレ休憩を取ることすらせず、そのゲームを16時間以上もやり続けていた。

それで彼が受け取った見返りは何だったのか？　企業スポンサーから高額の小切手を受け取ったのか？　巨大なトロフィーを家に持ち帰ったのか？　大勢のファンから熱狂的な喝采を浴びたのだろうか？

どれでもない。彼が得たものは、誰よりも高い得点を叩き出したことを自分が知っているということだけである。

グレッグのビデオゲームに対する情熱に、たいていの人はとうていかなわない。だが彼のストーリーは、自分にとって意味のある数字を達成するために、人はどこまで頑張れるかを示している。

今日、リアルタイムでのパフォーマンス値を採用しているのは、ビデオゲームの世界だけではない。アプリの開発者も皆、数字が持つモチベーション・アップの力に気づいている。そして、スコアや、より高得点が取れる見込みを利用して、さまざまな行動に影響を与えるということが、一般的に行われている。

ゲーミフィケーションは至るところにある。スコアに意味などなくても、ともかくスコアの表示されないアプリを見つけるのは難しいだろう。アプリは、スコアをうまく利用することでユーザーを誘惑し、長時間のプレイや再来訪、アプリ内課金に誘導している。

最近の実験で、人間の行動とスコアが完全に切り離されていても、総得点が上がるとやる気が向上してパフォーマンスが上がることが示された。研究者のあいだでは、この現象に「数字による刺激」[6]という名がつけられている。

実験報告書に記されているとおり、いかに「本質的には無意味な数字」でも、「戦略的に行動を変化させる」には十分である事実を指す。

では、数字に行動を変えさせる力があることは、どうすれば説明できるだろうか？

数字にこれほどやる気を引き出す力があるのはなぜだろうか？

そして、時として人が、統計の催眠術にかかったようになるのはなぜだろうか？

1つは心理的要求で説明がつく。何十年も前から、年齢や性別、文化を問わず、人は必ず基本的に3つの心理的欲求を持って生まれてくることが研究でわかっている。[7]

「所属欲求」と「自律欲求」と「力量欲求」だ。そしてスコアアップに魅力を感じるのは、3つのうちの最後の力量欲求があるためだ。

学んでスキルを獲得し、きわめたいという人間の基本的欲求である。進歩を伝え、目標達成を視認できるようにすることで、数字が私たちの本能的な成長欲を満足させる。

また、人が数字に引かれるのは、生き抜くために不可欠だった力が大いに関係していて、もっと根が深いと考える人もいる。

脳科学を専門とするドイツ人生理学教授アンドレアス・ニーダーは、人の脳内および幅広い動物種の脳内での数字の処理方法について、何十年もかけて研究してきた。[8]ニーダーによると、動物すべては生まれながらにして「数字本能」を備えており、自分たちの生存および生殖に必要不可欠な数字情報を探し出す本能があるという。

ニーダーは著書『数字脳・数字本能の生物学』（未邦訳）の中で、山ほど例をあげて、数字がいかに進化成功の原動力になっているかを示している。

数えることの価値を考えてみよう。きわめて基本的なレベルで、たくさんの食料と少しの食料の区別がつけられることで、大昔の先祖は自分たちが生き延びる可能性が最も高くなる恵みに、より多くの注意を払えたのである。

数字にこだわることは、特に社会的な面で重要なメリットがある。古代の人たちは、数字の多寡により、どの食料供給源に注力すべきかを学んできた。それと同様に、数字の多寡を判断することで、異種グループ間の力と影響を即座に読み取れるようになる。

新しく出会った種族の規模を概算でつかむことで、どの種族は征服が可能で、どの種族は争いを避けるべきかという戦略的情報が得られる。

数字を推計することは、生殖パートナーを守るのにも役立つ。自分が対決しなければならないライバルの数がわかっていれば、パートナーに監視の目を向けていなければならないときと、パートナーをひとりにしておいても比較的安全なときがわかるからだ。

以上述べてきたような理由から、「数字本能」を備えて生まれてきた「ヒト」が、生存と生殖で大成功を収めてきたのだ。数字に強迫的に注目して戦略的利点を探り出すか、危険を覚悟で数字を無視するかである。

正しい行動を測定し、正しい測定値に注意を向ける

何世紀にもわたる進化の歴史によって、数字情報に注目するように刷り込まれてきたことで、人はリスクとチャンスを手にすることになった。

まずは、リスクについて見てみよう。

かつて、人がこれほど多くのデータにどっぷり浸かった時代はなかった。中には貴重なものもあるが、大半はそうではない。たった1日の就業日でも通常、企業人は未読のEメール、マーケティング関連の数字、株価、フォロワー数、睡眠・歩数・エクササイズ・気分のスコアの入力を促すアプリの通知など、無数の数字情報に遭遇する。

昔は、数字に洞察を求めることが種の保存に役立った。しかし現在は、せいぜい気晴らしに役立つだけで、最悪の場合、どうしようもない強迫観念に憑りつかれることもある。

シリコンバレーのスタートアップのエキスパートであるエリック・リース[9]は、著書『リーン・スタートアップ』（日経ＢＰ）で、有望な新興企業に日常的に軌道を外させる厄介な現象について記述している。

それは「虚栄の測定値」への執着だ。虚栄の測定値は、簡単に上がる。そして、未熟者は

一般的にこの数字に有頂天になるが、事業成功の証にはならない。たとえば、大半の未熟者は、自社が年間1億ドルの売上を達成すれば、それだけで大喜びする。だが経験を積んだ者なら、企業の間接費に疑問の目を向けるだろう。もし営業経費も年間1億ドル近くかかっていれば、事業好調の仮面ははがれる。

スタートアップは、怒涛のように押し寄せる虚栄心の指標の罠に直面すると、リースは指摘する。もっと一般的な落とし穴として、（ウェブサイトのコンバージョン率や売上ではなく）トータルのウェブサイトの訪問者数、（お金を支払ってくれる顧客の増加ではなく）ユーザー数の増大、（アクティブユーザーやリピートユーザーのほうがはるかに重要なのに）単なるユーザー数の増加ばかりが気になってしまうことがある。

リースの見方によると、間違った指標の数字を上げるのは、労力の無駄であるばかりでなく、企業を崩壊させることもあるという。

虚栄心の指標は、うわべだけ魅力的な目標で経営者を誘惑し、持続可能な事業に正しく貢献する活動から経営陣の注意を逸らすため深刻な危険を伴う。

立派なキャリアを築きたいと思っている意欲的なプロでも、同様のことが起こり得る。社会的には望ましくても、結局は意味のない数字はどこにでもあるからだ。

その人の目標によって、それが自分の最新のステータスのアップデートに「いいね！」をしてくれた人の数である場合もあれば、リンクトインの自分のコミュニティの人数や、自分の給与明細の桁数の場合もあるだろう。

あなたの注意は引くが、それが自分の健康や幸せ、あるいはキャリアにつながらない数字はすべて、結局は気晴らしでしかない。虚栄心の指標に注意を向ければ向けるほど、大切な活動への注意が疎かになる。

一方で、数字は人にチャンスも提供する。スポーツ以外の分野では、大半の人がフルに活用していないチャンスだ。人には数字に引かれる性質があるため、常時測定しているものに対しては注意力が向上する。そしてこれまでに見てきたとおり、注意力が向上すれば自ずと改善が促される。

正しい行動を測定し、正しい測定値に注意を向けられるようスコアボードを作成するところにチャンスは存在する。それが、自分の最終的なビジョンと現在の能力のギャップを埋めるためのスキルであれば、なおさらだ。

では、何から始めればいいだろうか?

アスリートは測定値をどのように利用しているか

2016年、ロジャー・フェデラーのテニス選手としてのキャリアが終わろうとしていた。[10] ほぼ20年近く、フェデラーの成績は驚異的としかいいようがないほどだった。1000

試合を超えるゲームに勝利し、テニスの四大国際大会グランドスラムで17回優勝して、男子プロテニス協会（ATP）のプレイヤー・ランキングで、堂々の1位を237週連続という信じられない期間にわたって獲得していた。

しかしその後、どういうわけか彼が試合で精彩を欠くようになった。

変化は小さなものだった。ある日、彼らしくないダブルフォールトを出したかと思えば、次の日は凡ミスを連発した。ストレート勝ちがいくぶん減り、まもなく早いラウンドでの勝利が当たり前ではなくなった。

フェデラーはその頃、35歳を迎えたばかりだった。解説陣はあからさまに繊細な話題に触れるようになった。フェデラーもそろそろテニスシューズを脱ぐときか？

事実、成績も彼を擁護してはくれなかった。フェデラーが最後にグランドスラムで優勝してから4年、メジャー大会では7年ぶりの優勝だった。アンドレ・アガシがメジャー大会で最後に勝利したのは32歳のとき、ピート・サンプラスは31歳だった。この話を聞けば、誰もが納得するはずだ。驚異的な活躍を見せたが、35歳のフェデラーに賞味期限が迫っていたのは確かだった。その後しばらくして、想像もできないようなことが起こった。

フェデラーはバスルームで双子の子どものために入浴の用意をしていた。そのとき彼は、ほんの少し振り返るのが速すぎた。カチッという、短いけれど明らかに変な音がした。数時間後、彼は、異常に腫れあがった左膝を抱えて病院のベッドに横たわっていた。

緊急でＭＲＩ診断が行われたが、結果は深刻だった。フェデラーは半月板（すねの骨と太ももの骨の間にあるゴムのような軟骨）を断裂していたのだ。至急、関節鏡視下手術が必要となり、そのあとには何週間もの集中リハビリが待っている。再びコートに立つことができるようになるのはいつになるのか、まったくわからない状態だった。

　手術後の数日間は、フェデラーの人生で最も困難な日々だった。それまで手術はおろか、大怪我をしたこともなかった。フェデラーには、引退を余儀なくされるのではという思いが重くのしかかっていた。

「本当にひどく感情的になっていた」と彼は何年かたってから告白している。「自分の足を見て、この足や膝はもう元には戻らないかもしれないと思ったんだ」[11]

　テニスをよく知らない人でも、フェデラーの輝かしいキャリアがこれで終わりではなかったことを知っているだろう。あったとすれば、これが前例のない歴史的な彼の第二幕に火をつけたことぐらいだ。

　当時、フェデラーは焦って、とにかく1日でも早くコートに戻ろうと奮闘した。

だがほどなくして、それが空しい試みだと理解した彼は、コート復帰までの期間を丸々6カ月と決めた。その間に、彼はリハビリと休息以上のことを行った。自分の試合を徹底的に分析し、コーチたちと一緒にどこをどう改善すべきかを調べていったのだ。

　ざっと見ただけでは、フェデラーの失点シーンは説明が困難だった。統計的に見て、彼の強さは圧倒的だった。サーブは50パーセントがリターン不可能であり、相手が彼のサーブを返せたとしても、その甘いリターンを突いて、彼はボレーで相手の2倍を超える得点を叩き出していた。平均すると、フェデラーが4ポイント取るごとに、対戦相手は1ポイントを取るのがやっとだった。

しかし、フェデラーのプレイには1つ、明らかに一流ではない要素があった。バックハンドだ。そのことは、統計値がよく物語っていた。

彼はバックハンドで得点することが相手よりも少ないだけでなく、バックハンド体勢に追いやられると、スライスしてしまうのだった。そして、彼がそのラリーを制する確率は50パーセント未満にまで下がっていた。

強い相手ほど、フェデラーの弱点を突いてくる。世界ランキング上位の選手が相手だと、フェデラーのバックハンドは1試合につき10ポイント以上の失点の原因になっていた。

2017年1月にフェデラーがテニスコートに戻ってきたとき、周囲はそれほど期待していなかった。ニュース報道は、彼をテニス界の「保守派」を意味する「長老」として片づけた。誰も彼の全豪オープン・チャンピオンシップへの躍進を予想していなかったし、ましてや彼がそれまでに一度も倒したことのない永遠の宿敵ラファエル・ナダルをグランドスラム決勝戦で倒して、トーナメントで全勝するなどとは夢にも思わなかった。

フェデラーの2017年全豪オープンの優勝は単なるまぐれなどではなかった。人々を興奮させる大復活劇の始まりだったのだ。

同じ年、フェデラーはウィンブルドンで1セットも落とすことなく優勝を飾ることになる。翌年の1月、彼は見事に全豪オープンのタイトルを守りきり、男子テニスのグランドスラム優勝の世界記録を樹立した。

フェデラーのプレイの何が変わったのだろうか？

ここでもその答えは統計の数字にある。

２０１７年の全豪オープン決勝のナダルとの試合で、彼のパフォーマンスを見ると2つのことが飛躍的に上がっていた。

1つは、バックハンドでフェデラーが取ったポイントの数だ。

フェデラーの弱点はバックハンドにあったことを覚えているだろう。彼にバックハンドを打たせれば打たせるほど、相手の勝つチャンスは広がる。

ところが、フェデラーはナダルを相手にどういうわけかバックハンドで14ポイントも上げた。前回戦ったときと比べると、３５０パーセントの大躍進だ。

フェデラーは、自分の最大の弱みを大きな強みに変えたのだ。

彼はどうやってそんなことを成し遂げたのだろうか？

フェデラーは自分のテニスの試合運びにおいて、３つの重要な調整を加えた。

１つめは、早めにバックハンドを始動し、ボールがバウンドしたらすぐに打つことで、ネットすれすれにボールを返すようにしたことだ。2つめは、以前よりもスイングをさらに力強くして、より速いボールを返せるようにしたことだ。そして最後に、ボールをより水平に打つことで動作の時間を短くし、相手に反応する時間を与えないようにした。

それがわかるのは、試合の分析結果が驚くほど大量にあるからだ。プロスポーツ界はすべての試合について山ほどのデータを集めているので、フェデラーをはじめとする選手は、試合で改善の必要なところをピンポイントで見つけられる。

これは大半の他の職業と対照的である。

たいていの職場では、自分の行動を定期的にモニターしている人はほとんどいない。そのため、日常の行動と長期的な結果が切り離されている。

企業幹部に電話会談で、現在のパフォーマンスは昨年の自身のパフォーマンスと比較してどうかと尋ねてみても、答えに窮するのが平均的な反応だろう。

メールへの返信には1日のうちの何パーセントを充てていますか？　誰も答えられない。今週のクライアントへのプレゼンテーションは、これまでのものと比較してどうですか？大半の就労者にとって謎である。

しかし、仕事におけるパフォーマンス指標は、スポーツの世界以上に価値があると考える強い根拠がある。スポーツの世界では、目標は目に見えて明らかだからだ。ロジャー・フェデラーが試合に勝つために必要なことはただひとつ、「点を取ること」だ。

しかし仕事では、目標は動く標的である。目標は日々変化し、職種によっては時々刻々と変わることもある。この変化があるからこそ仕事は面白いのだが、簡単に軌道を外れたり、生産性の低い仕事に埋没するミスを犯したりする要因にもなっている。

私たちの仕事ぶりを教えてくれるスコアボードはない。

だが、もしそんなものがあったらどうだろうか？

フェデラーの試合を細かな構成要素に分解したようなアナリストが、オフィスであなたのパフォーマンスについて同じことをしてくれたらどうだろうか？

アナリストはあなたのどんな強みを見つけてくれるだろうか？

あるいはどんな弱点を明らかにしてくれるだろうか？

そしてもし、フェデラーのようにあなたもその洞察を生かして、見えない弱点を強みに変えられたらどうだろうか？

仕事ではどのように測定値を活用すればいいか

フェデラーの35歳での異例のカムバックは、分析値から得られる洞察がゲームを変えるのにいかに役立つかを示す驚きの例だが、話はそれだけにとどまらない。

この例からは、どのような分析手法が最も有効かまで明らかになる。

フェデラーのコーチング・スタッフは、きわめて有益な分析手法を用いてゲームを覆した。長時間の複雑な試合を一つひとつの行動カテゴリーに分解したのだ。

これによってフェデラーのコーチ陣は、彼のプレイの要素を一つひとつ個別に評価できるようになった。サーブ、フォアハンド、バックハンド、オーバーヘッドスマッシュ、ネットポイントなど、主な構成要素を分離することでフェデラーの弱点を明らかにして、それを修正するプランを立てられたのである。

分野を問わず、自分がきわめたい領域における自身のパフォーマンスを測定する際にも、同様のアプローチが使える。

分析結果を有効に活用するためには、パフォーマンス全般についてフィードバック以上のものが必要になる。つまり、自分の主要な行動それぞれについての測定データを調べて、自分の秀でた点と、まだ改善が必要な点を明らかにしなければならない。

では、何を測定しなければならないか?

測定する価値のある具体的な要素は、業務の性質と自分自身のスキルレベル、さらに最終目標によって異なる。それを頭に置いたうえで、検討に値する3つのアプローチをここに紹介する。

1つめは、ある活動を「複数のサブスキルに分解」することだ。

テニスの試合がさまざまな種類のショットで構成されているのと同様に、たいていの知的活動は複数の異なるカテゴリーのスキルに分解できる。

たとえば、あなたの仕事には新しい見込み客に自社を売り込むことが含まれていて、自分のパフォーマンスを追跡できる分析手法を考案したいとしよう。ミーティングに出席したときに有効なサブスキルには、記憶力や伝達力、ボディランゲージ、存在感、そして冷静さがある。それぞれは異なる能力で、それらが組み合わさって魅力的なプレゼンができる。自分のプレゼンを録画して、それぞれの要素に点数をつければ、自分はどの能力が優れていて、どの能力は向上が必要かがひと目でわかる。

2つめのアプローチは、異種のスキルを組み合わせるよりも、特定の能力に頼るほうが成功しやすい業務に有効である。

その例としては、レポートや記事の作成、クライアントへのメールを書くといった業務がわかりやすい。これらはすべて、効果的な書き方が重要なスキルとなる。その場合でも、分析を利用して、文章の質向上に役立てることは可能だ。

たとえばあるクライアントに、重要な契約のサインを促すメールを書こうとしているとしよう。この契約は早く成立させなければならない。クライアントにサインを促したいが、押しが強いとか、必死だといった印象を与えないようにして、契約までこぎつけたい。実のところ、できればこのメールでお互いの関係が強化できることを願っている。

幸いなことに、参考になるメールは十分に収集済みで、リバース・アウトライニングも行って重要なポイントをいくつか押さえている。

そこから、以下の点をメールに盛り込まなければならないと、あなたは目星をつけた。

・仕事には関係のない書き出し。できれば、意気投合したトピック
・先方に取ってほしい行動についての簡単な言及
・早急に行動することが、先方のメリットになる理由についての論理的な説明
・こちらが先方と共通の目標に向けて活動していることを示す記事や洞察など、先方が興味を持ちそうな新しい情報
・先方と良好な関係を築くことや、先方から意見を頂戴することに対する熱意が伝わる締めくくり

いうまでもなく、ここにあげた内容がすべてのメールや相手に適切なわけではない。とりあえず、これらは「お約束のアレは、どうなっていますか？」というメールを上手に送るのに、必要不可欠とあなたが考える要素だと仮定しておこう。

次のステップでは、リストにあげたそれぞれの要素に点数をつける。

1つの方法としては、たとえばメール文の下書きを作成したあとに、1（全然よくない）から7（非常に素晴らしい）の7段階で、このメールの良否を評価する。

□・仕事には関係のない書き出し。できれば、意気投合したトピック
□・先方に取ってほしい行動についての簡単な言及
□・早急に行動することが先方のメリットになる理由についての論理的な説明
□・こちらが先方と共通の目標に向けて活動していることを示す記事や洞察など、先方が興味を持ちそうな新しい情報
□・先方と良好な関係を築くことや、先方から意見を頂戴することに対する熱意が伝わる締めくくり

特徴を数値に変換すれば、それが自分のパフォーマンスについてのフィードバックとなるため、測定によって改善が必要な要素に目を向けられる。

自分のパフォーマンスを追跡する測定方法の開発に向けた3つめのアプローチは、これまでの2つより全体論的なものである。それは業務を限定せず、ある一定期間の自分のパフォーマンスを総合的に評価するものだ。

エグゼクティブコーチのマーシャル・ゴールドスミスは、この手法に信頼を置いている。[12] 多作の作家で、コーチングのパイオニアでもあるゴールドスミスは、自分のクライアントは皆、日常的に最高の自分が発揮できるような行動を具体的にリストアップすることで、理想の自分を実現し、それを仕事にも生かしていると主張している。

ゴールドスミスは、自分自身もこの手法を使っている。毎晩、就寝前にアシスタントに電話をかけてもらって、一連の質問を読み上げてもらうのだという。誰かに尋ねてもらうことで説明責任が生じ、最後までやり通すことができることを彼は発見したのだ。

さらにゴールドスミスは、仕事関連のタスク（執筆やクライアントとのミーティングに費やす時間）から、保健衛生（エクササイズやビタミン剤摂取に費やす時間）、他者に優しさや思いやりを示すこと（妻リダを褒めたり、リダに何かいいことをする）まで、36項目について行動分析を行っている。

ゴールドスミスが日々行っている自分への問いかけは、伝説のイノベーターでアメリカ独立戦争の立役者ベンジャミン・フランクリンで有名になった「習慣」の現代版である。[13]

フランクリンは必ずしも、今日私たちの多くが考えているような傑出した人物ではなかった。20代のはじめは、大酒飲みであることが広く知れ渡っており、悪名高い噂好きで、彼の行動は理性的というよりは、飽くなき欲に突き動かされていた。

フランクリンも、自分の性格的な欠点について十分すぎるほど自覚していた。欠点を克服するために、自己評価によって自身の性格に徳を染み込ませようと、彼は美徳のリストを完成させた。

フランクリンが習慣にした自省のサンプルは、1791年に出版された彼の自叙伝に記されている。今となっては有名な彼の気まぐれな性格を考えると、ある種の徳がこのリストに入っている理由も容易に想像がつく。それは彼がなくそうとした習慣の裏返しなのである。

このリストのトップは節制（飲みすぎない）で、続いて沈黙（意味のない噂話をできるだけ避ける）が掲げられ、あとのほうに純潔（乱交を避ける）があげられている。

フランクリンのリストは13の徳目を網羅していた。毎晩、彼は日記を目の前に広げ、リストの項目を眺めて、その日実行できなかった徳目にチェックを入れていた。

目標は大きく違えど、その目標達成のためにゴールドスミスもフランクリンも同じ手法を用いた。

ゴールドスミスの場合は、エグゼクティブコーチならびに配偶者としての自身のパフォーマンスを向上させるためであったし、フランクリンがリストアップした徳目は、自分の性格を改めようという意思の下に選択されたものであった*。

これは、日々自分の行動を振り返るアプローチの柔軟性だけを示すものではない。

---

*ゴールドスミスのリストには、フランクリンのリストに欠けていた具体性がある。ゴールドスミスは、フランクリンのリストに登場するような「規律」とか「勤勉」といった漠然とした目標は掲げなかった。彼は、重要な行動に充てた正確な時間を計測している。この具体性こそが有益なのである。目標はより明確で曖昧性が排除されているほど、達成しやすくなることが行動科学の研究で示されている。

そもそも目指す内容の一覧をつくることの、大きな利点が示されている。このリストがあることにより、一歩下がって深く反省し、自分が重要と考える成果を見極める取り組みを余儀なくされるからだ。

スポーツでは、成功を意味する結果については議論の余地がない。勝つために選手はシュートをたくさん決めて、速く走り、タッチダウンを決めて点を取らなければならない。ところが、日々の暮らしはそういうわけにはいかない。実際の暮らしには、成功への道筋が無数にある。その勝負に勝つための最初のステップが、まず自分が得ようとしているポイントを明確にすることだ。

評価基準をあらかじめ決めてレベルアップを図る

「サブスキル」「目立つ点」「日々の習慣」などを振り返るのだから、どんな目標と評価基準を示すスコアボードをつくるにしても、何らかの効果はすぐに現れる。

目標と評価基準をあらかじめ明確にすることで、自分の体験に対する意識がより鮮明になるからだ。小さな結果に自分の注意が向けられることで、自制の感覚が鋭くなる。自分のパフォーマンスを追跡すれば、決意への意識も高まり、より賢い選択ができるようになる。

しかも、すぐにフィードバックが得られるといった目立たない利点もある。ほとんどの人は、日常的にフィードバックが得られる機会が非常に限られている。そしてフィードバックが得られる場合でも、得られるタイミングがかなり遅かったり（年次の業績評価など）、そもそも間違った決断をしてしまったあとだったりする。

スキル向上とはどういうものかということを考えれば、これは奇妙なことである。

専門性の科学による発見で、絶対的と考えられることが1つあるとするなら、能力向上のためには即時のフィードバックが欠かせないということだ。そして、フィードバックが早いほど、人はすばやく学習できる。

客観的なデータは、その人のパフォーマンス評価に役立つばかりでなく、成功するために必要な修正点についての重要なヒントがその中に含まれているからだ。

評価項目を決めて、自己採点することで、人からのインプットを待たなくてもすぐにフィードバックが得られる。これは重要な点だ。

人を引きつけるプレゼンをしようとしているとき、効果的なEメールを書こうとしているとき、あるいは自分がリバース・エンジニアリングした方法論を実行しようとしているときでも、自分のパフォーマンスについて定常的にフィードバックが得られることが、その道をきわめるには必要不可欠な要素になる。

あらかじめ決められた評価基準を持つことのもう1つの利点は、より戦略的に考えられるようになることだ。

成功を定義する指標が明確になれば、その指標を使って、自分のパフォーマンスを遡及的に評価する以上のことができるようになる。どの活動がそもそも追求する価値があるのかを決定する際に、事前に適用することができるのだ。

世界に名だたるマンハッタンの超一流レストランの1つイレブン・マディソン・パークで、オーナー兼シェフを務めるダニエル・ハムは、メニューを考えるときはこのアプローチを採用している。[14]

たいていのレストランは、シェフが美味しいと考える料理が並んだメニューに満足しているが、イレブン・マディソン・パークは違う。ハムは、つくる価値のある料理を決める際に、複数の基準を設けている。イレブン・マディソン・パークで料理がメニューに載るには、美味しくて、クリエイティブで、明確な意図があり、美しくなければならない。

それらが揃ってこそ、ハムはつくる価値があると考える。

「美味しいこと」「クリエイティブであること」「そこに明確な意図があること」「美しいこと」というハムの4つの基準は、すでにある料理を振り返る際にもパフォーマンス指標として活用できるが、その料理をつくる価値があるどうかを判断する際のフィルターにも使える。さらに、これはどのクリエイティブな試みについても同じことがいえる。

ハムのアプローチを最初に知ったとき、私がメディア向けに記事を書く際のアプローチとあまりに似ていることに驚いた。執筆活動を行う者として、私は自分のアイデアをフィルターに通して、800ワードの作品に仕上げる価値があるかどうかを決めている。

具体的には、そのアイデアに取り組む価値があると私が判断するには、4つのチェックボックスにチェックが入らなければならない。チェック項目は、次のとおりだ。

□ 1 仕事に関係があること

□ 2 科学にもとづく洞察が中心であること

□ 3 実行可能な結論が用意されていること

□ 4 読んで読者が賢くなったと感じられること

この4項目を満たさないものは、どんなアイデアでもすぐに却下する。

これは、自分が無駄な取り組みに時間を割かずに、確実に価値ある論述を生み出していくためのプロセスである。*

---

*私は執筆を終えた記事をレビューする際にも、この基本4項目を評価基準として用いている。このように評価基準の項目は、着手する前に方向性が正しいことを確認するためのフィルターという役割と、完成後に出来栄えをチェックするためのパフォーマンス評価基準という2つの役割を果たす。

目標と評価基準をあらかじめ明確にする3つめの利点は、先行指標が明らかになるため、成功を支える隠れたパターンが見えやすくなることだ。[15]

先行指標は、重要な成果を前もって予測するための評価基準であるが、成果に影響を及ぼす可能性がある。これに対して遅行指標は、成果が決定されたあとの最終結果を表すものである。

この2つの区別を明確にするために、今の仕事を辞めて、ハンドメイドのキャンドル工芸品を販売する夢を追いかけようとしていることを想像してほしい。

あなたの目標は、1年以内に今と同等の年収を得ることだ。12カ月のうちにこの目標に到達できるかどうかには、多くの要素が関わってくる。その中には、1週間平均で何本のキャンドルを製作できるかもあるだろうし、Eコマースサイトの人気もあれば、イベントでどのくらいの頻度でブースを確保できるかもあるだろう。

個々の要素で見れば、単独ではどれも、あなたが1年後に今と同等の年収を獲得できるかどうかの指標にはならない。個々の指標はせいぜい、1年経過するのを待たずに利益への貢献要因を追求する助けにしかならない。

この例では、あなたの得られる年収が遅行指標で、あなたが達成しようとしている成果である。これに対して、製作のスピードやウェブサイトのトラフィック、イベントの来場者が先行指標で、求める成果をもたらしてくれる日々の活動である。

先行指標と遅行指標の区別は難解なビジネス用語のように思えるかもしれないが、そんなことはない。この違いこそが、そもそも評価結果を集める最大の理由の1つなのである。

自分の行動と求める結果のデータを集めることで、成功するための重要な先行指標（貢献要因）を見極めることができる。

このような洞察は、組織だけでなく、自分のパフォーマンスを最適化したいと願うすべての人にとって、大きな変化をもたらす可能性がある。どの先行指標が自身の成功につながりそうかがわかったら、そこに注力すればいい。

少し前に、テニスの試合におけるロジャー・フェデラーの隠れた弱点を明らかにする項目別の測定値を紹介した。これらの数値は、ただ弱点を明らかにするだけでなく、素晴らしいチャンスを示すものでもある。その点こそ、おそらくフェデラーのチームが気づいていたことだ。

フェデラーにサーブ権があるときは、ゲームの最初の得点が重要な意味を持つ。フェデラーが先に点を取ると、そのゲームを彼が取る確率は驚異の97パーセントにまで跳ね上がることがデータで示されている。[16]

フェデラーと同じく、私たちの日常生活においても、発見されるのを待っている先行指標が必ずある。

あなたの目標は、今の仕事を続けながら、夜間と週末にサイドビジネスを始めることだと仮定してみよう。この夢を実現するために、あなたは毎日チェックすべき評価項目の一覧を作成する。サイドビジネスの準備に充てる時間のほか、睡眠や運動、食事などさまざまな日常の習慣に充てる時間を計測する。

1カ月分のデータを集めてみると、どんなことがわかるだろうか?

さまざまなことがわかるはずだ。たとえば、7時間以上寝る日は、サイドビジネスの準備に充てられるエネルギーがまだ十分にあることや、ランチの前に15分間走っていること、ランチは800キロカロリーを超えないように気をつけていることがわかるかもしれない。

これら3つのデータはすべて、きちんと計画することで実現できる充実した1日の先行指標となる。

生産性の専門家カル・ニューポートは、彼独自の先行指標を見つけた。

集中力が途切れなかった時間の長さだ。自分のパフォーマンスを左右する最も強力な指標の1つは、気を散らさずに仕事に没頭できる能力であると気づき、ニューポートは集中力が途切れなかった時間の長さを手書きで紙に記録している。

紙に書いて記録が目に触れるようにすることには、もう1つメリットがあると彼は話している。

「小さな紙片が気になって、ますます集中できる時間を見つけようとする」[17]

結局、先行指標を探すことは、自身でコントロールできる成功への通過点を探すことにほかならない。求める結果につながるコントロール可能な行動をうまく見つけられれば、あなたのパフォーマンスは上がり、目標に到達するチャンスが広がる。

そしてこれも、すべてはたった1つの行動、評価項目一覧のチェックから始まる。

特定の数字に囚われる罠に注意する

自分で事業を始めるのは、どんな気分だろうか？

どの業種の起業家に尋ねても、その感情は千差万別であることがすぐにわかるだろう。ある人にとっては、目標を達成して誇らしい気持ちだろうし、また別の人にとっては、深刻な不安で胃が痛くなりそうなほど恐ろしい出来事かもしれない。

この経験を表現するのに使われる言葉として、「覚えていない」というものがある。しかしデイヴィッド・ダグラスにとっては、覚えていないどころの騒ぎではなかった[18]。彼は心底驚愕した。

2013年に聞いた話では、彼は2011年に造園業を営んでいたらしい。ダグラスにとっては初耳だった。彼にはそのような事業を始めた覚えはまったくなかった。さらに、ダグラスは塗装と設計の会社も所有していることがわかったが、これは何かの間違いだという確信が彼にはあった。

ダグラスは、ウェルズ・ファーゴ銀行の不正口座開設事件で、最初に発覚した被害者の1人だった。[19] ノルマの重圧によって引き起こされた巨大企業の大不祥事である。

カリフォルニアを拠点とする同行の上層部が、たった1つの指標で行員を評価するとプレッシャーをかけたことから、その事件は起こった。

それはどんな指標か？　同一顧客への商品の販売数だ。

1990年代の終わり頃、同行のアナリストが、同一顧客の開設口座数が多いほど、収益性が高くなる傾向にあることを発見した。そしてこのことが企業戦略を一変させた。もはや新規顧客を獲得するだけでは、ウェルズ・ファーゴの成長は見込めない。

ならば、既存の顧客により多く商品を販売することに重点を移せばいい。

組織全体がたった1つの評価基準による得点を上げようと躍起になると、どのようなことが起こるだろうか？　ウェルズ・ファーゴ銀行の場合、その答えは「成功する」になる。

だがその過程において、倫理規範と財務目標の両方を見失う。

全行員がその目標に向けて必死で働くようにするために、ウェルズ・ファーゴ銀行は厳しいノルマを課した。行員は自分の担当客の80パーセントに4つ以上バンキング商品を売るように指示された。これは最低基準で、解雇されないために必要なことだった。

実際の目標はもっとずっと高かった。経営陣はこの業績評価指標を印象づけるスローガンまで考案した。スローガンは、もはや顧客に対する呼びかけ「お客様のご相談に乗ります」

ではなくなった。スローガンは今や「素晴らしい8（Gr-eight）を目指せ」に書き換えられた。

容赦ない販売目標に加えて、行員はひっきりなしにその業績をチェックされた。毎日、午前11時と午後1時、午後3時、そして午後5時に全米の地区担当マネジャーが電話会議に出席し、売上の比較を行っていた。売上成績の上位者には惜しみない称賛が与えられた一方、成績下位の者は脅されたり、愚弄されたりした。

そのうち、プレッシャーがじわじわと広がってきて、マネジャーたちは屈辱を避けるためなら何でもするようになった。ほどなくして行員の中には、ノルマ達成のために無給で残業をする者が出はじめた。また家族や近所の人、友人に口座開設を依頼する者も現れた。中には行員がノルマを達成しようと、ホームレスの人たちに多数の口座を開設したケースも見つかっている。

プレッシャーが大きな損害をもたらすのにさほど時間はかからなかった。強引すぎる販売手法により、ウェルズ・ファーゴ銀行は顧客を遠ざけたばかりでなく、従業員を完全に混乱に陥れた。

行員がデスクで泣いたり、トイレで吐いたり、パニックに襲われて会議室から飛び出したりすることが、日常茶飯事となった。ある行員は、電話をかける前に、自分を落ち着かせるため手の除菌用ローションを飲んでいたと認めたほどだ。

「マクドナルドで働くことになるぞ、といつも言われていました[20]」と、元支店長の某氏は『ロサンジェルス・タイムズ』紙に語った。元支店長の彼女もまた、週末は無給で働くようになった。

とうとう何人かの行員が、これ以上どうしようもないと認識して、自ら架空口座をつくるようになった。そこに、デイヴィッド・ダグラスのような顧客が登場する。

ダグラスの実在しない事業は、ウェルズ・ファーゴの行員の捏造《ねつぞう》によるものだった。架空口座をつくったところで、ダグラスの信用に傷もつかなければ、ダグラスが不当な銀行手数料を負うこともないだろうと考えてのことだった。行員の頭にあったのは、なんとかしてノルマを達成し、解雇を免れることだけだったのだ。

本章ではこれまでに、目標と評価基準を示すスコアボードをつけて、それを自分のパフォーマンス・チェックに活用する利点を見てきた。しかし、このスコアボード方式の評価は、いいことずくめだというのは間違いだろう。時には、ウェルズ・ファーゴ銀行のように、数字が人を道に迷わせることもある。*

心理学では、ウェルズ・ファーゴ銀行に広がったヒステリー状態を「代替」と呼ぶ[21]。これは人が数字を達成することに夢中になるあまり、その数字が意図する結果を忘れたときに起こる。数字が結果の代替物になり、それ自体が目的になるのだ。

代替のことがわかれば、これはどこにでも存在することが理解できるだろう。

月末になるとカーディーラーが値下げしてでも車を売ろうとするのも、打率のよい野球選手がシーズン終盤になると試合に出場しなくなるのも、代替が原因である。

多くの人が、1万歩という歩数計の数字を見て喜びを感じたいためだけに、ぐるぐる歩き回るのも代替が理由だ。

さまざまな意味で、代替は評価指標を導入した際の自然な帰結である。

数字には人をやる気にさせる強い力があるため、自分自身のことを測るうえでも、たいていは視野を狭めてしまいがちになる。

---

*ウェルズ・ファーゴ銀行のスキャンダルで注目したいのは、この事件がたった1つの評価基準を妄信することの危険性を凝縮しているという点だけではない。ウェルズ・ファーゴ銀行が採用した評価基準は、さほど利益に貢献するものではなかったということだ。ウェルズ・ファーゴの行員によって開設された架空口座の大多数は、1ペニーも利益を生むものではなかった。架空口座が生み出した売上はわずか240万ドル。同行の年間売上の1パーセントにも満たない。この数字が、はたして行員の行動によって招いた罰金と訴訟費用に見合うものなのだろうか？　罰金と訴訟費用の総計は、売上のおよそ1000倍に相当する数十億ドル超と推計される。[22]

測定値と指標を上手に使う3つの秘訣

全体像を見失うのは、指標を追求することの落とし穴の1つにすぎない。考え得る過ちをすべてリストアップしていたら、1冊の本が書き上がるだろう。

したがって望む結果につながらない評価方法を避け、できるだけ有効なスコアボードをつくるためのベストプラクティスのほうに目を向けたいと思う。

最初のベストプラクティスは、いちばんわかりやすいもので、「複数の評価基準についてスコアをつける」というやり方だ。

ウェルズ・ファーゴ銀行はたった1つの基準に頼るという致命的なミスを犯した。1つの数字（「売上」「いいね！」「ノルマ」）だけに集中してしまうと、必ず他のきわめて重要な因子を犠牲にして、その数字を上げようとする可能性が高まる。

2つめのベストプラクティスは、測定する「評価項目の種類をうまく分散させる」ことだ。[23] その一例が、行動と結果の組み合わせで評価することである。

行動は自分で変えられるが、結果は多くの場合そうではないので、中には行動ばかりに意識を向けがちな人がいる。だが、これは間違いである。

先行指標を見つける唯一の方法は、行動と結果の両方を記録して振り返り、隠れた貢献要因を明らかにすることだ。

複数の評価項目をバランスよく測定するもう1つの方法が、期間を区切って「注意の向け方をバランスよく変化させる」というやり方だ。理想的なスコアボードは、短期的な結果と長期的な成果の両方を反映させている。

これは、達成に時間のかかる長期的な目標に対しては特に欠かせない。成果が出るのに何週間も、あるいは何年もかかるプロジェクトの場合、気持ちが挫けやすい。

そこで短期的な結果を測定しておけば、進捗度がわかりやすく、やる気が持続して、その先のプロジェクトがより達成可能に思えてくる。

販売サイクルの長い商品の営業チームが、成約件数以外にも評価項目を設けるのはそのためだ。こうした営業チームは、新しい見込み客の数、見積り依頼、提出した見積りの件数も追跡している。いずれも営業チームが最終的に獲得する取引の数に貢献する「短期の評価指標」である。

同様に、作家も出版された記事や書籍の数を自己のパフォーマンスの指標にしていない人が多い。彼らは、自分が1日に書いた語数を追跡しているのだ。

また、短期的な結果にばかり目が行って、長期的な結果への意識が疎かになることがよくある。ニューヨーク証券取引所は、好調な四半期売上のために、何十年もの成功をフイにしてしまった企業を無数に見てきた。

四半期ごとの業績公表のプレッシャーが企業に重くのしかかり、短期的な結果を追求して、長期的な投資を正当化することが困難になっているケースがあまりにも多すぎるのだ。

複数の項目をバランスよく測定する3つめの例は、「好ましい点と、好ましくない点を両方測定する」ことだ。推奨される行動と結果を追跡するだけでは十分ではない。

理想的なスコアボードは、さらに伸ばしたい点と、可能なかぎり引き下げる必要がある点の両方を測定する。

好ましくない点の評価には、単に意図した結果の逆を反映するだけでなく、それ以上のものを反映していることに価値がある。正しく使えば、パフォーマンスの具体的な改善点について新たな情報が得られるからだ。

たとえば一流レストランのシェフは、多くが客の食べ残した料理をチェックしている。これを行うことが、料理のどの要素がうまくいっていないのかを突き止める参考になるからだ。

うまくいかなかったことを追跡することで、どうすればもっとうまくいくかについての新しい洞察が得られるのだ。

好ましくない点の評価のもう1つ重要な機能は、望ましい測定基準が影響力を持ちすぎているときに警告を発する「ガードレールとしての役割」に使えるということだ。

元インテルCEOのアンディ・グローヴは、パフォーマンスを数値化するアプローチで、シリコンバレーのリーダー世代に影響を与えた評価指標のパイオニアだ。彼は、どのような評価指標も逆効果になる可能性があると考えていた。[24]

グローヴは、重要な命題を紹介したことで有名である。

「どんな測定指標にも、それとは逆の帰結を示す『対になる』測定指標がなければならない」[25]

グローヴが言いたいのは、評価指標は強力な動機づけになるということだ。

したがって、スコアボードを作成するなら、「この測定値が非常によかった場合、どうなるのか?」と自問してみなければならない。

好ましいことの測定指標が、負の結果を招く場合を想定しておくと、全体像を見失わずにすむ2つめの対になる測定指標を設定できる。

ウェルズ・ファーゴ銀行もグローヴのアドバイスに耳を傾けていれば、その恩恵を受けられただろう。こうして考えてみると、このひと言さえ聞き入れていれば、金融機関大手のウェルズ・ファーゴは法的・財務的災難を免れていただろうことが容易に想像できる。

上げたい評価指標(顧客が所有する平均口座数)に、最小化したい好ましくない評価指標(ウェルズ・ファーゴの強引な営業に不快感を抱く顧客の数など)を組み合わせただけで、強引なアプローチは重大な損害につながりかねないことを察知できたはずなのだ。

業績を確実に上げられる効果的なスコアボードの作成について、最後に紹介する3つめのベストプラクティスは、古い基準を漫然と追うのではなく「測定基準を随時進化させる」ことだ。

自分のスキルを磨く場合、測定価値のある評価指標は常に変化していく。評価指標の中にはすでに追跡するメリットのないものも出てくるだろうし、新しい行動や結果を評価項目に追加したほうがいいものも出てくるだろう。

スコアボードを固定された基準と見るのではなく、進化するスキルや目標に適応する調整可能なツールとして利用したほうがいい。

スコアボードを使う最大の利点は、自分の行動と結果を追跡し、振り返り始めたときにもたらされる。スコアボードを変化させていくと、自分が追跡する評価指標を現在の目標に確実に合わせられるだけでなく、自分の新しい関心や決心を取り込んだ新しい評価指標を完成させられる。

では、評価指標はどれくらいの頻度で更新すればいいのだろうか?

その答えは人によって変わる。きわめたい仕事の内容や業界の進歩のスピードによって、変動するのである。ただし原則として、四半期ごとに、現在の評価指標が自分に合っているかどうかを見直したほうがいいだろう。

どのくらいの頻度で評価指標を更新するにしても、評価指標を用いれば、おそらくあなたのパフォーマンスは向上するはずだ。

評価指標を決めてデータを収集し、その結果を振り返る。たったそれだけのことが、パフォーマンスの向上に結びつく。

熟達への道は評価することから始まる。しかし、そこで終わりではない。どんなに優れた評価指標でも、それは方程式の一部でしかないからだ。評価を行ったら、次は日常的にスキルを伸ばしていかなければならない。

その機会をどうやってつくるかが、次章のテーマである。

第5章

可能性のテスト
リスクを取るために、リスクを取り除く

ノンフィクション作品を読む楽しみの1つに、自分の知らなかった面白い雑学との出合いがある。早速、本題に入ろう。

ここに3つの美味しそうな秘伝的な情報がある[1]。いずれも食べ物に関することだ。

- ドーナツの真ん中に穴が開いているのは、中央の半生を避けるためである
- サンドウィッチはギャンブル好きの偶然の発明であった。歴史家はサンドウィッチの発明をイギリス貴族のサンドウィッチ伯爵に遡って辿る。１７６２年に伯爵は、ギャンブルを続けながら片手で食べられるよう、スライスした2枚のパンのあいだにスライスしたローストビーフを挟んで出してほしいと頼んだ
- アイスクリームをワッフルコーンに入れて提供するスタイルは、１９０４年のセントル

イス万国博覧会が始まりであった。あるアイスクリーム屋がカップを切らしてしまい、どうにかしなければと思っていたところ、たまたま隣にシリア料理のブースがあって、薄いパリパリの生地のペストリーを販売していた。そこでアイスクリーム屋は咄嗟にそのペストリーをコーンの形に巻いてもらうことを思いつき、シリア料理屋も喜んでこれを了承した。この咄嗟のコラボレーションが世界中で大人気を呼ぶとは2人とも思いも寄らなかった

ここで皆さんに質問がある。

今から1年後、あなたはこれらの話をどれくらい覚えていられるだろうか？

あなたの予想には、多数の要素が絡んでくるだろう。

いちばんに思いつくのは、自分の記憶力に対する総体的な信頼性であろう。次は、これらの食べ物の話題に対する印象の深さ、興味の度合い、これらの雑学的情報にどれくらい驚いたか、どれくらい人に話して聞かせたいと思ったかになると考えられる。

これらの雑学を覚えていられるかどうかを考えるとき、おそらくは頭に浮かばない要素が1つある。これらが印刷されている文字のフォントだ。

あなたが非常に一般的な人なら、フォントのように付随的なものが今から1年後の記憶に影響を及ぼすなどという考えは、おそらく衝撃的であると同時に、バカバカしいと思うだろ

う。だが、フォントの持つ影響力は侮れないことが研究で示されている。なぜか？

フォントによって、文字群を理解するのに費やす私たちの労力が増減するからだ。

2010年にプリンストン大学の心理学者ダニエル・オッペンハイマーらは、学生を招いて架空の生物種について学習する実験に参加してもらった。[2]

実験に参加した学生たちには、大きな読みやすいフォントで印刷された資料か、小さく、文字色も薄いフォントで印刷された資料のいずれかが渡された。

読みやすい

読みにくい

いずれのグループも、資料を読むために与えられた時間は等しく90秒間で、そのあと今取り込んだ情報の記憶に意識が集中しないように、関係のないことをするよう指示された。

オッペンハイマーらが15分後に学生たちの記憶をテストすると、驚くべき結果が示された。読みやすいフォントの資料を渡されたグループは、読みづらかったほうのグループよりも、間違いの数が2倍以上多かったのだ。

オッペンハイマーはのちに、同じ授業を同時期に複数回行う高校教師を招いて、この実験を授業で再現した。教師たちには、片方のクラスには「鮮明な読みやすいプリント」、もう一方のクラスにはコピーしているあいだにプリントがよれて結果的に文字が滲んでしまった「読みづらい同じ内容のプリント」を配るよう指示した。

ここでも、プリントを読むのにより集中力を要した生徒のほうが成績がよかった。しかも今回は、科目も上級英語、物理、歴史、化学と多岐にわたっていた。

この高校の教室での実験結果から、オッペンハイマーは、日常における他の状況、特にミーティングやプレゼンテーションでの知識獲得について、疑問に思うようになった。

今日、ノートPCやタブレットで手っ取り早くメモを取る人が多く、紙とペンでメモを取ることはあまりない。だが、人は考えなければならない状況に置かれたときほど学習効果が上がる。だとすれば、デバイスを使って手軽にメモを取ることに、負の側面があるのではないだろうか？

それを確認するためにオッペンハイマーは新たな研究を行い、人は手でメモを取ったほうが、情報の吸収がはるかにいいことを発見した。手で書くほうが文字をタイプするより遅いからだ。この制約により、人はより頭を働かせて、どの情報が重要で、どの情報は省いていいかを考えなければならなくなる。

総合すると、オッペンハイマーの研究は、苦労して学習したほうが、その効果が上がるという興味深い結論を導き出している。

教育の専門家ロバート・A・ビョークは、この現象を「望ましい困難」と呼んでいる。[3] ビョークは過去50年にわたって、学習を持続させる要因を明らかにする研究を多数行ってきた。その結果は実に明白で、人は自分の現在の能力を伸ばす必要に迫られる困難に直面したとき、最もよく学習できることがわかった。

望ましい困難が成長を助けるという発想は、教育の分野にとどまらない。

たとえば、ボディビルダーは重点的に鍛える筋肉群を計画的に決めて、徹底的に追い込むことで肉体を鍛えていく。筋肉の緊張が重要な触媒として機能し、連鎖的に生物学的反応を引き出して、筋肉の量、スタミナ、強さを増強させるのだ。[4]

同様のことはスポーツの世界でも観察される。世界トップレベルのアスリートは、コンフォートゾーンにとどまりながら、新しい技術を獲得しているのではない。彼らは自分の能力の限界のところでトレーニングしながら、あえて失敗を求める健全かつ果敢な挑戦によって、自分の能力を引き上げている。

私がこれを書いている現在、国際体操連盟は採点基準を見直す大きなプレッシャーに晒されている。理由は簡単。シモーネ・バイルズだ。[5]

オリンピックで金メダルに四度輝いたバイルズは、何年間も、他の選手とはレベルの違う演技をしてきた。そして2019年の全米体操選手権で、3回ひねり2回宙返りを成功させた。史上初の快挙だった。この技はきわめて難度が高く、現行のルールでは最高得点をつけてもその難度を完全には反映しきれない。

間違いなく、バイルズは類まれな才能に恵まれたアスリートだ。しかし、彼女の貪欲なチャレンジ精神と喜んでリスクを受け入れる姿勢がなければ、これほどの偉業は達成できていないだろう。彼女は自分の才能に慢心することなく、常に自分の能力の限界を引き上げようとチャレンジして、新たなスキルを獲得し続けている。

シモーネ・バイルズに関するこのエピソードから、この話はどう進んでいくのか、およその見当がつくだろう。強くなり、勇気を出して、リスクを受け入れろということだ。

それが、本章で私が奨励したいことである。

チャレンジしてみたところで、今より悪くなることはない。

大きな失敗を回避する4つの重要なメソッド

ここまでの話をまとめると、成長するには試練が必要だということだ。

精神的にも肉体的にも、強くなるにはある程度の困難が欠かせない。それを知っているのが教師である。ボディビルダーも、アスリートも知っている。

では、自分の限界を引き上げて、新しいことを試すのが最も難しい場所はどこだろうか？

職場である。皮肉なことに、スキルを磨いていくことが文句なしに重要である場所が、学びを最も積み重ねにくい場所なのだ。

なぜ職場では、学ぶことがそれほど難しいのだろうか？

1つめの理由は、職場では失敗の代償があまりに大きくなる傾向にあることだ。[6] いかに心意気としてはよくても、たいていのマネジャーはミスに対してあまり寛容ではなく、ミスを犯した人を叱責する。

挑戦とフィードバックを通して学びが得られる健全な理解のあるスポーツや音楽、教育の分野と違って、ビジネスの世界は目先の信頼できる結果を重要視する。失敗すると、職場は簡単に許してくれない。毎日が試合だからである。練習の機会はない。

2つめの理由は、リスクを冒す機会が驚くほど限られていることだ。結局のところ、企業は従業員が成長するためではなく、効率を上げるようにできている。組織が効率よく機能する方法の1つが、従業員に同じ業務を繰り返し行うよう求めることだ。

従業員が頻繁に同じ業務を繰り返すほど、従業員は速く仕事ができるようになり、組織としては効率が上がる。

効率の重視には利点があるが、学習の奨励には利点がない。シモーネ・バイルズの例が示すとおり、ただ繰り返しただけでは学べないのである。

コンフォートゾーン外にある困難なことに挑戦し、結果を観察して調整することで人は能力を磨いていく。学びはそうして得られるのだ。賢くリスクを受け入れる機会を否定されると、新しいスキル獲得の可能性がしぼんでしまう。

さらに、3つめの理由もある。私たちが失敗を恐れる気持ちをどうにか克服し、挑戦してみる価値のある賢明なリスクを見つけたとしても、職場で学びを得ることの重大な障壁がもう1つある。一貫性のある詳細なフィードバックがその場で得られないことだ。

シモーネ・バイルズの場合、リスクを受け入れて挑んだ新しい跳躍が成功したかどうかは、すぐにわかる。年に一度の成績評価を待つ必要もなければ、エグゼクティブコーチを雇う必要も、マネジャーとぎこちない会話を交わす必要もない。

常時フィードバックが得られる価値は無限大である。それによってバイルズは自分の経験からすぐに学ぶことができ、その情報をもとに自身の行動を調整できる。

だが、たいていの就労者にはそれが不可能である。そうしたわけで組織のリーダーが、従業員の成長を支援するという発想にいかに理解があっても、現代の職場では現実問題としてそうすることがきわめて困難になっている。職場で、リスクを取ってフィードバックを得るのが難しいというのは、なんとも皮肉なことだ。

しかし、成功している組織は多大なリスクを受け入れ、常に市場のフィードバックに合わせて調整している。優れた企業は安全圏にとどまってなどいない。

シモーネ・バイルズ同様、常に新しいことにチャレンジして成長を目指す。新製品で大きな賭けに出て、未開拓の新市場に参入し、リターンの保証のない研究開発に投資する。

成功している企業がそうしたリスクを取るのは、そうすることがビジネスで成功する唯一の信頼できる方法であることを知っているからだ。

ではそうした企業は、どうやってそのようなリスクを冒せるのだろうか？

重要なことを見極めているからだ。つまり、リスクを冒しつつ、リスクを取り除く方法を見極めているのだ。革新的な組織や起業家の多くは、戦略的によく練り、痛手の少ない実験を繰り返すことですべてを危険に晒すことなく、リスクを取る行為から利益を得ている。

本章ではこのあと、彼らが具体的にどうしているのかを見ていく。

取り上げるのは4つの重要なメソッドで、優秀な企業はこれを用いてリスクを最小限に抑え、自分たちのアプローチの修正に役立つ貴重なフィードバックを現実世界で得ている。

その方法を学ぶ過程で、そうした方法を自分たちの日常にも生かし、もっと冒険しながら望ましい困難を克服し、時には失敗を恐れることなく、現在の能力と最終的に目指すビジョンとのギャップを縮める方法が見えてくるだろう。

小さくテストして人や市場の反応を探る

1990年代初頭、ゼネラル・エレクトリック（GE）には、書類上では利用できる需要と供給の完璧な組み合わせがあった。[7]

供給側は心臓疾患の発見に欠かせない心電計の在庫を保有するGEで、需要側は世界最大の心疾患患者発生国となっているインドだ。冠動脈心疾患は人命に関わる病気の代表で、当時心疾患患者のほぼ3分の2がインドに居住していた。

ビジネスとして、方程式がこれ以上完璧になることはない。ただ1点、不可思議な事態を除いては。それは、GEの心電計が売れないことだ。

GEの本社では疑問が噴出していた。ここは一体どうなってるんだ？

世界中で売上が伸びているのに、心電計を最も必要としているはずのインドではなぜか、売上の針はゼロ近くを指したままだ。マーケティングの問題か？　製品に問題があるのか？　心疾患の診断治療に別のアプローチがあるのか？

わけがわからなくなったGEは、いくつかの調査を行った。

その結果を受けて、GEをはじめとする広範な国際的コングロマリットの製品の開発手法が、今日のように変化したのである。

調べてみると、GEの心電計を販売するにはいくつかの障壁があることがわかり、その中でとりわけ重要だったのが2万ドルという価格だった。インドでは、2万ドルといえば医療施設がフルタイムのスタッフチームを雇用できるほどの費用である。

アメリカでなら救急医療センターでも少額と考えそうなものでも、インドのたいていの病院には購入する余裕などなかった。しかしそれ以外にも、さらに大きな問題が存在した。インドの医師たちは、心電計が重すぎることを嫌ったのだ。

最初に届いたいくつかのフィードバックを見て、GEは困惑した。

たしかに、通常の心電計は重量が65ポンド近くもあって重い。けれどもGEの心電計は診察室に置けるように設計されていた。

インドのドクターたちは、それで一体何をしようというのだろうか?

まさにそのとき、あることに思い至った。アメリカでは通常、患者が診療所の医師のもとを訪れる。だがインドの医師たちは、長い時間をかけて辺境の患者を往診していたのだ。

インドの医師たちにとっては、GEのテクノロジーの効用は机上の空論でしかなかった。彼らが必要としていたのは、価格が手ごろで、体力を消耗することなく村から村へと容易に持ち運べる装置だったのだ。

数年後、GEは解決策を発表した。ハンドル付きの重量7ポンドの電池式心電計で、スーツケースのように持ち運ぶことができる。価格も元の製品の何十分の一という、わずか500ドル。これによってGEは、最終的にインド市場を大きく切り拓くことができた。

GEが予期しなかったのは、携帯型の心電計がインドで売れただけではなかったことだ。この心電計は世界中で売れ、それにはアメリカも含まれていた。アメリカでは、医療機関外で応急に手当てをしなければならないことの多い、救急隊やスポーツ医学の専門家たちに熱狂的に受け入れられたのだ。

GEの心電計のこのエピソードには、貴重な教訓が含まれている。

つまり、開発中の製品がアメリカで受け入れられているからといって、のちにそれを新興市場で販売しようとするのはリスキーだということだ。GEが固定式の2万ドルの心電計で失敗したように、あまりにも簡単に的外れになりやすい。

これには、賢明な代替策がある。標準的なやり方を覆すことだ。

これをリバース・イノベーションと呼ぶ。要求が厳しい反面、試験をするのに費用のかからない発展途上国向けに製品をつくることで、先進国市場でも反響を呼びそうな解決策が生み出せることがある。

今日、リバース・イノベーションはGEだけでなく、コカ・コーラ、マイクロソフト、ネスレ、P&G、ペプシコ、ルノー、ディア・アンド・カンパニー、リーバイ・ストラウスにまで広がる製品開発のアプローチの1つである。[8]

新興市場で新しいアイデアを試すことによって、企業は自社が最終的にターゲットに考えている市場よりも、訴求の難しい市場から安価にすばやく意見を集めることができる。

そして、このアプローチを使っているのは大企業だけではない。エンターテイナーも講演者も、政治家も使っている。

私は10年ほど前、有名なコメディアンがサプライズで登場することで知られるニューヨークのコメディクラブに行ったことがある。そのときは、『パークス・アンド・レクリエーション』の出演俳優アジズ・アンサリが出演していた。[9]

アンサリはマイクを手に、手書きのジョークのネタ帳を上着のポケットから取り出して、木のスツールの上に置いた。それからの15分間というもの、彼はネタ帳のジョークを読み上げていって、大ウケしたものに印をつけていった。数年後、私は彼の著書『当世出会い事情』（亜紀書房）の中に、そのときと同じジョークを多数発見した。

アンサリのように新ネタをテストする場にコメディクラブを使うのは、コメディアンのあいだでは常套手段である。ピーター・シムズは著書『小さく賭けろ!』（日経BP）の中で、クリス・ロックは大舞台でのパフォーマンスをやる前に、ニュージャージーの小さなコメディクラブを回ることを習慣にしていたと述べている。[10]

企業が新製品をテストするのとほぼ同じように、ロックも観客の反応をもとにネタを改良してから、大舞台での大勝負に臨んでいたのである。

低いリスクで新しい素材を事前テストする機会はコメディだけでなく、どの業界にも存在する。ジグ・ジグラーは、自己啓発の分野で世界初の名の知れた動機づけの達人になるはるか昔、講演者になることを夢見て、サウスカロライナで家から家へと回って調理器具を販売していた。[11]

大勢の聴衆の前で経験を積み、自分の基調講演を調整するため、たとえそれが滑稽なほど小さなグループへの講演であっても、できるかぎり講演依頼を引き受けた。ジグラーは、そうした初期のイベントをアンサリやロックにとってのコメディクラブと同様に捉えていて、1セントも報酬をもらうことなく、3000回以上の無料講演を行ったという。

ロータリークラブ、ライオンズクラブ、商工会議所、大学のビジネスプログラムや教会は、いつだって優秀な講演者を歓迎してくれることがわかった。講演のギャラが不要となればなおさらだ。

選挙への立候補者も自分のスピーチを磨き、遊説時のスピーチを完璧なものにするために同様のアプローチを採用している。特に新人候補のうちはスピーチをするといっても、たいていは、高齢者センターやダイナー、退役軍人クラブのホールなどの中規模の会場で行う。そうしたリスクの低いスピーチを繰り返すうちに、立候補者は有権者が共鳴して賛意を示す言い回しやテーマを見出していく。

ここにあげたいずれの例でも、改良へのカギは、小さな集団でフィードバックを集めてリスクを最小限に抑え、その情報をもとに修正を重ねることである。講演者でもエンターテイナーでも、ライブ出演が必須なことは明らかである。

だがインターネットのおかげで、今では家から出る必要すらなくなった。

スコット・アダムスが1989年にはじめて連載漫画を書いたとき、ストーリーラインは愚図なエンジニアと皮肉っぽい彼のペットの犬が主人公だった。[12] たまに、主人公のエンジニアが仕事に出かけることもあるが、プロットは必ずこの奇妙なペアの家の中でのハチャメチャな冒険に戻る。

漫画の世界に入って数年たった頃、感想を共有したいという読者のために、アダムスは自分のEメールアドレスを漫画の余白に入れるようになった。そうして送られてきたEメールから、自分の描いた作品のうち、ある種の漫画の反響が非常にいいことに気づいた。

それは、職場が舞台の漫画だった。それをもとにアダムスは、漫画の舞台を主に職場に設定する方向にアプローチを修正した。その結果、『ディルバート』は成層圏を突き抜けるほどの人気漫画になったのである。

Eメールアドレスを入れたことで、アダムスは自分の漫画の読者とコミュニケーションが取れるようになり、その結果フィードバックを得て、漫画の人気をさらに高めることができた。今ほど、ファンの反応を探ることが容易になったことはかつてない。

さらに重要なのは、一部のファンを相手に素材を試験的に公開し、予備的にフィードバックを集めてから最終バージョンをリリースすることが、これ以上ないほど容易になったということだ。

これこそが『ザ・デイリー・ショー』共同製作者で、コメディアンのリズ・ウィンステッドのX（旧ツイッター）の利用方法である。[13]

ウィンステッドは1日に何回もX（旧ツイッター）でエピソードを披露し、ジョークを飛ばしている。その行為によって彼女は自分のフォロワーを増やしているだけではない。彼女は自分のネタを試してもいるのだ。

彼女は、最も数多く「いいね！」を獲得したポストや、リポストされたポストを自分のコメディに取り入れている。ウィンステッドは、アンサリがコメディクラブを使い、ジグラーが教会を使い、政治家がスパゲッティ・ディナーを利用したのと同じ方法でX（旧ツイッター）を利用し、低いリスクでフィードバックを集めて修正を重ねていたのだ。

インターネットを使ってフィードバックを集めるのは、既存のファンを対象とすることばかりではない。今日、独創的なコンテンツを探し求めている特殊なチャンネルには事欠かないので、クリエイターにとってはニッチ市場で観客の反応を調べる絶好の機会となる。

『ディルバート』の人気が出た何年かあと、もう1人の新人漫画家ジェフ・キニーはデビューを諦めようかと考えていた。[14] キニーは何年も前から、新聞への漫画掲載を夢見て作品を持ち込んでいたが、まったく取り合ってもらえなかった。

思いつきで、彼はニッチな子ども向け教育サイトのファンブレインに作品のサンプルを投稿し、自分の漫画が若い読者の共感を得られるかどうかの反応をみた。

キニーが中学生時代を描いた作品に対する反応は好意的どころではなく、読者数が急増し、出版社を探すためにコミコンに向かう自信を得た。そして1年足らずでキニーがオンラインに投稿した漫画は、書籍化されて『グレッグのダメ日記』（ポプラ社）と呼ばれるシリーズになった。同シリーズはこれまでに2億部以上を売り上げ、54カ国語に翻訳されている。

オンラインのメディアチャンネルを通じて作品を試すことの大きなメリットは、新人作家がベテラン編集者と出会えて、さまざまな意見をもらい出版にこぎつけられることがよくあることだ。

ベストセラー作家のアトゥール・ガワンデは、オンラインの編集者から受けた厳しいフィードバックのおかげで、自分が作家になれたことを認めている。[15]

1990年代の終わり、ハーバード大学で外科の研修医として働いていたガワンデは、ある友人から自分が創設した新しいウェブサイトに1本か2本記事を書いてほしいと頼まれた。新しいオンラインマガジン『スレート』誌は無名の媒体であり、寄稿者の獲得に苦労していたのだ。

ほんの少しのあいだなら手伝ってやれるのではないか？　ガワンデはそう考えた。文章を書くのは苦手ではあったけれど、ガワンデはとにかくやってみたいと思った。当時を振り返って彼は、執筆業という第二のキャリアを追求してみようという気にさせてくれたのは、継続して一貫したフィードバックを受けた経験があったからだと語っている。

誰もがオンラインで、自分の作品を出版する時間やリソース、出版したいという気持ちを持っているわけではない。またオンラインで得られるフィードバックが、作品の改良に役立つという保証もない。そこで現在では、このような理由から有料広告を利用して自分の素材を事前にテストし、即座にフィードバックを得る起業家が相次いでいる。

この手法を実に賢く利用したのは、おそらく作家のティモシー・フェリスだろう。[16] フェリスは30代のはじめに、前例のない大胆な処女作を書いた。大人の回想録のようであり、ビジネス・オートメーションのガイドブックのようでもあり、自由の宣言書のようでもある内容だ。タイトルをどうするかが非常に難しい。

彼が最初に考えたタイトル『楽しんで利益を得るためのドラッグの取り扱い』は印象には残るが、書籍販売業者から少なからぬ抵抗を受けた。ウォルマートからは、店舗の書棚に置くことを拒否するという異例の対応を受けた。

これによってフェリスは、何か新しいタイトルを考えなければならないと思った。

いくつかタイトルの候補を考えて、フェリスは行き詰った。

どれもいけそうな気がする。でも、どれがベストなのだろうか？

漫画家のスコット・アダムスやコメディアンのリズ・ウィンステッドと違って、出版経験がないフェリスには、頼れるファン層はいなかった。そこで彼は次善の策を取った。

グーグルのアドワーズ・キャンペーンに登録して、どのタイトルが最も多くクリックされるかを調べたのだ。この実験にかかった費用は約２００ドル。そして1週間もしないうちに、彼にはベストなタイトルがわかった。『「週4時間」だけ働く。』だ。

この実験のおかげで彼は、失敗につながるいくつかの単語「ブロードバンド」「ホワイトサンド」「ミリオネア・カメレオン」を、タイトルに入れる過ちを回避できた。こうした単語を入れていたら、不可能ではなくても、彼の書籍がヒットするのは困難だっただろう。

フェリスが利用した方法は、書籍の世界だけでなく広範囲で利用できる。

今日、グーグルやフェイスブックなどのオンライン・プラットフォームでは、そこそこの予算があれば誰でもターゲットを絞って視聴者にリーチし、そのコンテンツの魅力の有無についてすばやくフィードバックが得られる。

そしてたいていの場合、オンライン上の視聴者はコンテンツ配信者側のことを知らないため、そうした視聴者の注意を引いて称賛を得るのは、既存のファン層にアピールするよりも難しい。新興市場に製品を販売するのと同じで、超えなければならないハードルは高いが、そこで支持が得られたら既存のファンにも受け入れられる可能性がはるかに高くなる。

タイトル候補のテストは、氷山の一角である。有料広告は、視聴者にウェブサイトへの誘導、動画の視聴、ライブ・プレゼンテーションへの参加にも利用できる。視聴者の一部から、即時かつ低リスクでフィードバックを集める機会は、かつてないほど大きくなっている。

私たちはフィードバックの黄金時代に生きている。テストユーザーはどこにでもいる。問題は、テストをするかどうかではなく、なぜもっとテストをしないのかということだ。

別のブランド名でテストして可能性を探る

あと少しで真夜中というとき、警察は大いに慌てていた。

いつ無法者が大暴れしてもおかしくない都市は数多くあっても、穏やかな中流階級の町マサチューセッツ州ウースターは、それには程遠い存在だった。

ところがその場所で、勤務に就いているウースターの17人の警官たち全員が、雨が降りしきる中、４０００人近くいる群衆の鎮圧に右往左往していた。

そこにバンが停まり、群衆を熱狂させた。誰もがひと目見ようとやって来たバンドが、これからサー・モーガンズ・コーヴ内のステージに上がろうとやってきたのだ。ウースターの小さな壊れかけのロック・ライブハウスで、バンド名は「ザ・コックローチーズ」[17]だ。

噂はすでに広まっていた。ウースターの人間なら誰でも知っていた。「ザ・コックローチーズ」というのは偽名で、世界一有名なバンドが使っていたお忍びの名前だった。

コックローチーズなどというバンドなどいなかった。ミック・ジャガー率いるザ・ローリング・ストーンズが、腹が立つほど幸運なファン３００人を前に演奏しようとしていたのだ。時は１９８１年、ザ・ローリング・ストーンズの策略がとうとう皆にバレた。

彼らは何年も前から、このようなことをやっていた。長い活動休止期間のあとや、メジャーツアーの開始前は、偽名を使って小さなギグをブッキングしていた。そこなら、完璧なパフォーマンスをしなければならないというプレッシャーなしに、聴衆を前に生でリハーサルができる。

ザ・ローリング・ストーンズがやったように、偽名を使って試してみるのは、リスクを冒しつつ、リスクを最小限に抑える2つめのアプローチである。

この手法もまた、ビジネスの世界で驚くほど一般的になっている。

サンフランシスコに本社を置く衣料品小売業のギャップを考えてみよう。[18]

ギャップは複数のサブブランドを使って、価格帯を変えて異なる層をターゲットに事業を展開している。オールド・ネイビーは安価な製品を求める顧客にアピールし、バナナ・リパブリックはそれよりも高額な商品を扱い、アスレタはアクティブウエアのファンをターゲットにすることで、買物客が混乱するリスクを避けている。

ギャップは、既存のブランドで新しい形の事業展開ができる場合でも、新ブランドを買収したり立ち上げたりしている。その理由は、1つには複数のブランドで事業展開したほうが柔軟に冒険ができ、その冒険が失敗に終わったとしても、容易に軌道修正ができることを知っているからだ。

オールド・ネイビー、バナナ・リパブリック、アスレタといえば、誰もが聞いたことがあるだろう。これらは成功例だからだ。だが、フォース&タウンやパイパーライムをはじめ、上記以外のギャップのサブブランドを覚えている人は少ないはずだ。

なぜなら、これらのサブブランドは消費者にあまり訴求しなかったブランドだったので、立ち上げから短期間でギャップと静かに切り離された。

サブブランド戦略は企業が別名で事業展開するための1つの方策にすぎない。もう1つ、プライベートブランドというやり方がある。

スーパーマーケットに入っていくと、さまざまなブランドの商品がいくつも並んでいるが、その多くは実際にはそのスーパーマーケット自身がつくっているものだ。

ただし、これらのブランド名にはスーパーマーケットの名前を使用していない。コストコなら「カークランド」、ウォルマートなら「グレートバリュー」、ベスト・バイなら「インシグニア」というブランド名で商品展開されている。

食料品では「アーチャーファームズ」や「グッド&ギャザー」、衣料品なら「メローナ」や「チェロキー」、バスルーム用品では「フィールドクレスト」と、なんと36ものプライベートブランドがターゲットの傘下に入っている。[19]

ギャップの場合と同様、複数のブランドを持つことで購買層が絞れてリスクを最小限に抑えられるため、すべてのブランドを危険に晒すことなく、さまざまな方向性で販売を試すことができる。

複数のプライベートブランドをつくるもう1つの利点は、それらを仕入れることで品揃えが豊富な店舗に見えることだ。実際、違うのはラベルだけということがある。

新ブランドを立ち上げるのは、小売業に限った話ではない。名の通っているブランドは身元を隠していることが多く、特別価格で販売することが難しいオンラインでは特にそうだ。[20]

アマゾンには、GNCやイコール、ターフ&ニードルなどの人気ブランドがつくって、別のブランド名で販売している廉価版の商品が並んでいる。これは、既存商品の購入者を流出させることなく、新製品へのフィードバックをすばやく集めるための戦略だ。

いずれのケースでも、別名を使うことで企業は大きなリスクを冒すことなく、新製品や新しいアイデンティティを試すことができる。

だが別名の使用には、もう1つメリットがある。それはブランドの既存のアイデンティティに負担をかけることなく、既存の製品に新たな光を当て、あらためて紹介できることだ。

それがまさに、2018年にインスタグラムのインフルエンサーたちの身に起こったことだ。[21]インフルエンサーたちが、招待されたサンタモニカのパレッシという名のポップアップ・ブティックに入ると、コンテンポラリーなアートワークと豪華なソファに出迎えられた。ガラスのショーケースには、厳選されたラグジュアリーなブーツやハイヒールがエレガントに並べられている。自撮りをする人、動画を撮る人がいて、何千ドルも売上げた。

ファッショニスタたちが、騙されたことに気づくのにさほど時間はかからなかった。パレッシなどというブティックはなく、ブランドも存在しなかったのだ。

店内に並べられた靴はどれも、実際はペイレスのものだった。倒産申請からようやく1年たったばかりの、経営に苦しんでいた靴のディスカウントストアだ。

パレッシはペイレスのマーケティング代理店のアイデアで、いわゆるファッションアイコンたちが、ペイレスの店舗でなら35ドル未満で買える靴に、600ドルを超える大金を喜んで支払う様子を録画して流せば、じきに口コミで広がるだろうということだった。

ただしその商品には、偽のブランド名が冠されていなければならない。

サブブランドをつくり上げて新しいアイデアを試すのは、アートの世界でも同様に有益なアプローチである。

イギリス一実績のあるミステリー作家の1人としてその名を轟かせてから10年がたった頃、アガサ・クリスティーはロマンス小説を書く夢に憑りつかれた。[22]

だが出版社に彼女の思いは伝わらなかった。クリスティーには熱心なファンがいたため、ジャンルを変えると短期間でも支持者が減るのではないかと危惧されたのだ。

それでも彼女は書くと決め、最終的にメアリ・ウェストマコット名義で作品を出版した。これは賢い選択だった。結局、クリスティーは生涯のうちに6作のロマンス小説を出版したが、どれも彼女が名声を築いたミステリー作品の何分の一かの評価すら得られなかった。

最近では、J・K・ローリングが記録的大ヒット作『ハリー・ポッター』シリーズを生み出したあと、クリスティーの脚本を参考にした。

ローリングの続く作品は、暴力的描写を含む明らかに子ども向けではないクライムシリーズで、これはJ・K・ローリングの名ではなくロバート・ガルブレイス名義で出版された。ガルブレイスの名を使うことで、彼女は自分の評判を危険に晒すことなく新しいジャンルに挑戦できたのだ。

自分が書いたものだと明かす前に、読者や評論家の反応を探ることができたのは重要なことだった。反応が悪かったら、ガルブレイスがローリングだと私たちが知ることはなかったかもしれない。もしかしたら、それがローリングの別名義での初作品ではなかった可能性さえある。

新しいジャンルに挑戦してみたいという欲望から、歌手のデヴィッド・ヨハンセンも別名を使う決断をした。[23]

1970年代に先鋭的なパンクバンドだったニューヨーク・ドールズのフロントとして活躍していたヨハンセンには、守らなければならない名声があった。だからこそ、1980年代の終わりに、ラウンジ音楽とカリプソ音楽を融合したいという衝動に駆られたとき、分身をつくり出してしまうことが賢明に思えた。

彼にとって予想外だったのは、派手で面白いこと好きのバスター・ポインデクスターという彼の第二のキャリアによって、実際にヨハンセン時代以上のファンを獲得してしまったことだ。しかし、「ホットな」存在になりすぎて、ヨハンセンはポインデクスターを演じることに疲れてきた。「私の存在の終わり」という言葉が頭から離れなくなり、ほどなくして彼はポインデクスターを捨て、ニューヨーク・ドールズに戻った。

ヨハンセンは別名義を使ったことで、実験以上のことをする自由を得た。

つまり、面白くなくなったときに、それを捨てられる贅沢を手に入れたのだ。

先に売って、あとからつくる

ニック・スウィンマーンは暮らしに行き詰っていたあるとき、10億ドルの価値のある閃きを得た[24]。

映画学科を出てから、マイナーリーグのチケット係として働いていた彼は、ショッピングモールでブーツを探していた。茶色のエアウォークのデザート・チャッカ・ブーツだ。多くの店に行ったが、彼が欲しいものはなかった。ある店では色が気に入らず、別の店ではサイズが合わなかった。何時間もたち、イライラが募った。そのとき、ふとある考えが浮かんだ。靴を買うのにもっといい方法があるはずだ。

時は1999年、スウィンマーンはサンフランシスコのベイエリアに住んでいた。したがって次のステップは明白で、彼はウェブサイトを立ち上げた。「シューサイトドットコム」というサイトだ。

スウィンマーンの初期の事業計画には1つ問題があった。そう、彼には売る靴が1足もなかったのだ。在庫を用意するだけのお金もない。彼のビジネス履歴書は空白で、投資家に会ったことすらなかった。

そこで彼は地元の靴店フットウエアETCへ行って、ウィン・ウィンの提案を持ちかけた。

「僕が靴の写真を撮らせてもらって、それをオンラインに掲載します。それで靴が売れたら、僕がその靴を定価で買い取ります」

店長は喜んで同意してくれた。数日もしないうちに売れ始め、売れるたびにスウィンマーンは自らモールに車を走らせ、自分のお金で支払って靴を郵送した。

1年後、何人かの友人と家族、そして自身のカイロプラクターから15万ドルを調達して、スウィンマーンはサイト名を「サパトス」へと変えた。スペイン語で「靴」を表す。それから彼は綴《つづ》りに微調整を加えて、最終的に「ザッポス」とした。

「楽しくて個性的」な響きの名前だ。それからおよそ10年後、ザッポスはアマゾンに12億ドルという巨額で株式売却されることとなった。

今聞くと、スウィンマーンの成功を単なる幸運と片づけてしまいたい気持ちにもなる。

ベイエリアに住んでいた彼は、スタートアップの文化に慣れていたし、たしかに1998年はインターネットの流行に乗るのに最適なタイミングだった。また、消費者がそのうち靴をオンラインで買いたがるようになると誰も予想しなかったのも不思議に思える。

だがザッポスの成功に関して、その程度の説明では、スウィンマーンが自分のビジョンを実現するのに使った見事な戦略は、十分に評価されない。

スウィンマーンは広い倉庫を確保して、そこに靴を在庫したわけではなかった。それをするためには巨額の元手が必要だが、彼にはなかった。

では、その代わりに彼は何をしたか？

彼は、調達可能な靴の写真を撮って、購入者にそれを販売しただけだ。見本を販売することで、スウィンマーンは小売業を始める際のリスクを大幅に軽減していたのだ。

彼は先に売って、あとから品物を調達することでこれを成し遂げていた。

このアプローチを採用したのは、実はスウィンマーンが最初ではない。まだ存在しない製品を先に販売するやり方は、ビジネスの世界において長い歴史がある。

ビル・ゲイツは、アップルの重役用会議室に呼ばれてアップルの幹部と対峙する何年か前、弁護士になることを諦めていたハーバード大学の2年生だった。[25]

1974年12月、『ポピュラーエレクトロニクス』誌の最新号がゲイツの寮の部屋に届いた。それには世界初のパソコンが表紙に掲載されていた。アルテア8800という機種だ。ゲイツは高校時代、暇さえあればプログラムを組んでいた経験があり、当時かなり原始的テクノロジーだったコンピュータ上で、他のプログラムを走らせられるソフトウェアを開発する自信があった。

当時のゲイツにとっては、完成後に売れることを期待して、夢中でソフトウェアを開発しなければならないのは明らかだった。

けれどそれをするには、かなりのリスクがあった。

ゲイツの知るかぎり、今アルテアを販売しているニューメキシコの企業には、すでに販売機会を待っているだけのソフトウェアがある。*

スウィンマーンと同様、ゲイツも自分が正しい軌道に乗るための方策を探った。何週間もプログラムを組むことだけに専念して大学の授業を疎かにするのではなく、秘策を練った。ゲイツが最初にしたのは、自分たちはアルテアのコンピュータ向けのソフトウェアをすでに開発していてリースする用意があると、アルテアの開発企業に手紙を書くことだった。手紙が相手にされなかったことがわかると、ゲイツは受話器を取ってアルテアの開発企業のCEOに電話をかけた。

そこで彼は、自分のソフトウェアについて直接プレゼンテーションを行い、尋ねた。

「いつならご都合がよろしいですか?」

---

* ところがそうではなかった。実際、アルテア８８００の販売企業も、技術的には存在しない製品を販売していた。『ポピュラーエレクトロニクス』誌に掲載されていたのは、アルテア８８００の開発企業マイクロ・インストゥルメンテイション・アンド・テレメトリー・システムズ(MITS)の提供による写真と仕様を使ったカバーストーリーだった。MITSには1台だけ、実際に動作するアルテア８８００はあったが、悲しいことにそれは配送中に紛失していた。雑誌の表紙に掲載された写真も偽物だった。写真は、外形こそアルテア８８００だったが、中身はコンピュータ・テクノロジーがいっさい搭載されていない空っぽの箱だった。

ゲイツは、自分と会う意思がCEOにあることを確認してから、ようやくパートナーのポール・アレンと一緒にプログラムBASICの開発を始めた。

マイクロソフトの基礎となり、のちに短期間ではあったが、ゲイツにアップルとのコラボレーション機会を用意したプログラミング言語だ。

今はもう、スウィンマーンが使った戦略も、ゲイツが使った戦略もお馴染みのものになっている。プレゼンに毛が生えた程度の内容で、新興企業が100万ドル規模の投資を獲得している。キックスターターで魅力的なセールスプレゼンやデジタルアイデアに遭遇すると、人は喜んでクレジットカードを出そうとする。

私たちは、わずか数件のXのポストを読んだだけで、まだ製造もされていない車に先行予約を入れて、イーロン・マスクに140億ドルの売上を献上する。[26]

これらの例は、賢いイノベーションについて重要なことを伝えている。

私たちは自分のスキルを磨くとき、とにかくその行為をもっと行おうとしがちである。完璧な原稿を書きたい。完璧なウェブサイトをつくりたい。完璧なスピーチを行いたい。

だが、その道で上達を目指すのを少し思いとどまって、自分のアプローチが他の人も夢中になってくれるものかどうか、先に確かめたほうがいいときもある。

完璧なものをつくっても、誰も欲しがらなければ何の意味もないからだ。

この過ちを避け、開発プロセスのリスクを小さくする1つの方法が、この段階を飛び越して次のステップに進むことだ。多くの職業で、次のステップには顧客やクライアント、あるいはマネジャーに自分のアイデアを売ることが含まれてくる。

売ることから始めるのは、企業とクリエイターがともに見込みのないプロジェクトを避け、可能性をより迅速かつ批判的に評価して、もっと大きなリスクに挑戦していくために欠かせないものである。次のステップは、この疑問の答えを考えてみれば簡単に見つかる。

「これに成功したら、次に何をするだろうか?」

その答えは、ニック・スウィンマーンのようにショッピングサイトをつくることから、ビル・ゲイツのように会談の約束を取りつけること、さらに自分の知り合いで大胆な案を持っている人に接触することまで、多岐にわたるだろう。

伝説的なタレント・エージェントの故アーヴィング・ラザールは、この後者のアプローチを使ってビジネス帝国を築き上げた。[27]

20世紀後半、彼はハリウッドの映画界にも、ニューヨークの出版社にも名の通った、世界で最も影響力のあるエージェントの1人だった。ラザールのクライアント名簿はまるでウォーク・オブ・フェイムのようだ。

ハンフリー・ボガートからダイアナ・ロス、ジーン・ケリー、ケーリー・グラント、シェール、マドンナ、ノエル・カワード、ウラジミール・ナボコフ、アーネスト・ヘミングウェイに至るまで、そうそうたる面々が名を連ねている。

これだけのスターを引きつけているのだから、ラザールはさぞかし巨大なエージェンシーを構え、弁護士から交渉人、スカウトまで揃えていたに違いないと思うだろう。ところがそうではない。彼とアシスタントが1人。それだけだった。

その秘訣は何か？　彼は売り込むことから始めたのだ。

ラザールは会ったことのない俳優や作家に至るまで、誰にでもプレゼンした。そして映画スタジオでも出版社でも手応えがあると、前のステップに戻って、自分が売り込みをかけたことのある有名人に接触し、契約の準備が整ったことを告げる。

小説家のアーウィン・ショーはかつて、「どの作家も皆、2つのエージェントを持っている。自分自身とアーヴィング・ラザールだ」と語っていた。

契約獲得に向けての慣習に囚われないラザールのアプローチは、道徳的にいくぶん自由奔放な面があり、これに居心地の悪さを感じる人も多いだろう。

だが、そこにある原則は誰が見ても有効なもので、今は採用するのがこれまでになく容易になっている。アイデアを形にする前に、アイデアに対する興味を確認する方法は、作家ならプレゼンレター、起業家なら予約リスト、発明家なら試作品と、さまざまな形が取れる。

先に売ってあとからつくることの価値は、リスクを最小限に抑えて早い段階でフィードバックが得られることだけではない。クリエイティブな発想を自由に飛躍させられ、成功するアイデアを思いつく可能性が広がるのだ。

大きな成功を目指すならVCのように考える

ベンチャーキャピタル（VC）という言葉を聞いて、どんなことが頭に浮かぶだろうか？おそらくお金や投資家、新興企業にまつわるさまざまなことだろう。

ここに1つ、ベンチャーキャピタルに関係することで、きっとあなたの頭に浮かばなかったことがある。水産業である。数百年前、今日のVC業界を形づくる投資へのアプローチに火をつけたのは、実は水産業だった。[28]

19世紀には、肉や骨、脂肪を目的とした捕鯨が一大ビジネスだった。鯨がたくさん獲れれば、何千ドル（現在の価値では数百万ドル）もの利益になるため、捕鯨は魅力あふれる仕事だった。毎年、何百人もの乗組員が大西洋で一儲けを狙っていた。

そのうち捕獲競争の激化から、鯨の供給量が大幅に減ってしまった。鯨を獲るために、船はどんどん遠くまで出ていかなければならなくなったのだ。航海が長引くと、乗組員の生活環境が悪化してくる。食糧が底をつくかもしれず、正気を保っていることが困難になり、船長の報告以上に海上で船が遭難する危険があった。

捕鯨の危険性が高まるにつれて、新しいタイプの投資が出現した。

そこで登場したのが、金持ちの上流階級と航海に出たいと考えている経験豊富な船長を仲介するブローカーだ。両者を仲介する捕鯨ブローカーは、金持ちから集めたお金を複数の船に分散して投資し、金銭的に航海を支えた。そうすることで、彼らは投資家が1隻の船とともに投資全体が消滅する可能性を軽減する手助けをしたのだ。

今日に至るまで、VCは投資を分散することで、リスクを減らすという発想のもとに築かれている。この戦略を利用するのは投資会社だけではない。世界有数の大手コングロマリットの競争戦略でもある。

漫画制作のために設立されたディズニーが、今はテーマパークやリゾート施設、クルーズ船、住宅コミュニティ、ストリーミングサービスを運営して、ピクサーやマーベル、ESPNを傘下に収めているのを私たちは当たり前のように受け止めている。[29]

あるいは、ウォーレン・バフェットが所有するバークシャー・ハサウェイは、元々は繊維業を営んでいたが、今は世界最大規模の不動産会社を営み、デュラセルやガイコ、フルーツオブザルーム、デイリークイーンを傘下に収めていることに何の疑問も感じていない。[30]

バイラルコンテンツの管理・生成を専門にするウェブサイトとして始まったバズフィードですら、今はテレビ番組や料理本、イベントを制作し、商品の販売まで行っている。[31]

利益性の高い企業が1つの製品や業界にこだわってしがみつくことは滅多にない。彼らは多角的に経営を行う。多角化によって、リスクを下げられるのである。

危険を顧みず、捕鯨船が恐ろしい大西洋をぐんぐん進んでいくように、単一の製品や提案にしがみつくと、さまざまな理由から沈没する可能性が高くなる。しかし、投資先を広範な製品や業界、顧客に分散させると、全体として倒産する可能性は著しく低くなる。

リスクを減らすこの原則は、誰にでも当てはまる。

さまざまな商品に財源を振り分ける投資が、リスクを軽減できるのとまったく同様に、職業機会についても、さまざまな分野に分散すればリスクを減らせる。

キャリアの選択については、リンダ・ワインマンの選択が参考になる。[32]

1990年代半ば、ワインマンはハリウッドに独力でニッチ市場を築き上げていた。100万ドルを超える規模の映画シリーズ『スター・ウォーズ』『ロボコップ』ビルとテッドの大冒険』の特殊効果アニメーターとして、彼女は引っ張りだこだった。

早くにアップルを導入した熱心なアップルファンのワインマンは、コンピュータ・グラフィックスを独学で学び、その専門知識を教えてほしいと同僚から依頼されるまでになった。そこで彼女は副業的に教えはじめ、自分は教えるのが好きなことを発見した。

シンプルで直観的に理解できるコンピュータ・グラフィックスのテキストがなかったため、自分で書いた。タイトルはいたってシンプルな『ウェブのグラフィックデザイン』だ。

この本はヒットし、教えてほしいというさらなる依頼が手に負えないほど舞い込んだ。ワインマンは急場しのぎで、1週間の集中コースと週末にセミナーを開催することにした。セミナーを録画したVHSテープの販売もした。さらに、彼女はウェブサイト「リンダドットコム」を開設して、ワークシートやノートを生徒に配布するようになった。

２０１５年4月、彼女がはじめて授業を持ってからようやく20年を迎えた頃、彼女のウェブサイトは15億ドルでリンクトインに売却された。

ワインマンのストーリーで注目したいのは、ザッポスのニック・スウィンマーンと違い、利益性の高いビジネス帝国を築こうとしなかったことだ。

彼女は、自分が興味のあることを追求して新しいスキルを身につけ、どんどんその分野を広げていくことで、需要に応えていった。彼女は、通常のオフラインで教えることから始まってテキストを執筆するようになり、１週間の集中コースを教えることに移り、それを録画してＶＨＳビデオを作成・販売し、さらにはインターネット上にサブスク方式で教材を提供するサイトを開設した。

そのいずれも、プロの教育者が複数の仕事を持って自分の提供可能なサービスを多角化していくなど、聞いたこともない時代に行っている。

ワインマンは、多角化することで保険をかけ、より大きなリスクを取れるようにしただけでなく、オンライン教育の急速な広がりに乗じて収入源を獲得していったのだ。

ワインマンのように、雇用主に仕えるのではなく、副業を持ってさまざまな顧客にサービスを提供し、自分の能力の使い途を複数見つけていけば、リスクを受け入れることが容易になる。仕事は多角化しておくほうが、どんなビジネスでもストレスが軽くなる。

あなたがフリーランスであったり、事業主であるなら、副業を持つことは、さらに容易になるかもしれない。フリーランスや事業主なら、自分が関わりたいクライアントやプロジェクト、業界のタイプを自分で選べるからだ。だからといって、組織で働く人は多角化が不可能だといっているわけではない。その反対に、さまざまな意味でむしろ容易になる。

本業で多角化が容易である理由の1つは、本業の職場では継続的に試行の機会が得られることだ。組織における試行は、次のプロジェクトに関して新しいアプローチを提案する形も取れるし、他の部署との革新的な連携を主導する方法もあれば、新しい商品を試すという方法もある。どの形であれ、その人の業務遂行能力が向上し、当人の役割の範囲が広がるので、組織内における価値も向上する可能性がある。

勤め人が容易に多角化を行えるもう1つの理由は、給与収入があることで、組織外で賢くリスクを受け入れられるからだ。

2014年、ウィスコンシン大学の研究チームが、会社を辞めて起業した人と、本業を行いながら副業で事業を興して安全に立ち回った人を比較して、起業家の成功率を調査した。[33]すると驚いたことに、自分が立ち上げたビジネスにフルタイムで取り組むことは、賢い戦略ではないことがわかった。用心深く動いた人のほうが、はるかに成功率が高かったのだ。

それはなぜだろう?

その人たちは経済的安定性を確保していたので、より辛抱強く戦略的な決断ができたためだ。日々ぎりぎりの生活をしていては、手に入らない贅沢である。

副業がうまくいかなくても、ダメだと思えばすぐに止められる経済的な保証を手にしている。基本となる給与があるのは安心できる。

これがある意味、本章で取り上げてきた4つのビジネス戦略に共通する原則である。ターゲットを小さなグループに絞って実験する場合も、仮名で人々の前に登場する場合も、アイデアを先に売ってそれから商品を用意する場合も、あるいは手がける仕事を多角化する場合も、失敗したときの代償が小さくなるため、リスクを冒すことがはるかに容易になる。

成長するには勇気が必要だといわれる。向上するための唯一の方法は、より大きなリスクを受け入れてあえて厳しい状況に自分を追い込むしかないというのは、よくいわれることだ。

だが本章で見てきたとおり、それが自分を磨くための唯一の方法ではない。

難しい課題に挑むことと、すべてをそこに注ぎ込むことは絶対に同義ではない。

それどころか、自分のスキルを磨いて能力を伸ばしたいのであれば、より大きなリスクを取ることは賢明なアプローチではない。

ニック・スウィンマーン、ビル・ゲイツ、ウォーレン・バフェットをはじめとして、本章を通じて紹介してきた多くの優秀な人々を見ればわかるとおり、リスクを取りながら、その全体的なリスクのレベルを下げられる巧みな方法を見つけるほうが、はるかに賢明である。

第6章

練習とその効果測定

3つの次元でスキルの向上を目指す

想像してみてほしい。まもなくあなたは、これまでで最も大切なプレゼンテーションを行う。あなたのチームは何週間も懸命に働いて、このプレゼンテーションの準備をしてきた。チームもあなた同様、一世一代の大勝負であることを知っている。

この顧客を獲得すれば、あなたの会社は業界のトップに勢いよく躍り出るだろう。獲得できなければ、あなたの会社は後退して事業規模を縮小し、従業員を解雇するしかない。会社の士気は失われ、あなたのリーダーシップが問われることになる。取り組んできたこと、築いてきたことのすべてが、この30分のプレゼンテーションにかかっている。

プレゼンテーション当日の朝は、飛ぶように過ぎていった。朝食は食べたかもしれないし、食べなかったかもしれない。なぜか、家を出る前に子どもに「行ってきます」を言ったかどうかも覚えていない。飲んでいるコーヒーがその日6杯目ということも十分にあり得る。

あなたが会議室に入ると、扉の閉まるカチッという音がして、皆が一斉にこちらを振り向いて何かが起こった。視界が突然はっきりしたのだ。呼吸は落ち着いている。どこからともなく、適切な言葉が驚くほどスラスラと口を突いて出てきた。

プレゼンテーションを始めてわずか2枚目のスライドで、画面に回転するカラーホイールが現れてノートPCが動かなくなった。それでもあなたは動じることなく、スライドの助けを借りずに完璧にプレゼンテーションを続ける。

答えに窮するような質問が出たときも、予測できていたかのように自信を持って笑顔で次から次へと答えていく。プレゼンテーションがまもなく終わる頃、潜在的危機に企業としてどのように対処するのかを尋ねられたあなたは、事前に準備してきたメモを取り出して回答した。メモにはその可能性とともに、戦略的目標、話のポイント、PRキャンペーンのことが書かれている。

プレゼンテーションのあと、新規顧客はあなたのプレゼンテーションを褒め称えた。あなたのことを「素晴らしい」「完璧だ」「まるでロックスターのようだった」と言う。先方のCEOまで、からかうように、あなたには未来が見えるのかと尋ねてくるほどだ。

あなたはにこやかに笑って、自分はただの人間ですからと答える。

未来の見える人はいない。それとも、未来が見える人がいるのだろうか？

一見すると、この質問はとんでもなくバカげているように思える。

しかし、トップアスリートの行動を考えてみたら、どうだろう？

セリーナ・ウィリアムズなどのプロテニスプレイヤーは、日常的に時速120マイルを超えるサーブを受けている。瞬きをする間さえあるかないかという時間でラケットを持ち上げて目標を定め、スイングする。しかもラケットに当てるだけでなく、相手がうろたえるほどの正確さとパワーでリターンを返す。

彼女はどうやってこんなことを成し遂げているのだろうか？

同様に、ニューヨーク・メッツの強打者ピート・アロンソも、2019年にはなんと55本ものホームランを打った。彼の特大ホームランのビデオを分析してみると、不思議なことに気づくだろう。彼はボールがピッチャーの指先を離れる前にスイングを始めているのだ。

同様の現象はホッケーでも起こっている。殿堂入りを果たしたニュージャージー・デビルスのマーティン・ブロデューアなどのゴールキーパーは、パックが打たれる前に跳んで軽々とセーブしている。

さて、科学者にはこの理由がわかるだろうか？　次に何が起こるかを予測できるトップアスリートの能力を、科学ではどのように説明できるだろうか？　そして、おそらくいちばん重要なテーマとして、トップアスリートのそうした戦略は、競技の場を離れて日常生活にも応用できるだろうか？

エキスパートの頭の中を徹底的に調べてみよう。

アスリートは未来をどう予測しているのか

トニー・ロモが2017年の春にプロ・フットボール選手引退を発表したとき、リーグの皆は肩をすくめた。ほぼ10年間、ロモはダラス・カウボーイズでクォーターバックの先発メンバーを務め、チームの歴史の平凡な一時代の中にいた。

最後の数年間は特に忘れがたいものだった。背中と首の故障に苦しみ、ロモは何カ月も控え選手の地位を余儀なくされた。先発メンバーの地位は、とうの昔に彼より若くてダイナミックなダック・プレスコットに譲り渡していた。

最終的に、そこそこのファンにとってロモに関して記憶に残る事実は、彼が一度どういうわけか簡単なフィールドゴールを失敗してチームがそのシーズンの勝利を逃したことと、2007年にジェシカ・シンプソンとデートしていたことの2つだけとなった。

したがって引退から数カ月後、ロモがNFLアナリストとしてテレビ番組でデビューを飾ったとき、期待値は予想どおり低かった。テレビでの経験もないのに、自分より年上のクォーターバックの何人かまで、彼が「プロの目線で」分析しようというのだから当然だ。CBSスポーツの会長も「トニーは未完成品」であることを認め、信頼していいかどうかわからないようだった。何を期待すればいいのか、誰にもわからなかった。はじめての放送の30分前、ロモの番組のプロデューサーは彼を脇へ引っ張っていって、彼の気持ちを落ち着かせようとした。「あなたらしく」と。

シーズンのプレイオフが近づく頃には、ロモのパフォーマンスはその年のアメリカンフットボール界で最大の話題の1つになっていた。彼はプロデューサーからも、選手からも、ファンからも、あらゆる方面から絶賛されていた。その理由は、視聴者を夢中にさせる熱のこもった彼の解説にもあったが、それだけではなかった。

彼は、その鋭い才能で、それまで解説者席で誰も成し遂げたことのないことをやってのけた。プレイを先読みして、解説をしたのだった。

ロモは、はじめて解説者席に座ったときからフィールドを見つめて、センターがスナップするはるか前にオフェンスがどう動きそうかを詳細に解説していた。それから彼は、相手チームのディフェンスの陣形を読み取り、そこからオフェンスの攻撃パターンと同じ正確さで、その戦術を説明していった。

毎週これを繰り返すことで、彼にはまるで人の心を読む能力があるかのようにファンを魅了していった。ほどなくして、インターネット上でロモの評判が爆発的に広がり、その予知能力から「ロモ・ストラダムス」というブランディングが完成した。『ウォール・ストリート・ジャーナル』紙までもが、解説者になってからのロモの2599のコールを調べて、その予知能力を分析するに至った。

その結果、ロモは68パーセントを超える確率で、フィールド上のプレイを正確に読んで伝えていた。クォーターバックとしての彼のスローイングの精度を超える確率だ。

ロモの予知能力は本当に圧巻だった。とはいえ、それは超人的なことでもなければ、異例のことですらない。少なくとも相手チームの陣形を読んで、それに応じて戦術を組み立てていく訓練を何万時間と重ねてきたプロのクォーターバックであれば、それほど特異なことではない。優れた読みはフットボールに限らず、専門家に共通する能力であり、幅広い分野の研究で観察されているスキルである。[2]

どうにかトニー・ロモを説得して、彼がNFLの試合を解説しているときの脳の活動をスキャンする研究に協力してもらえたと仮定してみよう。そこでは、どんなことが観察されるだろうか？　ロモのようなプロフェッショナルと一般のフットボール・ファンとは何が違うのだろうか？

彼の脳をスキャンして最初に気づくのは、フィールドにいる選手を分析しているときのロモの脳は、一般的なファンより活発に動いていないということだろう。[3]驚いたことに、経験豊富な人は、経験の浅い人よりも少ないエネルギーで情報を処理しながら、より優れた結果を出している。

どうしてそんなことになるのだろうか？

専門家は、長年の経験で関係のない情報と関係のある情報をすばやく選り分け、「本当に必要なデータだけを的確に抽出できる」ようになっているためだ。彼らの注意力はきわめて選択的で、少数の必要不可欠な情報にだけ集中する。

通常のファンと違って、ロモは行儀の悪いファンやユニークなマスコットに気を散らされることがない。何を見なければならないかを正確に知っており、その他のことはすべて難なく無視できるのだ。

しかし、無関係な情報を締め出すことだけが重要なのではない。一見何げないシグナルから、重要な情報を読み取ることも同じく大切である。

1978年、イギリスの心理学者らが、専門家はごく少数の有益なヒントに狙いを定めて、どれくらい多くの情報を集められるかを明らかにする研究結果を発表した。[4]

その実験では、テニス選手がサーブをするフィルムをテニスの上級者と初心者という2つのグループに見せた。そしてサーブのたびに、選手のラケットがボールを捉える正確に42ミリ秒前のところでフィルムを止め、被験者に「ボールはどこに着地するでしょうか?」という質問をした。

経験の浅い被験者にはさっぱりわからなかったが、上級者は正確にボールの着地点を予測した。上級者は、サーバーの上体の向きや肘の曲がり方、ラケットの角度など、初心者が見逃した情報を取り込んでボールの飛ぶ方向を見極めることができたのだ。

トニー・ロモのようなエキスパートの脳が、素人よりも活発に働かない2つめの理由は、彼らには「考えるべき選択肢が少ない」ためだ。彼らは、どのようなことは起こる確率が高くて、どのようなことはそうでないかを経験から学んでいる。[5]

これについて禅僧の鈴木俊隆《しゅんりゅう》は、「初心者の心には多くの可能性がありますが、熟練者の心には可能性がほとんどありません」(『禅マインド ビギナーズ・マインド』PHP研究所)[6]と述べている。

アーティストや放射線科医、チェスのグランドマスターの脳を調べたMRI検査結果でも、このことが立証されている。ロモはフットボールに関するその広範な知識から、起こる可能性の低いプレイを除外し、いくつかの起こる可能性の高い選択肢に的を絞って脳をあまり働かせずに、より的確な予測を実現していたのだ。

トニー・ロモの脳をスキャンしてみると、全体的に活動レベルが低いことが確認されるだけでなく、おそらく記憶に関係する活動が脳全体に広がっていることがわかるだろう。[7]

経験豊富な人は、初心者と違って、脳のさまざまな部分を複合的に使って情報を分析している。単に状況を読むだけで終わらないからだ。彼らは状況を読み取り、その情報を解釈し、反応することをすべて一度にやっている。一方で初心者の場合、やること自体は同じでも、これらのことを一度に1つずつ順番に処理している。

上級者と初心者のあいだに見つけられそうな3つめの違いは、解剖学的なことだ。

まず、トニー・ロモの脳に関して認められそうなのが、「初心者の脳より大きい」ことだ。[8]

この違いを生む原因は、神経可塑性《かそ》である。つまり人間の脳は、頻繁に遭遇する要求によりよく対応するために、許容量を自己再編していく。

繰り返し同じ活動を行っていると、脳はそれに適応しようとする。それができるのは、活動に関与するニューロン同士がよりすばやくつながり、新たなニューロンも形成されて、そのニューロンが認知的負荷の一部を負担してくれるようになるためだ。

そして時間とともにそのような適応が積み重なり、上級者の脳と初心者の脳に物理的な差異が生まれる。

ロンドンのタクシードライバーを例に取ってみよう。

タクシードライバーの仕事は、街の地理を覚えてその記憶を呼び出せなければならない。MRIによる脳の検査で、タクシードライバー歴が長い人ほど、長期記憶と空間ナビゲーションを司る脳内領域である海馬がより大きいことが示されている。

また記憶力のいい人が、タクシードライバーという職業を選んでいるわけではないことも、長年の研究で示されている。タクシーを運転するという経験により、脳が変化しているのだ。

脳の活性化がより静かになり、注意力がより選択的になり、検討中の選択肢がより少なくなり、異なる脳領域間の相互作用がより大きくなり、解剖学的特徴がより顕著になるといった物理的な兆候はすべて、その道をきわめた人の神経学的な証である。

これらは、深く高度な知識の獲得に脳が適応したことを表すものだ。それによって上級者は必要不可欠な情報だけに的を絞り、未来の出来事を予測して、その予測に他の誰よりも早く対応できるのである。

トニー・ロモの予知能力についてファンが話す中には、ロモには特別な才能があるとか、フットボール・サヴァンだったりするのではないかという憶測も含まれていた。

しかし、ロモがNFLデビューした新人の年のビデオを見ると、まったくそうではないことが見えてくる。

2003年、ロモはドラフト外の3番手クォーターバックで、試合の出場機会をなかなか得られずにいた。当時カウボーイズのコーチだったビル・パーセルズとの練習を映したビデオが残っているが、あまり見応えのあるものではない。

「来い、ロモ！」とパーセルズが怒鳴る。どうやら怒っているようだ。

「あそこで何をすべきか、プレスナップでわかっていたはずだ！」

ロモは、パーセルズを納得させて試合に出してもらえるのに4年かかった。その間のビデオには、パーセルズがロモを脇へ引っ張っていって、長くかかりすぎているとか、読めていない、情報を引き出せていない、予測できていないと叱りとばす光景が頻繁に映し出されていた。「ボールを手から離すんだ。死にたいのか。奴らに舌なめずりされるぞ。ぺしゃんこに潰されるぞ！」

では、ロモはどうやってプロとしての技術を身につけたのだろうか？　一体どうやってクビ寸前の状態から、フットボール界でも上位の鋭敏な選手になったのだろうか？

ひと言でいうと練習だ。ただし、「練習」という言葉を聞いて、私たちが思い浮かべるようなものではない。本章でこのあと見ていくが、たいていの人の考える練習はあまりにも限定的である。

トニー・ロモのようなアスリートが、何十年もやってきたようなことまで「練習」の定義を拡大して繰り返し行うと、頭脳労働の場合でも、肉体労働の場合でも、パフォーマンスが劇的に向上することが研究で示されている。

これまでにPART2では、壮大なビジョンと現在の能力のギャップを埋めるための2つの要素を見てきた。カギとなる評価項目を見つけることと、リスクの低い機会をつくり出して手を広げることだ。本章では、自分の経験から知識を引き出して思考を促し、未来の出来事を予測できるようになるための一連のツールを手に入れていく。

未来はどうすれば見えるようになるのだろうか？

皮肉な話だが、その第一歩は過去に戻ることだ。

パフォーマンスの客観的な記録をもとに修正する

ロバート・ゼメキスは、スティーヴン・スピルバーグに電話をかけようとして、自分がクビになる可能性について考えた。[9]

さまざまな部門でアカデミー賞を受賞する作品『フォレスト・ガンプ／一期一会』『ロジャー・ラビット』『キャスト・アウェイ』をゼメキスが世に送り出すずっと前のことだ。1984年当時、彼はまだ無名で4本目の監督作品が撮れるかどうかというところだった。エグゼクティブ・プロデューサーであるスピルバーグにかけようとしている電話は、繊細な内容だった。ゼメキスは大失敗をしていた。自分が抜擢した俳優が作品にまったく合っていなかったのだ。彼にはスピルバーグの助けが必要だった。

彼はとんでもない質問をしようとしていた。撮影開始から1カ月もたって、主演俳優を替えられるでしょうか？　これは大変な問題をはらんでいる質問だった。

新たに主演俳優を見つけるには何週間もかかる。他の俳優陣も混乱するだろうし、映画の公開は何カ月も遅れるだろう。そのうえ、350万ドルという決して安くない主演俳優のギャラの問題もある。

ゼメキスには、スピルバーグに見てもらいたいフィルムがあった。

ハリウッドで「デイリズ」と呼ばれている編集用の下見フィルムだ。毎朝、映画監督、編集、撮影スタッフが集まって前日の撮影を振り返るためのものである。このプロセスを通じて撮影陣は作品を見直し、うまくいったところを見極めて、撮影のアプローチについて瞬時に修正を加えていく。

デイリズを見て、ゼメキスのチームは作品に問題があることにはじめて気づいた。「画面の真ん中に穴が開いている」とゼメキスはある日のデイリズで認めざるをえなかった。

「主演俳優がうまくいっていない」

スピルバーグはゼメキスに会うことに同意し、デイリズを大きなスクリーンで観られるように、アンブリンのスタジオ試写室を押さえてくれた。照明が暗くなり、映写機がブーンと音を立てて回って映画が映し出された。

映画の舞台は1950年代のカフェ。2人の客がカウンターに座ってやや前かがみになり、顔を左に向けて手を後頭部に置き、まったく同じポーズを取っている。

「マクフライ」。カフェのドアが引き開けられて、10代の若者たちが入ってくる。2人の客は、まるで振り付けでもされたかのように、同時にそちらを振り向いた。「何してる?」

カメラが『バック・トゥ・ザ・フューチャー』の主人公マーティ・マクフライにズームインする。マーティは、目の前で繰り広げられる出来事をなんとか理解しようとしている。

「ビフだ」。マーティは信じられないといった様子で小さく呟く。

ただしマーティを演じているのは、不器用だけど憎めないマイケル・J・フォックスではない。マーティを演じているのは、悲しい目をした美しい顔立ちで、スター的な要素が揃ったエリック・ストルツだった。

ゼメキスとスピルバーグはこのようなシーンを何十回も観ているが、どれを観ても何かが欠けていることがわかる。その何かとはコメディだ。ストルツは魅惑的な俳優であり、ドラマに向いている。しかし『バック・トゥ・ザ・フューチャー』はドラマではない。その逆でコメディが必要な映画だ。その筋書きは、深く考えすぎると途端に破綻する恐れがある。

結局、ゼメキスは説得する必要がほとんどなかった。スピルバーグも同じ結論に達していたからだ。ストルツには降りてもらうしかない。

スピルバーグは、ゼメキスの見方に賛成してくれたばかりでなく、NBCに電話をかけて自分のコネを使い、『ファミリータイズ』に主演していたマイケル・J・フォックスに声をかけ、ゼメキスの映画に最優先で関わるよう手配するなど、完全にゼメキスの要望を聞き入れてくれた。

エリック・ストルツが主演だった場合、『バック・トゥ・ザ・フューチャー』がどれほど成功したかは誰にもわからない。だが、マイケル・J・フォックスよりうまくいったことを想像するのは難しいだろう。

私たちが知っているのは、フォックスのドタバタ喜劇的なテイストがこの役には欠かせないとゼメキスが考えたことと、デイリズを見たことで重要な修正が加えられ、結果として彼の最初の構想どおりの作品になったということだけだ。

録画を使って出来栄えを確認するのは、ハリウッドの映画スタジオに限られた話ではない。この手法はプロスポーツでも、まったく同様に利用されている。

比較的最近、ESPNがボルチモア・レイブンズのヘッドコーチであるジョン・ハーボーに、レギュラーシーズン中の1週間の時間の使い方を記録してほしいと依頼した。[10]その結果、提出された記録には、シカゴ・ベアーズとの対戦に向けてハーボーがチームに準備させるために費やした1週間の時間割が、分刻みで記録されていた。

ハーボーは、どれくらいの時間を録画を見ることに費やしているのだろうか？

それは驚くほど長時間だ。1日に6時間近くビデオを見て過ごしている。ハーボーは、ランの練習や選手とのミーティング、チームのゲームプランを含む活動を合わせたよりも、過去の試合を振り返ることに長く時間を割いていた。戦略的思考に長けている彼は、過去の試合から学ぶことが、未来に備えてできる最良のことだと認識していたのだ。

ゴールデンステート・ウォリアーズのヘッドコーチであるスティーブ・カーも同様の哲学を実践している。[11]この哲学に従って、彼は実際の試合中に選手たちに録画を研究させている。ウォリアーズのロッカールームでは、ハーフタイムは前半のハイライトから始まる。だが、その録画はESPNの『スポーツセンター』で流されている類のハイライトシーンを集めたものではない。カーは、ウォリアーズの選手たちがそこから何かをつかみ、それをもとに小さな修正を加えられそうなところの録画を流している。

カーは、前半を通じて選手に見せたいと思うプレイがあると、アシスタントに向かって「そこ切り取って」と伝える。

ハーフタイムの録画チェックのあとは第3クォーターが控えているが、カーのウォリアーズ以上に、第3クォーターで試合の主導権をしっかり握ったチームはこれまでになかった。2018年のNBAプレイオフだけをみても、ウォリアーズは第3クォーターで相手チームよりも159ポイントも多く得点を稼いでいた。相手チームとのこの得点差は、他のクォーターにおける得点差の8倍に相当し、他の3つのクォーターの得点差合計と比較しても3倍以上になる。しかも、それが偶然ではないのである。

ESPNがウォリアーズの第3クォーターのパフォーマンスを過去4年にわたって調べたところ、「ウォリアーズは1試合あたりの得点から、オフェンシブ・レーティング、さらにディフェンシブ・レーティングに至るまで、事実上どのカテゴリーでもNBAの首位に立っている」ことがわかった。

映画監督もアスリートも、コーチも録画を利用して過去から学び、意義ある修正を加えることで、失敗を免れて大成功を収めることができる。いうまでもなく、彼らが利用しているのは、他の人が利用していないツール、つまりパフォーマンスの客観的記録だ。

では、私たちはどうだろうか？

録画がない場合、どうすれば過去のパフォーマンスを振り返れるだろうか？

過去の経験を未来の知恵に変える内省の威力

次のマトリックスを見てみよう。

2.65	8.23	6.87
7.98	4.31	3.25
0.99	2.55	1.23
4.49	5.69	9.03

見てのとおり、ここには12個の3桁の数字が並んでいる。この中には2つを足し合わせると10になる数字が含まれている。さて、あなたは見つけられただろうか？

その2つは、どれとどれだろうか？

だがその前に、このゲームをもっと面白くしよう。

これと同じようなマトリックスをたくさん渡して、20秒以内に正解を見つけるたびに、私があなたに賞金を支払う提案をしたとしよう。

これらの頭の体操のうち、あなたは何問解けるだろうか？

これは、ハーバード大学の研究者チームが、何百人という成人に提示したエクササイズだ。[12] そして、いくつものマトリックスを参加者に解いてもらったあと、研究者チームはもう1つ新たな指示を出した。

片方のグループには3分間を与えて、それぞれの出来栄えを振り返ってもらった。特に効果的だと思える戦略はあっただろうか？　これまでの経験を踏まえて、このようなマトリックスのエクササイズで今後もっといい成績を出すにはどうすればよいだろうか？

これは内省条件である。少し前に遡って、頭の中でテープを再生するかのように自分の経験をじっくりと見直してもらう。

もう1つのグループには3分間待つように指示を出した。こちらは対照条件だ。自分の過去を振り返ることが単に休憩を取る場合と比較してどれくらい効果的か、評価するために利用できる。

この短いインターバルを挟んで、参加者たちにはさらにマトリックスの問題を解いてもらった。それで、内省は成績にどのような影響を及ぼしただろうか？

研究者チームがスコアを集計してみると、見事な結果が得られた。

内省組は、対照条件組よりも20パーセント以上多く正解していたのだ。能力を大きく飛躍させるためには、短い時間でも過去に何を学んだかを振り返り、その教訓を未来にどのように生かすか考えることがどうしても必要だったのだ。

その後の研究でも同様の結果が得られ、お金がかかっていなくても、内省が能力向上に役立つことが示された。研究者チームは、実社会でも内省のテストを行い、新人スタッフに研修で学んだことを振り返ってもらうと、研修での学習内容の理解度がなんと23パーセントも向上することを発見した。

内省、あるいは教育分野でいう「省察的実践」の利点はいくつかある。

まず省察的実践は、1日の仕事の中で滅多にしないこと、つまり立ち止まって自分の進歩を考えることを促す。そうすることで、私たちは一瞬目が覚め、無頓着な反応や日常的な習慣の霧から解き放たれ、自分の行動の価値を見直すことになる。

物事がうまくいっていれば、自信を新たにしてそのまま突き進めるし、反対に結果が停滞気味であれば、改善策を探すことができる。いずれにしろメリットがあるということだ。

省察的実践はまた、私たちに高次の原則を探し求めるよう促すことで、より深い学びを促進する。「足して10になる数字を見つける」という頭の体操で、内省が役に立つことは疑いようもない。

問題を解く近道を見つけるには、少しの間熟考してみるだけでいい。つまり、すべての数字を10から引いてみるのだ（10引く4・31は5・69。5・69はマトリックスにあるだろうか？　あれば、これが答え。なければ、別の数字を試す）。12個の数字について1つずつ組み合わせを試すともっと数多くの計算をしなければならず、手間がかかる。

同じような近道は、仕事での経験を振り返るときにも現れる。私たちは、自分のパフォーマンスを向上させ、将来の出来事をよりよく予測する力を与えてくれる有益な教訓に出くわすことがある。それを生かせば今後、より的確な予測ができるようになる。最後に紹介する省察的実践のメリットは、最近の経験をそれまでの自分の信念に照らし合わせることにより、何かのヒントを得られる可能性があるということだ。

1900年代初頭、哲学者で教育論に重要な影響を与えたジョン・デューイが省察的実践の利点について広範な議論を展開し、省察的実践こそ学習と向上に必要不可欠な要素だという意見を提示している。[13]

デューイは、観察だけでは教育には不十分だと考えていた。真の知識は、自分の経験を振り返り、自身の考え方に修正を加えて、自分の仮定を試してこそ得られるものだという。デューイの思想は今も教育分野に影響を及ぼしており、教員たちは授業計画を立てて実践したあと「どこがうまくいったか?」「もっと改善できるところはないか?」「次は、どこをどう変えて授業を行ったほうがいいだろうか?」と自問することが求められている。

しかし教育分野以外では、省察の実践機会は限られている。社会人の間で内省が行われるのは、誕生日や新年のような節目、定期の業績評価、あるいはコーチがいる人ならその指導によってということが多い。

締切りに間に合わせることに内省が役立つことはない。そんな状況で時間を割いて内省を行う意義を正当化するには無理がある。人によっては、自分の内側に注意を向けると落ち着かなくなったり、怖くなったりすることもあるだろう。

職場で省察を行ういちばんの障壁は、その使用を支持する職場の規範がないことだ。オフィスで沈思黙考して、内省している優れたリーダーにお目にかかることはまれだ。そのような人に出くわしたとしても、ナルシストだと片づけてしまうだろう。

教育は外からもたらされるもの、つまり新しい情報に触れることによって学習は実現するものだと、私たちは教えられてきた。だが、これは方程式の半分でしかない。

洞察やパターン、予測を求めて過去の出来事を振り返ることが、経験を知恵に変える手段となる。

振り返りを将来の目標達成に生かす方法

たとえば、省察的実践を試してみたいと思ったとする。

その場合、どこから始めるのがいちばんいいのだろうか？

1つの方法は日記だ。トーマス・エジソンなどの天才的発明家やフリーダ・カーロなどの優れた芸術家、セリーナ・ウィリアムズやマイケル・フェルプス、カルロス・デルガドをはじめとするトップアスリートに共通して見られるやり方である。[14]

日記といえば、あまり好ましくないイメージがある。だが、日記を寂しいティーンエイジャーの自己陶酔的行為として片づける前に、まったく違う別の組織を参考にして日記というものを再定義してみよう。それは米海軍特殊部隊ネイビーシールズだ。[15]

ネイビーシールズの兵士が真っ先に学ぶ教訓の1つに、戦場では高所に陣取ることが必要不可欠ということがある。戦争できわめて重要な視界が、高所で確保できるからだ。視界が確保できなければ、全体を見通すことができず、命にかかわる失敗を犯しやすい。

同じことが日常生活にも当てはまる。日常的に起こる非常事態や切れ目なく襲いかかる責任が、常により大きな戦略的な目標達成を脅かす。

立ち止まり、振り返って、戦略を立てる習慣を身につけると、それが積み重なっていつしか大きな利点になる。省察的実践により、すばやく学習ができ、より自信が持てて、深い知識が得られることは、すでに見てきたとおりだ。

だがこれはまだ入口で、日々の出来事を日記につけていくと、自分の感情をうまく整理して不安を鎮め、ストレスを軽減するのに役立つことも示されている。日々の出来事を自分なりの視点で綴れば、その出来事が自分の身に起こっているような気がしなくなる。書くことで物事の局面が変わり、コントロールできる感覚が取り戻せるのだ。

特に日記は、手で書くと自分を落ち着かせる効果がある。

たいていの大人は考えが先にあってから書くので、手の動きが思考に追いつくのを待つが、そのあいだは立ち止まって振り返るしかない。したがって、忙しいときにはなかなかできないような形で、自分の思考を見直すことができる。

この単純な習慣で、驚くほど明敏な洞察が得られることもある。セラピストがあなたの言葉を繰り返すのを聞くのとは違い、自分の奥深くに眠る真意や窮屈な考え方に気づくことがある。

心理学者は、ほかにも日記のさまざまな効用を発見しているが、そのすべてを紹介するよりも、ここでは内省や学習、スキル開発を促すのに特に有効であると私が考える種類の日記を紹介したい。それは5年日記である。[16]

5年日記は多種多様なバージョンが書店で販売されているが、そのいずれにも共通していることが1つある。それは、同じ日付のページが5つに区切られていて、その一つひとつが各年の欄となるということだ。

日記は毎日、限られたスペース内に数行で手書きしていく。すると、日記をつけ始めて1年が経過するとあら不思議、日記をつけはじめたページに戻るのだ。日記をつけ始めてから1年たった今日のことを綴ったあと、昨年の同じ日にどんなことを書いていたかを読み返す機会が得られる。

私はコーチングのクライアントに必ず5年日記を渡している。なぜなら、それが発見と成長に役立つ貴重なツールであることがわかったからだ。1日の終わりに日記をつけることで内省が促されるだけではない。5年日記は、過去の日記を読み返すことで記憶が甦り、仕事でも私生活でも、自分のパターンを把握するのに役立つ。

私自身5年日記をつけてみて、自分について認識できるようになった数々の教訓に、以下のようなものがある。

教訓1　地域での経験はたいてい、予想以上にいい

教訓2　最も生産性が高かったのは、Eメールの来なかった日だ

教訓3　人とのネガティブな体験を忘れがちで、悪意を持続するのが得意ではない

教訓4　カーディオトレーニングをやらなかった日は、眠りにくい

教訓5　苦労したプロジェクトほど、成功したときの見返りが大きい

最後にあげた内容は、もう少し詳しく説明する価値があるだろう。

私たちは、過去にどれだけ努力して成功を手に入れたかについて忘れることが多い。その結果、新たな課題が浮上すると過度に難しく考えて、障壁を克服する自分の能力を過小評価してしまう。5年日記は、そのような障害を克服して不安を吹き飛ばし、有意義な結果を残した実績を1日の終わりに思い出すリマインダーの役割を果たす。

また、5年日記は過去の失敗カタログにもなり、同じ過ちを繰り返すことを避けられる。

およそ1年前、私は過去に一緒に仕事をしたときの成果が平均レベルだった人をコンサルタントに雇うことを検討していた。その人に新規プロジェクトの依頼をしようとした直前、たまたま私は2年前の日記を読み返すことがあった。

そこには「○○は信用できない」と書かれていた。私たちはそれ以来一緒に仕事をしていない。あの日記がなかったら、おそらく簡単に避けられたミスを繰り返していただろう。

なぜか？　ロン・フリードマン（私）に教訓3の傾向があるためだ。

記憶は、過去の出来事を正確に写したスナップショットではなく、私たちが思うほど持続性の高いものではないことが研究で明らかになっている。[17]記憶は時間とともに薄れていくもので、さまざまな認知バイアスの影響を受けて、その出来事を思い出すたびに少しずつ異なっていく。

これらの問題点のいずれも日記には当てはまらないため、過去から学んで未来を読む能力を向上させるのに、日記はきわめて優れたツールなのである。5年日記は、自分の時間枠が直近の現在から遠い過去まで広がるので、より思慮深い賢明な決断を下すのに役立つ。

知恵の重要な要素の1つに、ズームアウトして考える能力がある。短期的な利益を超えて、その選択がもたらす予期しない長期的な結果まで考える能力である。自分の過去の経験をしっかり振り返るほうが、視野の開けた好位置に立って賢い選択ができる。

いうまでもなく、日記で日常生活全般を取り上げる必要はない。それよりも、自分が習得に取り組んでいるスキルやライフ・ライティング、新しいアイデアの組み立て、潜在顧客への提案などをテーマにするといい。

要するに5年日記は、自ずと省察的実践を行わせ、過去から拾い集めてきた教訓を蒸留して、将来役に立ちそうな戦略を掘り起こすことになるため、価値があるということだ。

より多くイメージし、より行動を少なくすることの効果

2016年のリオデジャネイロ・オリンピックの数週間前、マイケル・フェルプスが1日の最後にするのはイメージの中で泳ぐことだった[18]。

この種の儀式には、通常、宗教儀式に用いられるような厳密な手順がある。フェルプスの場合、それは黙ってスタート台に上がることから始まる。彼は上体を前に傾け、腕を真っ直ぐ背中のうしろに伸ばして右手で左手をつかむ。そしてすばやく離し、飛び立とうとするタカのように腕を力強く振り上げる。

彼の飛び込みはミサイル発射のようで、全速力で飛び出しても水しぶきは上がらない。そのままの勢いで水中を猛進し、脚をリズミカルに波打たせて前へ前へと体を運ぶ。彼がようやく水面から顔を上げてはじめての息つぎをするときには、プールの中ほどまで来ている。

ゴーグルが曇っているなと思う。だが、そう思ったのもつかの間、フェルプスの長い腕が

ぐんと伸びて、あっという間に彼の体をプールの壁のほうに押しやる。彼は淀みなくターンを決めて、長いストロークに息つぎを合わせて、ぐんぐん前へ進んでいく。フェルプスが最終ラップを終え、頭をスコアボードのほうに向ける頃には、そこらじゅうで水しぶきが上がっている。他の選手は皆、もう手遅れだ。フェルプスの勝ちは決まった。そのとき、彼の耳に「USA！ USA！」と叫ぶファンの歓声が届く。

母親が微笑んでいるのが見える。ホッとして、彼は大きく息を吸う。

そこで彼は眠りに落ちる。

フェルプスは、プールに近寄ることもしない。彼はベッドに心地よく横たわり、毎夜イメージトレーニングをしているのだ。これは、彼が28個ものオリンピック金メダルのうちの最初の1つを獲るはるか前、12歳の頃から続けてきたエクササイズである。

リンゼイ・ボンもまたオリンピックのメダリストで、レース前にはイメージトレーニングを行っている。[19] 彼女はアスペンの斜面を自分が滑降する姿を思い浮かべるだけでなく、滑降時と同じように呼吸するよう自分に課して、高速で急斜面を滑り降りる、きわめて危険な恐ろしい状況を頭の中で再現している。

ブラジル・サッカー界のレジェンド、ペレはもっぱらロッカールームでイメージトレーニングを行っていた。[20] 大きな試合の前には、ペレは2枚のタオルをつかんでベンチに横になり、タオルの1枚を頭の下に敷き、もう1枚を目の上にかぶせて、子どもの頃にサッカーをしていたときのことを思い出していた。

自分はサッカーが好きだとはじめて感じたときのことを思い出す。

それから試合の形勢が逆転したプレイ、チームの勝利に結びついたピッチでの最高のプレイを思い出す。それらを思い出すことで自信がみなぎってきて、以前にもやったのだから今度もできるはずだと思えるようになる。

最後に相手チームを頭に思い浮かべて、その戦略に思いを巡らせ、試合で自分のすべきことに注意を向けて、自分が相手の戦略に完璧に対処するところをイメージする。

ひと世代下ってマンチェスター・ユナイテッドのウェイン・ルーニーも、彼の奇妙な習慣に関する噂が広がり、イメージトレーニングをしていることを渋々認めたことがある。[21] ルーニーは試合の数日前に、必ずコーチ陣にチームのユニフォームやシューズ、ソックスの色を詳細に質問していた。試合で着用するものに対する彼の強迫観念について質問されて、ルーニーは仕方なく白状した。

「試合の前夜には、ベッドに横になって自分がゴールを決めたところをイメージする」

ルーニーは、自分の外見がわかっていたほうがイメージがより鮮明になる。細部が明らかになればなるほど、トレーニングの効果があるという。

「試合前の瞬間に自分を置いてみて、それを記憶するかのように準備する」

イメージトレーニングによって、成功を収めてきた殿堂入り級のアスリートは数多くいる。

ゴルファーのジャック・ニクラウスはイメージトレーニングを習慣にしていた。練習のときですら、クラブを振り上げる前に自分のショットの軌道と、ボールの行方を頭に思い描いていた。[22]

アイスホッケーの神様ウェイン・グレツキーも頭の中で、ゴールキーパーのうしろの空きスペースに赤のライトとリボンの装飾をつけ、そこに自分が矢のようなシュートを放ったところをイメージしていた。[23]

ヘビー級チャンピオンのマイク・タイソンは、相手の後頭部まで突き抜けんばかりの破壊力で、敵に拳をお見舞いするところを想像していた。[24]

これほど多くのアスリートが、イメージトレーニングを好んで行うのはなぜだろうか？

理由は簡単、「効果がある」からだ。そして効果があるのは、スポーツだけではない。イメージトレーニングの効果は広範な領域に及び、場合によっては命も救えることが研究結果で示されている。[25] 調査では、手術手順を頭の中で復習してから手術室に入る外科医のほうがミスを犯すことが少なく、手術中の緊張度も低いという。

また、頭の中で曲を練習してからピアノの前に座るピアニストのほうが上達は早い。講演を行う演者も同じで、自分の喋る姿をイメージしてから壇上に上がったほうが、不安が軽減されて人を引きつけるプレゼンテーションが行える。

本章では、見逃されてきた過去の経験の価値を見直し、きわめて優れた結果を残している人たちが、自分の能力向上のために用いているさまざまな省察的実践の方法を調べてきた。過去を掘り起こすこと。これが実践の第1ステップだ。

次のセクションでは、自分の能力を磨くために、あまり活用されていない第2のツールを探っていきたい。それは「未来の練習をする」ことだ。

成功をイメージすることの驚くべきマイナス点

15歳のビアンカ・アンドレースクは、全米オープンの決勝でセリーナ・ウィリアムズを打ち負かして呆然とさせる4年前の2016年、自分宛てに350万ドルの小切手を書いた[26]。現金化するつもりはなかった。その年のグランドスラム決勝に勝利して受け取る賞金の前払い金として自分自身を鼓舞し、優勝をイメージするための小道具だったのだ。

「思考は現実化すると私は考えています」と、アンドレースクは自身の歴史的勝利のあと、翌月曜日のテレビのトーク番組『グッド・モーニング・アメリカ』で語った。

こうした考え方をしているのは彼女だけではない。

1990年代初頭、当時はまだ無名で、俳優としての成功を求めてもがいていたジム・キャリーは、自分宛てに1000万ドルの小切手を書き、「出演料」の但し書きを添えて現金化の期日を3年後に設定した[27]。アンドレースク同様、成功をイメージすることが実現に役立つと考えて、彼はその小切手を財布に入れていつも持ち歩いていた。

現金化の期日前、彼は『オプラ・ウィンフリー・ショー』に出演し、さらに『ジム・キャリーは Mr.ダマー』の出演依頼を受けた。ギャラは小切手を現金化する期日に間に合う日程で支払われ、彼の夢は現実になった。

アンドレースクとキャリーの話は魅惑的だが、この2人の話をそのまま夢を叶える手段の証拠にはできない。大金を稼ぐ夢を叶えた少数のテニス王者やハリウッドのスーパースターの裏には、夢の実現に近づくこともできなかった無数の有望な人材がいる。

その人たちの逸話は、ほとんど注目されることがない。敗北したアスリートや成功できなかったパフォーマーが、人気のトークショーに登場することは滅多にないからだ。

『ジム・キャリーは Mr.ダマー』のヒットにより、ジム・キャリーの名前がどこの家庭にも浸透しはじめたことを受けて、UCLAが中心になって成功をイメージすることの効果を定量化する実験を開始した。[28]

実験では100人を超える大学1年生に、心理学入門の授業を受けてもらった。そして中間試験の1週間前、学生を3つのグループに分けた。1つめのグループには、中間試験でいい成績を取ったところをイメージするよう指示する。2つめのグループにも同様にイメージトレーニングの指示を出すが、1点だけ重要なことが異なっている。

つまり、単にいい成績をイメージするのではなく、いつ、どこで、どんなふうに試験勉強するかといった試験勉強のプロセスをイメージしてもらったのだ。最後のグループには、これから試験までの1週間、勉強した時間だけを記録するよう指示を出した。

ここまでの話で、おそらくこの話がどこに帰着するか見当がついただろう。

中間試験では、どのグループがいちばんよい成績を収めただろうか？

それはもちろん試験勉強のプロセスをイメージしたグループだ。学習過程をイメージすると、より勉強するようになり、不安が減っていい成績を収められる。

しかし、この実験でわかったことはそれだけではない。この実験では、ビアンカ・アンドレースクやジム・キャリーに倣って成功をイメージしていた学生群は、対照群（イメージトレーニングをいっさい行わず、1週間の学習時間だけを記録していた学生）と比較して、さらに成績が悪かった。

いい成績をイメージしていた学生の成績は、全グループ中で最低だった。いい成績をイメージしていたのに、何もイメージしなかったときより成績が悪くなってしまったのはなぜだろうか？　理由はこうだ。

望む結果を出した自分を想像したときに経験する感情的な効果が、成功するために必要な努力をする意欲を減退させる。思い描いた結果は、現実のものではないと頭ではわかっていても、その夢想で一時的に満足してしまうからだ。

ただし、そこに至る過程を頭の中でシミュレーションすると、そうはならない。

成功を手にするために必要なアクションを前もって具体的にイメージすれば、確実に能力が向上する。[29]

具体的なイメージで能力を向上させる5つの方法

明日の朝、あなたは10ページの企画書を書かなければならないと仮定してみよう。

あなたは、準備のためにマイケル・フェルプスのようにベッドに横になって目を閉じ、頭にイメージを浮かべる。

このトレーニングを行う実際のメリットは何だろうか？

1つめは、作業を頭の中でリハーサルすることで、ぶつかりそうな**障壁が前もってわかりやすくなる**ことだ。

たとえば、ベッドサイドのテーブルにある何冊かの書籍を参考にしなければならないことを思い出すとか、明日の朝はオフィスに新しいカーペットが設置される予定であったことを思い出したり、企画書のあるセクションから次のセクションへのつなぎ方がよくわからないことに気づいたりすることがあるかもしれない。

これに関連するメリットとして、このエクササイズを行うと、いざ書きはじめようというときの**心理状態を前もって経験できる**ということがある。短い時間で長い文書を仕上げなければならないと思うと、押しつぶされそうな気分になるだろう。自分がどのような精神状態になるかがあらかじめわかっていれば、自分が生産的な姿勢になる準備が事前にできる。

これらの課題が前もってわかったら、**それを頭に入れたうえでどうするかを決断できる**。たとえば、翌日は通勤時間を節約するため、在宅での仕事を選択することもできるし、過去に似たようなプレゼンテーションでどのような提案をしていたかを調べるため、以前の企画書を参考にすることもできるだろう。

また、押しつぶされそうな気持ちになるのを避けるため、業務外のメールの自動応答システムを設定してもいいかもしれない。そうすれば、余計なことに邪魔されずに仕事ができるし、必要とあればいつでも散歩にでも出かけてストレスを軽減することもできる。

デスクの前に座って仕事に集中し、草稿の項目を一つひとつ書き上げていく自分を想像していくと、徐々に不安が減って**自信が湧いてくる**はずだ。これは前もって自分で自分のゲームプランを立てるのに役立つばかりでなく、成功の予感を芽生えさせるのにも役立つ。

イメージトレーニングを軽視して、出勤してきてからプロポーザルのことを考えはじめる同僚と比較してみるといい。実際にはまだ一語も書きはじめていなくても、あなたのほうがはるかに成功に近い場所にいることがわかるはずだ。

マイケル・フェルプスのようなアスリートや運動の準備をしている人にとっては、イメージトレーニングはさらにメリットがある。

自分が運動をしているところをイメージすると、**身体活動時に使う神経経路が活性化される**ことが研究でわかっている。つまり、フェルプスが目を閉じてプールに飛び込むシーンを頭に描いているとき、本当にスタート台から飛び出してひんやりとする水に飛び込んだかのように、彼の運動野の一部が刺激されるということだ。

時間とともに脳がどんどん活性化されてきて、脳内の処理が速くなり、精神的な連関が強くなる。その恩恵を受けるのはフェルプスの脳だけではない。

イメージトレーニングは、肉体を酷使しすぎず、極度の疲労を残すことなく、アスリートの筋肉だけでなく、心血管系や呼吸器系までも鍛える手段として用いられてきた。

実際にある研究では、肉体的トレーニングだけを行っているアスリートに比べ、イメージトレーニングを併用しているアスリートは、練習にまったく悪影響を与えることなく、肉体を使った練習での負荷を半分に減らすことが示されている。

イメージトレーニングの上手な活用法

あなたは、イメージトレーニングの価値について納得しているとしよう。

では、どうすれば上手に利用できるだろうか？

そのポイントをいくつか経験則でお話ししよう。

心理学会では、ある理由からビジュアル化ではなく「心的イメージ」という語を使う。関与する感覚器官が多くなるほど、シミュレーションは効果的になる傾向がある。重要な講演を控えているなら、始める前に会場のざわつきをイメージして、クリッカーを手にしたときの感触や、ステージに上がったときに額に感じる照明の熱をイメージするといい。

こうした具体的なイメージは、単にスピーチしている自分を想像するよりも、その状況を事前体験するのに効果的で役に立つ。

2つめは、1人称の視点と3人称の視点をうまく切り換えて使うと、より鮮やかにイメージできることだ。

たとえば、自分が聴衆を見ているところを思い浮かべるなど、1人称の視点を使うと、本能的な反応がより刺激される。これは、そのときの自分の気持ちをあらかじめつかんでおきたいというときに役に立つ。

だが、その気持ちをあらかじめ体験すると、よけいに押しつぶされそうな気持ちになったり、何度もやっていると、さほど刺激にならないこともある。

その場合は、自分が会場に座ってプレゼンテーションを見ているところをイメージするなど、他の人の視点に切り換えるといい。そうすれば気持ちが落ち着いて、聴衆があなたのプレゼンテーションにどのような反応を示すかがイメージしやすくなり、自分の成功している姿が見えてくる。

もう1つ有益なヒントは、ときどき自分がつまずいたり、思いも寄らなかった障壁に遭遇する場面を思い描いてみるといいということだ。

重要なのは、とにかく進み続けて、一時的な困難をどうやって切り抜け、いつもの軌道に戻すのかをしっかり考えることだ。この練習によって待ち受ける困難が予測しやすくなるばかりか、何があっても自分は立ち直れるという考えを植えつけられ、自信がみなぎってくる。

テニス界のレジェンド、ビリー・ジーン・キングもまさにこのやり方でイメージトレーニングを行い、39回のグランドスラム優勝を果たした。[30] キングは現役引退後にNPRのラジオトークショー『フレッシュエア』で、全米オープンでの考えられるかぎりの逆境を頭に思い描き、その場面にどう対応するかをイメージしてからコートに入っていたと告白した。

「いつも風を感じていました。それから日差しも。イン・アウトの誤審も想定しました。雨が降って待たなくてはいけなくなったときのことや、とにかく自分ではどうにもできない状況が起きたときのことを考えて、それにどう対応するかを考えていました」

キングのイメージトレーニングは、プレイの再現だけにとどまらなかった。彼女はボールを打ち合っていない時間の立ち居振る舞いまでイメージしていた。

「自分がどういうふうに振る舞いたいかを考えました。真っ直ぐ立っているのか？ 自信たっぷりの仕草をするのか？ コートにいる時間の75パーセントは、実際にボールを打っていないので、王者はそういうところで風格がにじみ出てくると思います。だからあらゆる可能性を頭に思い描くようにしていました」

覚えておきたい最後のポイントは、有効なイメージをつくり上げるのにそれほど長い時間は必要ないということだ。

研究によって、有効なイメージを脳に刻み込むのにちょうどいい時間は20分以下であることが示されている。[31]中には、3分ほど集中してシミュレーションしただけで効果があるという報告もある。イメージトレーニングがさまざまな分野で有効であることと、いつでも、どこでも、何の道具もなしに行えることを考えれば、スポーツ以外でイメージトレーニングが十分に評価されていない理由がわからない。

練習でやってはいけないこと

毎年、4月から9月に開催されるシーズン中に、ニューヨーク・ヤンキースのアーロン・ブーン監督とコーチ陣は162回、コーチングのミスを犯す。[32]彼らの間違いは、まるで日課のように試合開始の3時間前にファンの面前で起こる。

ヤンキー・スタジアムで試合が行われる日の午後4時になると、ブーン監督らはバッティング練習を始める。プロ野球チームが、古くは19世紀から行ってきた試合前の儀式だ。

だが問題が1つある。バッティング練習は、超一流研究の科学からすでに削除されている練習なのだ。しかも単に効果がないばかりでなく、実際にはバッターの能力を低下させる。バッティング練習が誤った取り入れられ方をしてきた理由を理解するには、そもそも人はなぜ練習するのかを思い出してみるといい。

練習は、どういう場合に効果があるのだろうか？

その答えはまず、練習が技術向上に役立つからだ。

そしてもう1つ、練習は新しいスキル獲得のためのツールにもなる。

だがバッティング練習は、そのどちらの役割も果たさない。

野球の試合がある日、球場に早く着いてしまったり、テレビでホームラン競争を見たりしたことがあるなら、バッティング練習のシーンはもうお馴染みだろう。

選手が順番にバッターボックスに入り、試合で実際に打つようにできるだけ強くボールを打つ。ただし、投げるのはプロのピッチャーではない。バッティング練習では、コーチがL字形の保護ネットのうしろに立ち、選手が実際に試合で目にする球速の何分の一かのスピードで投げる。

さらに悪いことにそこで投げられる球には、プロのピッチャーが試合でバッターを困惑させようとして加えるひねりも再現されていなければ、さまざまな球種が交ぜ込まれているわけでもない。バッターは単純に、力のない直球を繰り返し強打し、その打球がスタンド上段に届くのをファンが驚嘆しながら見つめるだけだ。試合でバッターがピッチャーのゆるいトスのような球を打つことは、ありえないという事実は考慮されていない。

ヤンキースに限らずどのチームもバッティング練習をしているが、難度を下げて練習すればよくない結果を招き、たいていは逆効果となる。

野球選手なら誰でも言うとおり、バッターはタイミングの取り方がうまくなければならない。しっかりバットの芯にボールを当てるには、時速145キロの球が、いつ、どこに来るか正確に予測する必要があるが、ゆるい球はその計算を狂わせる。

またバッターは、ピッチャーのモーションを読み取って、すばやく球種を見極める必要があるが、バッティング練習では球種に変化はなく、何も考えずにバットに当てられるトスが来るだけなので、上述したスキル獲得の役に立たない。

そのうえ、バッティング練習でうまく打とうとすると、バッターはひねりも何もない直球にタイミングを合わせるため、よくない軌道のスイングを身につけてしまいかねない。試合でそんな球にお目にかかることはまずない。

本章ではこれまで、正しく評価されていない2つの次元でのスキル向上トレーニングを見てきた。1つは省察的実践で「過去」を紐解くことであり、もう1つはイメージを使った「未来」のシミュレーションだ。

スキル向上トレーニングの3つめの次元、すなわち「現在」におけるトレーニングは最もわかりやすいが、最も間違えやすくもある。

ロシア生まれのピアニストであるウラディミール・ホロヴィッツは、かつてこんなことを言っていた。「平凡な人とずば抜けて優秀な人の違いは練習である」

その言葉どおりシンプルであれば、非常に魅力的な話である。

脳が学習を妨げる理由(そして、その対策)

野球の間違ったバッティング練習が示すように、すべての練習が役に立つというわけではない。多くの場合、向上させようとしているスキルの邪魔をしてしまう可能性がある。

しかもそれは、明らかに難度を下げて間違った練習を行っている場合に限らない。実際の場面とよく似た条件で練習していても、上達しなくなることがある。

私たちの脳がそれに抵抗してしまうためだ。

繰り返し練習するメリットの1つは、練習を重ねるうちに特定の動作がすばやく自動的に行えるようになることだ。[33] はじめてのときのように、次に何をするかを考える必要がなくなるからだ。典型的な例が読書であり、もう1つが車の運転である。

私がはじめて車を運転したときは、ハンドルを強く握りしめすぎて、そのあと何時間も指が痛かった。20年以上たった今、車の運転よりもどのポッドキャストを聴こうか選ぶことのほうが、頭を使うことが多くなったように思う。

心理学用語では「自動性」と呼び、さほど注意を払わずに高度なことができる能力を指す。専門技術の獲得の結果である。

たいていの場合、自動性は利点である。自動性を獲得すれば、歯を磨く、服を着る、朝食をつくるといった日々の重要で雑多なルーティンは、自動性にまかせられる。すると自分の注意力に余裕ができ、読んだばかりの面白い記事の内容を頭に浮かべたり、込み入った内容の仕事をどのように処理するか構想を練ったり、より難しい作業に注意を向けられる。

自動性は、意識を無意識に変換することで機能する。

神経学者はＭＲＩを使って、脳内のこの変化を解読できる。たとえば、複雑なことを最初に行う際は、大脳皮質と呼ばれる前頭部の発達した部分が活発に働く。その後、しだいにその行動に慣れてくると、大脳基底核や小脳などのより下位の皮質下領域に移る。

獲得された専門技術によって、高度な大脳皮質が解放され、その行動自体にあまり注意を払わず、思考をさまよわせることができるようになるのだ。

ここまで読むと、自動性は喜ばしいこと以外の何ものでもないと思うかもしれない。ほかのことを考えながら何の苦もなくその行動ができるのに、どんな問題があるのか？

だが実際には、自動性によって能力の向上が難しくなることがある。[34] 一つひとつの行動に集中して取り組まなければ、能力の向上も新たなスキルの獲得も難しくなるからだ。

さらに、そこにはパラドックスがある。経験を積めば自動性が養われるが、自動性が獲得されると学習が進まなくなるのだ。

では、すでにある程度上達したことをさらに上達させるには、どうすればいいのか？

その答えは、亡くなった認知心理学者K・アンダース・エリクソンの研究の中に見つかる。[35] 優れた研究者であったエリクソンは、「1万時間の法則」の基礎となった1993年のバイオリニストの研究で最もよく知られている。

ある技術を習得するには、時間をかけて数多くのフィードバックを受けながら、集中して練習する必要があるという広く知られた考え方だ。*

エリクソンは、超一流の人々について調べた何十年にも及ぶ研究から、技術の向上と卓越した技術の習得に最も大きく貢献する具体的な練習の特徴を導き出した。

エリクソンによると、最も効果的な練習は、**確認されている弱点の克服**や、特に難しいと思う技術の習得に取り組むことであるという。

＊「1万時間の法則」が一般に受け入れられたにもかかわらず、1万時間を超える練習に特別な意味があるとはエリクソンは考えていなかった。それよりも重要なのは、練習の質だと彼は考えていた。

これは、**複雑な作業を複数の要素に細かく分解**し、一度に1つずつ集中して取り組むことを意味する。そして、できれば**すぐにフィードバック**が得られたほうがいい。そうすれば、逐次修正を加えて再度挑戦することができるため、練習すればするほど、徐々に技術が向上して成長していく。大半の人が行っている方法とは大きく異なり、練習の密度が高い。

近所の打ちっ放しのゴルフ練習場に行ってみるといい。ゴルファーが何度もティーショットを打っているのが見られるはずだ。思いきりドライバーショットを打つのは楽しいし、スカッとするだろう。だが、ほとんど練習の効果はない。

バンカーから球を出す練習や、上り傾斜のパター、難しいコースの形状を読む練習をしている人を見ることはまずない。こうした技術を磨いたほうが、実際のコースではゲームをはるかにうまく進められ、スコアも上がるのに、それを行っている人はほとんどいない。

弱点の克服に取り組むのは、気分的に疲れるし、楽しくない。だが、これこそスキル向上には欠かせないプロセスで、これによって自動性の負の魔力が解ける。

自分の弱点に向き合い、その克服に真正面から取り組むことで、いやでも自分の行動とその行動がもたらす喜ばしくない結果の関係について、注視せざるをえなくなる。そのとき感じる心地悪さが、人を新たな解決策の模索へと突き動かし、別のやり方を試すように促す。

その結果、能力が飛躍的に向上しやすくなる。

単に反復練習を繰り返しているのでは、専門家の域には到達しない。自分の弱点に的を絞って目標を引き上げ、自分の能力の限界を絶えず押し上げてこそ、その域に到達できる。自動性の呪縛を避け、自分が習得したことをさらに上達させるには、方法はそれしかない。

超一流の人が心得ていることが、もう1つある。試合時の状況がすでにルーティン化しているなら、その状況を再現するだけでは十分ではないということだ。多くの場合、慣れきった頭を目覚めさせるには、まったく新しいことを自分にさせるしかない。

新鮮でやりがいのある生産的な練習を続ける

ダン・ナイツが1万2000フィートの上空を飛ぶ飛行機からはじめて飛び出したとき、考えていたのは安全な着地ではなかった。[36]

ナイツは「スピードキューバー」である。スピードキューバーは、熱烈なルービックキューブ愛好者に与えられる称号で、古典的な頭の体操であるルービックキューブを驚くべき短時間で解いてしまう。

しかも彼は、単なるスピードキューバーではなく、世界王者である。ナイツは、ルービックキューブを誰もが不可能と思う速さで解いたことで、2003年にギネスブックに登録された。なんと驚きの20秒で解いてしまったのだ。

どうやってその記録を達成したのか？

答えは、難度を大幅に高めた集中トレーニングだ。その中には、高速走行する車から身を乗り出してルービックキューブをする「スピードキュービング」や、目隠しをしてルービックキューブを解くことも含まれる。それでも難度が足りなくなってくると、今度はスカイダイビングをしながらフリーフォール中にルービックキューブを解き、できるまでパラシュートを開かないということまでやっていた。

あなたはこう思うかもしれない。

なぜそんなことが役に立つのか？

ナイツの極端なトレーニングは、専門家が「プレッシャー順応トレーニング[37]」と呼ぶ訓練法で、パフォーマーが本番以上に緊張する極限状態で練習を行うものだ。

ものすごいプレッシャーの中で練習すると、パフォーマーは自分の恐怖心を克服でき、予期せぬ事態にも動揺することなく、極度の緊張状態でパフォーマンスを行うという貴重な経験ができる。プレッシャーのレベルを上げるのは、スキルに習熟したあとも、長く学びを刺激して練習を続けるための1つの方法なのである。

飛行機から飛び出して空中で練習するというと、たいていの人はやりすぎだと思うだろうが、その根底にある原理は理解しておく価値がある。効果的な練習を行うには、難度を上げることが欠かせないのだ。

幸いなことに自分の命を危険に晒さなくても、練習の難度を上げる方法はいくらでもある。

その1つが、新しさを求めるという実にシンプルなものだ。スキル向上に取り組んでいるときに避けなければならない過ちは、同じパターンの練習を数日以上続けることだ。先がわかっているため、退屈になるからだ。退屈は、集中・記憶・学習の敵である。

反対に、新しさは注意を引きつける。[38] 人の脳は基本的に新しいものに引きつけられる。かつては環境の変化に気づけるかどうかが生死を分けたため、これは大昔の先祖より受け継いできた本能である。

したがって、ときどき練習パターンに変化をつけると新しさの魅力を利用できる。練習の手順に変化をつけるのでもいいし、練習場所を変えたり、一緒に練習する相手を変えたりするのでもかまわない。練習の順番を変えるだけでも新鮮なものになるのに役立ち、驚いたことに学習速度まで高まる。

私たちは、スキルを習得するには同じことを何度も繰り返し、その都度少しずつ修正を加えることで、最終的に完璧にできるようになると考えがちである。

だが、研究結果はそうではない。実は、無限に同じことを繰り返すのをやめて、複数のことを切り換えながら練習したほうがはるかにすばやく上達する。

この予期せぬ洞察を引き出した初期の研究では、バスケットボール選手が3日間シュート練習をしたあとのパフォーマンス比較を行った。[39]

第1のグループは、ゴールから12フィート離れたところから、3日連続で同じシュートを練習した。第2のグループは、12フィート離れたところだけでなく、8フィート、15フィートと距離を変えてさまざまなシュートの練習をした。

そしてその週の終わりに、両グループに体育館に来てもらい、どちらのグループが12フィートのシュートをよりコンスタントに決められるかを測定した。

その結果、両グループの差は僅差ですらなかった。さまざまな距離からシュートを練習したグループのほうが、40パーセント近くゴール率が上回っていたのだ。

一見、この結果は説明がつきにくいように思われる。複数種のシュートを練習したグループが行った練習のシュート距離の3分の2は、測定時に試し打ちもされていない。

どうやって好成績が出せたのか？

その理由は、漫然と同じことを繰り返すのではなく、動作を切り換えることで、毎回適切な反応を頭で考え直さなければならないからだ。このことから、わずかでも自分のスキルが進歩したと感じたときに、いっそう理解が深まることがわかる。

練習で最大の効果を上げるには、たとえ目標とするスキルに取り組む時間が減るとしても、同じことを延々と繰り返すのをやめることだ。練習内容を組み合わせて変化を取り入れ、新鮮さを利用すれば学びが刺激されて、着実にスキルが身についていく。

練習の難度を上げる2つめの方法は、新たなハードルを取り入れることだ。

NBAでニューヨーク・ニックスの二度の優勝に貢献し、その後政界に進出して米上院議員を3期務めたビル・ブラッドリーは、その昔、バスケットボールの上達に必死で取り組んでいたミズーリ州の小柄な高校生だった。[40] 彼にはその当時、2つの無視できない弱点があった。「スピードに欠ける」ことと、「安定したドリブルができない」ことだ。

向上心ある若者なら、週に何度かトラックで走ろうと考えたかもしれないし、チームの練習前に10分ほどドリブル練習をしただろう。だが、ブラッドリーは違った。

彼はどちらの練習にも、熱心に取り組めないことが本能的にわかっていた。そこで考えたのが、スニーカーに10ポンドの錘を入れて、学校の体育館のあちこちに椅子を並べ、メガネの下半分に長方形の段ボールをテープで貼りつけてバスケットのボールを見えにくくすることだった。

ブラッドリーは1週間毎日欠かさず、錘を入れたシューズで、障害物（椅子）のあいだを縫ってコートを全力で走る練習をした。床は見えず、視線は想像上のディフェンダーに置いたままだ。

障害物を置いたブラッドリーの練習は、子どもの遊びのように思うかもしれないが、今日のスポーツ界のスーパースターたちも、曲芸のようなトレーニングを取り入れている。

ステフィン・カリーの練習メニューには、テニスボールをキャッチしながらドリブルでコートを行ったり来たりすることや、ロッカールームからコートに出るまで通路でボールを打ったりすること、ストロボライトをフラッシュするVRグラスをかけて視野が遮られる場面に対応するといった能力を養うものも含まれている[41]。

元オリンピック選手のマイケル・フェルプスの練習メニューを見ると、新たな課題を模索するだけでなく、戦略的に課題を選択し、それがありそうにないシナリオであっても、悪夢のような場面に備えることが、いかに有益かがわかる。

2012年の北京オリンピックでフェルプスは、200mバタフライでスタート台から勢いよく水に飛び込んだが、ふと目を開けるとゴーグルに水が入っていた[42]。

マズい！　彼はそう思ったが、徐々にプールの壁が視認できなくなる中で、辛うじて壁に頭をぶつけずに泳ぎ続けた。プールを2往復する間、水の勢いはすさまじくついにゴーグルの上まで水が入ってきてしまい、フェルプスはもう何も見えなくなってしまった。

信じられないことに、フェルプスはこのきわめて特殊な状況に対しても準備をしていた。視界が遮られた中で泳ぐ練習もするように、コーチから強く言われたことがあったのだ。真っ暗なプールを往復する練習で、フェルプスはある洞察を得た。つまり、視界が遮られてもストロークをカウントすることで、プールでの自分の位置が把握できるということだ。

フェルプスはストロークをカウントすることで北京五輪の200mバタフライを泳ぎきっただけでなく、どういうわけかスピードまで上げて世界新記録を達成した。

練習で継続して「学び」を得られるために紹介する3つめのアプローチは、これまでいちばん驚くべきものだ。いつもやっている練習を完全にやめて、まったく新しいことに注意を向けるというやり方だ。

ハイズマン賞プレイヤーのハーシェル・ウォーカーが、1986年にダラス・カウボーイズに入団したとき、彼のアクロバット的なジャンプや、とうていキャッチできそうにないスピンのかかったボールをたくさん見られると、ファンは期待していた[43]。

そんなものが見られるとは、ファンがまったく予想していなかったことがある。スクリーンに映し出されるオフシーズン中のウォーカーの姿だ。フォートワースのバレエ団で、さまざまな動きの練習に取り組んでいる彼の姿だった。

ダンスを学んでいるフットボール選手は、ウォーカーだけではなかった。それどころか、プロのバレエ団で舞台に立ったはじめてのNFL選手というわけでもない。

バレエは、敏捷《びんしょう》性やバランス、集中力が要求されるきわめて難度の高いエクササイズだ。フットボール選手は、そうしたバレエの非常に難しいスキルが、フィールドで役立つ可能性があることを心得ているのだ。

ウォーカーのようなフットボール選手にとってバレエは近接する分野で、新たな技術を学ぶクロス・トレーニングの1つなのだ[44]。クロス・トレーニングにはいくつものメリットがある。

たとえば、常に体調を整えておくこと、流用可能なテクニックを取り入れられること、あまり使っていない筋肉を鍛えることなどだ。クロス・トレーニングを導入すると、アスリートは年中練習していられるので、怠惰になったり、燃え尽き症候群に陥ったりするリスクを緩和できる利点もある。

とはいえ、すべてのフットボール選手が、オフシーズンは密かにユニフォームをレオタードに着替えていると言っているのではない。中には、体幹やスピード、スタミナを鍛えるためにボクシングをしている人もいれば、すばやい動作や手からの上手なリリースのテクニック、さらなる集中力を磨くために柔道や空手を習っている人もいる。

中には、ビデオゲームの『マッデンNFL』シリーズで、体を休めながらパターン認識技術を磨いて、試合感覚を鈍らせないようにしている人も多い。

クロス・トレーニングは、正しい組み合わせを選択できれば、どんな分野のパフォーマーにも役に立つ可能性のあるアプローチである。

作家の村上春樹は、小説を書いていないときは走るか泳ぐかしている。[45] これらの活動は、彼が長編小説を書くために必要な考えることの持久力を養ってくれるからだ。

『ザ・デイリー・ショー』のホストを務めているとき、ジョン・スチュワートは時間を見つけては仕事に関係のない趣味に勤しんでいた。[46] それはクロスワードパズルである。クロスワードは話術を磨くのに役立つし、ぼんやりとした関連を浮かび上がらせてくれるからだ。

いずれもジョークを書く際のきわめて重要な要素である。

ショートコントの人気が急激に高まったからというわけではないが、この10年のあいだに即興演技の講座に入会するビジネスリーダーの数が急増した。[47] リーダーとして秀でるために必要な、人の話をよく聞き、慎重に受け答えして存在感を示す能力は、オフィスの会議室よりもステージのほうが、はるかに磨きをかけやすいからだろう。

忙しい人にとっては、スケジュールがぎっしり埋まったカレンダーにさらにクロス・トレーニングを加えるというのは、考えただけでも恐ろしくなるかもしれない。

クロス・トレーニングは、どうにかしてねじ込まなければならないもう1つの必須項目と考えるよりも、自分の趣味の活動に適用したほうがいい。

上達させたい自分のスキルの要素を見極めて、同じスキルを必要とする（楽しい）アクティビティはないか、自問してみよう。そうすれば、上達を目指す価値のある活動をより戦略的に選択できる。

そのように考えると、人前でプレゼンテーションを行うのが苦手なセールスパーソンにとっては、カラオケが役に立つし、細部への注意力を養いたい作家にとっては、絵画がいいかもしれない。細かな動きの能力を向上させたい外科医であれば、ビデオゲームが適切ということにもなる。

クロス・トレーニングがこれほど有効なのは、新たな課題に向き合って成長する新鮮な機会が得られるからだ。これまで見てきたとおり、新鮮な機会は、学ぶのに必要不可欠であるとともに、スキルが上達するにしたがって得られにくいものになる。

マイケル・フェルプスやスティーブ・カー、ビリー・ジーン・キングなど、その分野で超一流の人々の練習方法を見ると、重要な共通点が見つかる。

絶え間なく困難を探し、過去と現在と未来を見つめているということだ。

困難なくして成長はなく、**上達は目的地ではない**ことを彼らは知っているからだ。

要するに、**上達は生き方**なのである。

第7章

フィードバックの真実

スキル向上のため専門家に質問する方法

2001年の晩秋、ハリウッドをいちばん賑わせたのは、きらびやかな映画のプレミアでもなければ、映画業界の授賞式でもなかった。

『タイム』誌が、その2年前に「20世紀の俳優」に選んだマーロン・ブランドによる「10日間のプライベート演技セミナー」だった。

レオナルド・ディカプリオ、ショーン・ペン、ウーピー・ゴールドバーグ、ロビン・ウィリアムズなど大物俳優たちが軒並み参加していた。数分おきにリムジンが会場前に到着し、1人また1人と有名人たちが降りてくる。

彼らは皆、レジェンドから学ぼうとそこに集まってきていた。何といっても20世紀最大の役者の1人で、メソッド演技法を広く知らしめた先駆者「ゴッドファーザー」その人が、演技の秘訣を伝授しようという機会なのだ。

俳優のエドワード・ジェームズ・オルモスは、招待されたときの興奮と、いよいよセミナーが始まろうとするときに会場を満たしていた期待について、「ブランドがそれまでに演技コースを指導したことはなかった。（中略）これは俳優の世界で彼の伝説になると思った」とのちにマスコミに語っている。

ブランドはその日のためにカメラクルーを呼んでいた。彼はその録画を編集して、映画学校や演劇プログラムに売る計画を立てていたのだ。ブランドは映像の製作を指揮する監督まで連れてきていた。

いよいよセミナーがスタートし、ブランドが合図を送る。そしてカメラが回りはじめ、クラスが始まった。そこで起こったことは、その部屋にいた誰にとっても永遠に忘れられない出来事になった。

『ハリウッド・リポーター』誌は、そのときのことを次のように伝えている。

ドアが勢いよく開いて、78歳のブランドが登場した。ブロンドのかつらをつけ、ブルーのマスカラをして黒のガウンに身を包み、オレンジのスカーフを巻いて、巨大な毛糸を詰めた女性用の衣服ボディスを身につけている。片手に持った1本のバラを振りながら、彼は颯爽《さっそう》と倉庫を抜け、３００ポンドの巨体を簡易ステージ上の玉座のような椅子にドスンと落とし、乱雑に口紅を塗りはじめたのだ。

「私は怒っています！　激怒しています！」

ブランドは上品な英語のアクセントで皆にそう告げ、即興で独り言を呟きはじめた。10分後にそれが終わると彼は向きを変え、ガウンを持ち上げて、参加者に尻を見せた。

これはまだ序の口だった。10日間のセミナーのあいだ、ブランドは参加者にサモア人のレスラーと小人の集団が登場する即興シーンを観察させたり、ストリートで生活するホームレスを呼んで彼に演技の基本を教えようとしたり、皆が見ている前で参加者に服を脱ぐよう要求したりした。

ようやく演技指導が始まった。参加者に与えられた課題は、さまざまなシーンを即興で演じることだった。そして、その演技にブランドが批評を加える。演技に対する批評は容赦なかった。演技が気に入らないと、彼はそこで演技をやめさせ、ステージに上がっていって、大声で「嘘だ！　嘘っぱちだ！」と怒鳴った。

会場にいた多くの人は、最初、これはブランドが熟慮のうえでやっていることで、その狂気には何かメソッドがあるのだと考えた。オルモスはブランドの突拍子もない登場を次のように捉えていた。「彼は演技の基本中の基本を強調していたんだ。それは、俳優ならケツぐらい喜んで見せて、しくじらなくちゃダメということなんだ。そんなこともできないようなら、さっさとここを出ていったほうがいいってことだよ」

オルモスの言ったことは、そのとおりかもしれない。それでもセミナー参加者のあいだに幻滅した空気が広がっていくのは止められなかった。セミナーが始まって3日目、参加者のうちの何人かが、セミナーを「サーカスだ」と言ってクラスをボイコットした。日を追うごとに参加者の数は減っていき、ついには監督までやめてしまった。

ブランドの狂ったような演技セミナーは奇抜きわまりないものだったが、この事実が語るのは特に変わったことではない。つまり、その道の達人が優れた指導者になることは滅多にない、ということだ。

一流の人は、他の人より優れている自分のスキルが何かを「よく心得ていて」、その知識を「人に伝授するのもうまい」と、私たちは勝手に思い込んでいる。

この思い込みは、どちらも正しくない。そのとおりだとすれば、スポーツ界の最高に優秀なコーチは、たとえばバスケットボールなら、マジック・ジョンソンやアイザイア・トーマスなど現役を引退したスーパースターということになるだろう[2]。

ところが、NBAでMVPを獲ったことのあるどちらの選手も監督やコーチ業に手を染めたことがあったが、惨憺たる成績に終わった。

ホッケー選手だったウェイン・グレツキーも、フェニックス・コヨーテズのヘッドコーチを4期務めたが、好成績を残せずにスポーツ界を完全に去った。その後はワイン醸造業に転身して、はるかに大きな成功を収めている。[3]

野球では、20世紀の最多勝監督は歴代最高のバッターの1人だったタイ・カッブではなく、トニー・ラルーサである。[4] ラルーサはチームを転々とした平凡な選手で、現役時代の生涯打率は1割9分9厘というお粗末な成績だった。これはプロ野球選手の平均を50%も下回っている。

しかも、このことはスポーツ界に限らない。学術界では、大学教授には2つの大きな職務がある。高度な研究を行うことと、学生を指導することだ。多くの親は、非常に優れた論文で一流大学の教授職を勝ち取った優れた研究者は、同時に優れた教員でもあると思い込んでいる。しかし、それを裏づける証拠はほとんどない。

それどころか、論文の評価を基準に指導者を選ぶのは、好きなアイスクリームのフレーバーを基準に医師を選ぶぐらい益のないことだという調査結果がある。『レビュー・オブ・エデュケーショナル・リサーチ』誌は、発表論文の数とその論文が与える影響、ならびに学生による評価を総合的に分析して、50万人を超える教授の能力を評価している。[5]

その結果、教授が発表する「論文の数・質」と「指導力」のあいだの関係は、ほぼゼロであることがわかった。また学生はフルタイムの教授よりも、教授になれなかった（あるいはまだなっていない）パートタイムの教員による講義のほうがよく学べるという調査結果もある。フルタイムの教授の大半は、優れた研究成果によって教授職に就いた人ちだ。

公平に見て、専門性の高さと指導能力のあいだに密接な関係がないのは、驚くことではないはずだ。自分で行うことと、それを説明することは、別のスキルなのである。

私たちの多くは、日常的に靴ひもを結んでいる。にもかかわらず、靴ひもの結び方を順を追って説明する手引書を書くとなると、たじろいでしまうのではないだろうか？

わかりやすいガイドを書くためには、ライターとしてのノウハウが必要だし、語彙も豊富でなければならない。また、複雑な運動技能をどのようにして習得するかについても、理解していなければならないだろう。毎朝、靴ひもを結んでいたって、こうしたスキルは何も学べない。

だが、これは単純に訓練不足が原因ではない。実は専門性を獲得すると、説明能力が低くなるという研究結果が出ている。要するに、物事が上手になればなるほど、どうやってそれをやっているかを伝えるのが下手になるということだ。

そこから1つの疑問が浮かぶ。それはなぜだろう？

知識の格差は時に人を惑わせる

ジミー・ファロンが、がっかりしている。[6]

両手に顔をうずめて、独り言を言いはじめた。「ああ、ダメだ。ダメだ」

頭をソファに預けて、横向きになって胎児の格好になる。

彼のパートナーであるワンダーウーマンのガル・ガドットは動じていない。「ねえ、きっと大丈夫だから」。彼女がファロンを励ますように声をかける。彼の横に跪《ひざまず》き、背中をポンポンと叩いてやっている。「絶対うまくいく。うまくいくから。今、私のことで落ち込んでも仕方がないでしょう」

もちろん、これはファロンの演技だ。彼はジェスチャーゲームの勝敗を気にして、取り乱している演技をしているのだ。くだらない競技に大物有名人、ハチャメチャぶりを発揮するファロン……。これこそ、『ザ・トゥナイト・ショー・スターリング・ジミー・ファロン』がウケている理由なのである。

ジェスチャーゲームが始まると、ファロンは大真面目だ。ガドットがお題を読み、カウントダウンが始まる。

彼女の最初のジェスチャーは、あごのすぐ下で拳をつくるものだった。

「歌！」とファロンが答える。

ガドットは喋ることを禁止されているが、「んふん」と鼻を鳴らして頷く。

次は、指を3本立てる。「3語」とファロンが言う。これも合っている。

ガドットの次のジェスチャーは、読み取るのがなかなか難しい。両手を腰に当ててしゃがみ込み、大きく弧を描いて両腕を下に突き出す。

ファロンは見るからに悩んでいる。クッションを膝に置き、観客に向かって眉を上げ、唇の動きだけで「まあまあ」と言う。

ガドットがジェスチャーを繰り返すと拍手が起こったが、ファロンにはまだわからない。プロデューサーや観客、他のゲーム参加者へと、ファロンはあちこちに視線を走らせる。

そしてついに、思いきって答えを言った。

「バース・オブ・ア・ネイション？　ベイビー・ガット・バック？　プッシュ・イット？」

非情にもブザーが鳴った。ガドットが悔しがる。「ああ！　そんなにひどかった？」

信じがたそうに彼女が尋ねる。「あれでわかると思ったんだけど」

最終的に彼女が明かした答えは、ブルース・スプリングスティーンのヒット曲「ボーン・トゥ・ラン」だった。

「ああ、『ボーン・トゥ・ラン』、そうだそうだ！」。そう言ってファロンが付け加える。

「あれ、大好きなんだ。あれ、いいよね。いや、私のミスだ」

ファロンのこの言い方は、もちろん自分を責めすぎである。ガドットのジェスチャーを彼が読み解けなかったのは、ファロンとガドットどちらのせいでもない。

これは知識の呪いと呼ばれる現象で、簡単にいうと、自分の知っていることを他人がわからないということが、想像できないというものだ。

ガドットが単純明快と考えたヒントが、なぜファロンの頭脳には届かなかったのか。その理由を知りたければ、スタンフォード大学のある実験を考えてみるといい。[7] その実験は、『ザ・トゥナイト・ショー』よりも、はるかにシンプルなゲームだ。

実験では、80人の学生を2つのグループに分ける。それぞれのチームには「タッパー」と「リスナー」のいずれかの役割が与えられる。

タッパーには、まず有名な曲のリスト（「きらきら星」「きよしこの夜」「ロック・アラウンド・ザ・クロック」など）を見てもらう。そこからタッパーは、デスクを手で叩いてパートナーに曲名を教えられると思う3曲を選ぶ。これに対してリスナーは、パートナーがデスクをタップする音を聞いて曲名を当てる。

ゲーム開始前、タッパーは1つ簡単な質問をされた。皆さんがタッピングで表現する曲のうち、パートナーは何曲当てられると思いますか？

タッパーは楽観的で、正解率を50パーセントと予想した。ところが実際はまったく違った。全40組がクイズを終えて実験が終了してみると、正解率はわずか2・5パーセントだった。

ガル・ガドットも、スタンフォードの実験におけるタッパーも、自分のヒントの価値を激しく過大評価していた。その理由は「知識の呪い」で、答えを知っていることで考え方が変わることから、このような現象が起こる。そのため、わからない立場の側の見方が想像できなくなるのだ。

なぜ、人は知らない人の立場をシミュレーションするのが、そんなにも下手なのか？心理学者の考えでは、人間の脳はすでに学んだことを捨て去るのではなく、新しい情報を貪欲に吸収するように進化したからだと考えている。[8]

同じ経験をしていない人にどれほど共感しようとしても、あるいはそういう気持ちがあったとしても、自分が持つ有益な情報をどうしても捨て去ることができない。

人類の発展の歴史において、有益な情報を保持し続け、あらゆる場面でそれを活用することが生死を分けたからだ。

何千年も前は知識の呪いが生存に必要な機能を果たしていたかもしれないが、今は単純に室内ゲームで人の能力を曇らせるばかりでなく、あらゆる大失敗を引き起こす。

自分と同じ知識を持たない人の思考回路が想像できないという事実を考えれば、企業のオーナーにマーケティングをやらせると、ひどいことになるのが多いのも頷ける。

企業のオーナーは、自社の製品を熟知しすぎているので、自社製品に対する一般の消費者の見方が理解できないのだ。また、企業のオーナーは競合製品についてもよく知っているため、一般の消費者にとってはどうでもいい差別化ポイントを強調しすぎる傾向にある。

知識の呪いがあるために、多くの有能なビジネスパーソン、特に業務で新たな役割を与えられたばかりの人は、自分の能力を過小評価してしまう。

たとえば、新たにコンサルタントになった人は、自分には思っていた以上の知識があることがわかってうれしくなるという経験をする。それは、いつのまにか新たな能力を獲得していたからではない。自分が過去に一緒に働いた、あるいは学んだその道の熟練の人と自分とを比べていたためだ。

ところが、クライアントにはその経験がない。クライアントの目はもっぱら自分の業界のことに向いているため、知識豊富というには程遠く、新人コンサルタントが（何の気なしに）自明として片づける洞察でも、大喜びすることが多いのである。

なぜ専門家の説明はいい加減になるのか

知識の呪いがもたらす最大の課題は、おそらく知識が豊富な人から学べなくなることだろう。専門家は、経験の浅い者の立場になって考えることができない。さらに、そのスキルの獲得に要する年月についても、過小に見積もってしまうという証拠もある。

テニスのノバク・ジョコビッチに、時速１９０キロのサーブを打ってエースが取れるようになるのに、どれくらい時間がかかるか尋ねてみるとしよう。答えはおそらく、実際に必要な時間の何分の一かだろう[9]。それはなぜか？

ジョコビッチにとって、どうすれば時速１９０キロのボールが打てるかわからないなどというのは、多くの人にとって、どうすれば文章が読めるのかわからないというのと同じくらい、理解不能なことなのである。

ジョコビッチにコーチしてもらっても、サービスエースが打てるようにはならない。サーブをするときにジョコビッチが行う動作の大半は、無意識に行っているからだ。長年の経験で、彼はいちいち動作を考えなくても、勝手に体が動くようになっていて、それによって別の重要なことに注意を向けられる。

コートでなら、これは有利に働く。だが教室では、最悪である。

教育心理学者のリチャード・クラークが何十年も前から研究してきたテーマは、ハードルである。[10] クラークは研究に際して、各方面の専門家に広範なインタビューを行う「認知タスク分析」という骨の折れる手法を用いてきた。

この研究では、各種の質問を用いて、専門家から自分の仕事の手順について詳しい説明を引き出す。次にクラークは、専門家が仕事をしているビデオを参照して、その行動がどれくらい詳細に説明されたかを評価する。

クラークは、プロテニスプレイヤーからICUの看護師、連邦判事まで、広範な分野の専門家を対象に分析を行ってきた。

その結果、専門家は説明すべき手順の70パーセントを省いていた。彼らは自分の仕事の手順を頭で考えることがほとんどないからだ。

つまり、大半の行動を無意識で行っているということだ。

面白いことに、専門家が普段無意識に行っていることにあらためて注意を向けると、多くの場合、動作がぎこちなくなる。スポーツ界ではこの現象を「チョーキング」と呼ぶ。

これは、専門家が普段とは違うストレスに晒されて内側に注意を向けることから、無意識に動作を行えず、複雑な手順を一つひとつ確認するようになり、動きがぎくしゃくしてしまう現象である。

ジョコビッチのような選手にチョーキングが起こると、どんな行動になるだろうか？

猛暑のウィンブルドンの第5セット、タイブレーク。いつもなら、何百万という人が見守る中、ジョコビッチはただベースラインに歩いていって何度かボールをバウンドさせ、完璧なエースを決めるところだ。

だがチョーキングが起こると、ボールをバウンドさせる回数を数えてグリップの位置を確かめ、ラケットを振り上げるときの肩の角度を気にするかもしれない。そうなると、処理すべき情報があまりに多くなり、プレイを崩壊させてしまう。チョーキングが起こると失敗しやすいのは、そのためである。

プレイヤーを畏縮させているのは、大きなプレッシャーではないことは、はっきりさせておいたほうがいいだろう。プレイヤーをダメにする原因は「考えすぎ」である。

2008年、ミシガン大学とセント・アンドルーズ大学の研究者が技術の異なるゴルファーを複数人招いて、ある実験に参加してもらった。[11]

まず、参加したゴルファー全員に屋内グリーンでパターを打ってもらい、その技術を確かめる。経験豊富なゴルファーは当然、初心者のスコアを大きく上回っていた。

次に、ゴルファーにショートエッセイの形で自分のパター動作を説明してもらった。エッセイの書き方の指示には、「自分ではどれほど些細だと思うものでも、覚えているかぎり詳細に記録してください」とある。

研究者が見たかったのは、ゴルファーが自分の動作を振り返るよう求められたら、つまり無意識下の動作を意識下で行うよう求められたら、どういうことが起こるかであった。

短時間でエッセイを書いてもらったあと、ゴルファーには再びパターを打ってもらい、そのスコアをもう一度調べた。この実験でどんなことがわかっただろうか？

自分の動作を逐一言葉にする行為は、経験豊富なゴルファーに予期せぬ悲惨な結果をもたらした。それもそのはず、プロは複雑な動作の手順をすでにマスターしている。プロが世の中で最もやりたくないことが、無意識に行っている動作を分解することである。

ところが、初心者ゴルファーはこれとはまったく違う結果を出した。自分の動作を思い返したことが、彼らには奏功したのだ。分解すべき無意識の動作がない場合、その一連の動作を1つずつ段階を追って実行することで、初心者はスキルを身につけていく。

これが、きわめて優秀な人から学べない最後の理由だ。きわめて優秀な人には、初心者が圧倒されてしまうような教え方しかできないのである。[12] 彼らは長年の経験で、きわめて複雑な思考の流れを短時間で処理できるものに要約してしまっているのだ。

彼らはまた、特殊な専門用語を散りばめて話す。それが、彼らに染みついた習性だからだ。これは、ほかの人にとっては宇宙語のように聞こえる。修理工や医師、ホーム・デポの販売員と話していて、何のことだかよくわからなかった経験があれば、それはおそらく彼らの高い専門性が顔を出していたためだろう。

要するに、専門家は思考回路が違うのである。彼らは自分で意識することなくショートカットを行っていて、自分の行動を思い返すことがないため、自分の知っていることを他人が知らないということが想像できない。

彼らに、成功を手に入れた行動を分解してほしいと依頼しても、その70パーセントは説明されずに終わる。そして、説明される30パーセントには専門用語が散りばめられ、たいていの人はこれを難しい、あるいは理解不能と感じる。

では、どうすれば最も知識豊富な人から私たちは学べるのだろうか？

専門家には何を尋ねればいいのか

あなたは空港のゲートにいる。まわりにはコートに身を包み、キャスターバッグを持った出張に向かう人たちが大勢いる。そのときアナウンスが流れた。

「機材に不具合が見つかったため、お客さまのご搭乗便は出発が遅れています。現在、代替機と搭乗クルーを探しております。出発の目途はまだ立っていません。次の情報をお待ちください」

このアナウンスを聞いて、あなたは即座に「マズい」と思う。早朝のミーティングに出席するために、次の空港で乗らなければならない乗継便がある。

オービッツで別の便を探そうとしたそのとき、別の乗客が到着したのに気づいた。知っている顔だ。最初は誰だかわからなかったけれど、少しして思い出した。彼女だ。ポッドキャストとベストセラー書籍、そして次のネットフリックスで特集される人だ。彼女はあなたの業界のエキスパートであり、誰もが認める業界トップの人物だ。

その彼女がここにいる。同じ便のゲートのところに。

彼女がそれほど焦った様子でなければ、あなたは声をかけるのを躊躇《ちゅうちょ》したかもしれない。フライトの目途が立っていないばかりか、空席もない。そして、空港ターミナルのこの小さな空間にこれほど多くの乗客がいる。立っている場所すら、ほとんどないほどだ。

なるべく彼女のほうを見ないようにはしていたが、彼女が壁に視線をさまよわせて、コンセントを探しているのに気づいてしまった。あなたのところにあるのが、空いている最後の1つだ。そのとき彼女がこちらに近づいてきた。

あなたは思いきって声をかけてみることにした。

「これをお使いになりますか？」。携帯電話から充電ケーブルを抜いてあなたは尋ねる。「本当ですか？」。彼女がそう言ったので、あなたはすぐさま頷いた。「それはご親切にどうも。ありがとうございます。たった今バッテリーが切れてしまって」

そのとき、隣に座っていた男性が立ち上がって、走っていった。そこであなたは、自分も別の便を探さなければいけなかったことを思い出した。別の便を探し始めようとしたそのとき、彼女が走り去った男性の席に座り、あなたに笑顔を向けてきた。

そこで、あなたは思い出した。彼女は電話が使えない。便は遅延している。話をする以外にできることはない。その道のエキスパートである彼女と1対1で話ができるなら、人々は喜んで何千ドルでも払うだろう。そして、そこには自分がいる。一生に一度のチャンスが巡ってきたのだ。

だが、どんなことを質問すればいいのだろうか？　どのような質問をすれば、専門家から貴重な洞察が引き出せるだろうか？　知識の呪いのせいで会話が意味不明なものにならないように、何かできることはあるだろうか？

専門家と話をするときは、3つのカテゴリーで質問を考えるといい。

それは「道のりの質問」「プロセスの質問」「発見の質問」である。

道のりの質問は、2つの目標を達成するようにつくり上げる。専門家の成功への道のりを掘り起こすことと、新人の頃の経験を思い出してもらうことだ。何も知らないところから、今の地位に辿り着いた専門家の軌跡がわかれば、自分もその道を辿るためのヒントが得られる可能性が高い。専門家に、その道に入った当時のことを振り返ってもらうと、当時の考え方を思い出しやすくなるので、より有益な助言がもらいやすくなる。

専門家に道のりを尋ねる場合、次のような質問ができるだろう。

・誰（の作品）を読んで、見て、研究して、仕事を学びましたか？
・最初の頃、どんな失敗をしましたか？
・あとで大して重要ではなかったとわかって、あんなに時間をかけなければよかったと思うことはありますか？
・これまでの教訓から、自分はどのような指標に常に注意していなければならないと思いますか？

プロセスの質問は、専門家のやり方の核心を突くものだ。仕事を成功させるために、具体的にどのようなステップを踏んでいるのかを探ることで、彼らの仕事へのアプローチを明らかにすることを目指す。この質問の答えからは、複雑な仕事の組立が明らかになるので、リバース・エンジニアリングを行ううえで特に重要である。

なお、仕事のやり方についてあまり広範な質問をぶつけても、部分的な情報しか得られないことが多いことを覚えておこう。これまで見てきたとおり、専門家の頭の中では多くのことが無意識のうちに行われていて、自分の行動に意識が向けられていない。

したがって質問は一般的すぎず、具体的すぎないようにすることが重要である。

専門家にプロセスを尋ねる場合、次のような質問ができるだろう。

・あなたのプロセスに関心があるんです。最初にどんなことをするんですか？　次は？　そしてそのあとは？
・アイデアや戦略は、どんなときに湧いてくるんですか？
・計画はどのように立てていますか？
・（計画・製作・提案）するときの日々のルーティンは、どうなっていますか？

発見の質問では、専門家が最初はどのレベルを目標に掲げていたかに重点を置いて、今の視点で見たレベルと比較してもらう。予期しなかった質問に専門家の注意を向けることで、彼らに今のあなたと同じ目線に立ってもらい、キャリアを始めた頃には得られていなかった貴重な洞察について考えてもらえる。

専門家に発見を尋ねる場合、次のような質問をしてもいいだろう。

・振り返ってみて、いちばん驚いたことは何ですか？
・このキャリアをスタートさせる前に、知っておきたかったことは何ですか？
・予想していなかったことで成功するにはどんな要素が絶対に必要だとわかりましたか？
・今それをやるとして、やり方はどんなふうに異なりますか？

これらの質問で集めた情報は、人によって異なることを覚えておいてほしい。成功が保証されているたった1つの突破口を探しているわけではないし、そんなものは存在しない。解き明かしたいのは、尋ねる相手が成否を分けると考えている要素だけだ。

人から重要な情報を引き出す方法[13]

適切な質問を見つけられても、それはまだスタートラインでしかない。もっと重要なのは尋ね方で、専門家の心を開かせ、受け答えで、どうやって有益な情報を引き出すかだ。

まず、この2つのうちの最初の課題から始めよう。

どうやって専門家に心を開かせるかだ。

人に近づいて短時間のうちに秘伝の情報を引き出す技術をマスターしている職業は、マーケティング・リサーチで質問するフォーカスグループの司会役である。彼らのテクニックの多くが、専門家との会話に応用できる。フォーカスグループの司会役が貴重な情報を引き出すのに用いる数々の戦術の中でもっとも重要なことは、純粋に好奇心を持って臨むことだ。フォーカスグループの一員になったことがあるなら、司会役は、他人が自分の知識に対して抱く印象など気にしていないことがわかるだろう。彼らは基本に従った質問を続け、勝手な解釈を避ける。回答者がリラックスでき、より多くの回答を引き出せるからだ。

このような格言を聞いたことがあるだろう。

「その場所であなたがいちばん賢いなら、あなたはいるところを間違っている」

司会役は、決してその場所でいちばん賢い人にはならない。他人に心を開いてもらおうとしているときに避けたいのは、他人に自分を強く印象づけることだ。エゴを押し殺して自分を下位に置くことで、司会役はより多くの学びを得ている。

フォーカスグループの司会役はまた、最も重要な質問から行うのではなく、きちんと戦略を立てて質問を並べる。答えやすい質問を先に行うことで、回答者をリラックスさせているのだ。

アンケート調査の多くが、最初に性別（簡単で、プレッシャーを感じない項目）を尋ね、最後まで世帯収入（複雑で、きわめて個人的な内容）を尋ねないのはそのためだ。人は簡単な質問に答えてからのほうが、繊細な情報を明かしやすいことが研究で示されている。

プロの司会者は、回答者に詳しく語らせたり、彼らの言ったことを確認したりするのに使えるフレーズのリストを準備してくることが多い。あらかじめ質問やフレーズの一覧メモを用意しておけば、回答者にもっと多く語らせたいときに、司会役は失礼にならずに言葉を差し挟みやすくなる。

「なるほど、面白いですね。でも、どういう理由でそう言われるのですか?」「それについてもう少し詳しく教えてください」などと言ってもいい。

専門家は専門用語を使って抽象的な表現をしがちなことを考えると、いくつか**聞き返しの表現**を用意しておくと便利だろう。たとえば、「別の言い方をするとどうなりますか?」でもいいし、レポーターのケイト・マーフィーは「ちょっと待って。もう1回お願いします。よくわからなかったので」を推奨している。[14]

専門家が相手の場合、どんなに話を促しても、聞き返しても、うまくいくとは限らないことは覚えておいたほうがいい。専門家は知識が豊富なだけではない。彼らの知識はそもそも圧縮されているので、伝えるのが難しいのだ。そのため、ただ質問して聞く以上のこと、つまり専門家の言葉を翻訳して新人でも容易に理解できる言葉に変換しなければならない。

専門家の発言をわかりやすくするアプローチの1つが、**例を尋ねる**ことだ。

彼らは、抽象的で複雑な言い回しを使いがちなので、初心者にはわかりにくい。抽象的の反対は、具体的である。抽象的な理論の話の反対である「例示」から始めるほうが、より早く理解でき、誤解も少なくなることが研究結果で示されている。[15]「例示」は具体的だから理解がしやすく、聞き手は自分なりに解釈できるので、結果的に理解が深まる。

もう1つ、専門家の言葉を解釈するのに使える方法が**比喩**だ。比喩を使えば、聞き慣れない言葉を馴染みのある言葉で表現できる。[16]

あなたの友人が、自分は人とパイロットと航空機をつなぐオンライン航空市場に進出しようとしていると言えば、あなたはおそらく1つか2つ質問をするだろう。だが、そのとき友人が「ウーバーの飛行機版だよ」と言えば、なるほどとなるのではないか。

複雑だったり曖昧だったりするアイデアを、今の自分の知識内のことに置き換えれば、どういうことかがはっきり見えてくる。適切な比喩を見つけることは、専門家の言葉を理解するのに欠かせない。

例や比喩では足りない場合は、**説明**を依頼してもいいかもしれない。

「どういうことか説明していただけますか？」と言えば、専門家も説明してくれることが多い。例示の場合と同様に、説明は抽象的な話を具体的なものにしてくれるので、理解できるようになる。

もう1つ使ってみたいテクニックは、セラピストが話を聞いてもらっているとクライアントに感じさせるために使う手法だ。これは**復唱**[17]と呼ばれ、自分の聞いたことをパラフレーズして、自分の理解が正しいかどうかを確認するものだ。

「この理解で正しいかどうか確認させてください」と言って、専門家の複雑なアイデアを自分なりの言葉で繰り返す。それには、2つのメリットがある。

1つは、情報の処理が促されることだ。もう1つは、相手の発想と自分の理解のギャップが明らかになることだ。復唱することに慣れていなければ、本当に重要な話のときだけ使うようにして、頻度を下げればいい。

会談が終わりに近づいてくると、次の2つの質問を挟んでもいいかもしれない。いずれも調査員がよく使う質問だ。

「まだお聞きしていないことで、質問しておいたほうがよいことはありますか?」と「この件をもっと詳しく知るうえで、この人と話してみるといいというおすすめはどなたかいますか?」である。

後者の質問をして相手が親切に誰かを紹介してくれれば、1人ではなく複数の専門家から話を聞ける。それによってあなたは、知識豊富な成功者のコミュニティを覗き見ることができるだけでなく、自分が目指す分野の専門家とはどのような人たちか、より全体像をつかみやすくなる。

たいていの専門家は、自分の仕事の手順を口頭で説明してほしいと言われると、驚くほど多くの手順を省略するという話をこれまでにした。行動手順の70パーセントがどういうわけか語られないのである。

それでも複数の研究によれば、専門家の説明漏れを補う方法が1つあるという。[18] それは複数の専門家にインタビューすることだ。インタビューをする専門家の数が1人から3人に増えると、説明を省略される行動の割合がなんと10パーセントにまで下がる。

要するにたいていの場合、どんな専門家も1人ではあなたの知りたいことすべてを伝えられないということだ。創造性と同様に、熟練も複数のアイデアを組み合わせて達成されるものなのだ。できるだけ数多くの専門家を研究するほど、到達する道のりが見えてくる。

たいていのフィードバックが驚くほど有害な理由

「これまでで最も偉大な作家は誰でしょう?」

よくあがる名前はウィリアム・シェイクスピアである。文学研究者は彼の洗練されたプロット、卓越した言葉遊び、いつまでも衰えることのないその影響力を称賛する。

だが、アマゾンの利用者はどう考えているだろうか?

ここに最近のレビューを紹介する。

『シェイクスピア全集』を購入した人が書いたレビューだ。

これは何語で書かれているのだろうか[19]?

このコレクションは何世紀も使われていない言語で書かれていますと、出版社が知らせてくれていたらよかったのにと思う。クリンゴン語のほうがまだましだった。お金の無駄だった。

ロシアの文豪レフ・トルストイも評価はそれほど高くない。これは34の「いいね！」を獲得している文学の古典『戦争と平和』に書かれたレビューだ。

恐ろしく古くさいクズ作品である。そもそも、どうしてこんなものが出版されたのか理解に苦しむ。ましてや、こんなものが長年「古典」とされてきただなんて……。

こんなもの読むんじゃなかった。そう思うと、ますます腹立たしく、シニカルな気分になってくる。トルストイがまだ死んでいなければ、死んでいればいいのにと思っただろう。[20]

単に昔の作家が現代の読者の共感を得られなかっただけと思われるといけないので、もっと最近の作家の作品に対するレビューをざっと読んでみるといい。

たとえば、ジョナサン・フランゼンの『過大評価、過剰反応、過剰宣伝』[21]や、ガブリエル・ガルシア＝マルケスの『百年の孤独』[22]、そしてトニ・モリスンの『ビラヴド』[23]などだ。それらを読めば、そうではないことがわかるだろう。

現代はそこらじゅうにフィードバックがあふれている。これほど自分たちの成果物に対する世の中の反応に、制作者が容易にアクセスできた時代はかつてなかった。

クリフ・クアンとロバート・ファブリカントは、コンピューティングとデザインの進化について書いた著書『「ユーザーフレンドリー」全史』[24]（双葉社）の中で、インターネットが世の中にもたらした主な利点は遠く離れた人と人とをつなぐことだが、それよりも大きな影響を及ぼしたのはフィードバックを商取引の中心機能に変え、さらには人間関係まで変えたことだと述べている。

インターネットによって、私たちはきわめて些細な商取引のあとにも、販売者や製品、サービスプロバイダを評価するよう促されているだけでなく、友人にも「いいね！」をつけ、同僚を「承認」して、恐ろしいことに、いいレビューのないものは購入を拒否するよう調教されている。

この10年のあいだに爆発的に増加したフィードバックにはいい面もある。そのおかげで消費者は、より詳細な情報を得て購入が決定できるようになり、基準に満たない製品や倫理に反する販売者を排除して、企業が顧客のニーズに合わせて進化できるようになってきた。

インターネットはまた、創作活動を行う者が、自分の作品を微調整するのに使える大量のデータポイントも提供してくれる。しかし、上述した文豪へのレビューが示すとおり、すべてのフィードバックが洞察に満ちた妥当かつ有益なものとは限らない。

本章の前半部分では、専門家から学ぶ際の予期せぬ課題と、その課題を克服するための有効な戦略を探ってきた。ここからの後半部分では、一般の素人のフィードバックから、自分のビジョンと現在の能力の溝を埋めるのに役立つ洞察を引き出す方法を見ていく。

まず、私たちが目にする大半のフィードバックには、あまり価値がない理由から調べていこう。レビューを書き込む人は、本心から人の役に立つように書いているとしても、実際に役立つフィードバックを得るのは、驚くほど難しいことがわかっている。

実生活では、友人や同僚、家族とは良好な関係を保ちたいため、率直に意見を言うのを避ける。ところがオンラインでは、レビューが過激であるほど人々の注意を引く傾向にある。その見返りが欲しいために、レビュワーは人の役に立とうとするよりも、自分を鋭敏に見せようとしてしまう。そして、それを実現するには、厳しい批評を書くのがいちばん容易である。さらに、レビュワーは自分が批判している相手の反応を見なくてすむことを考えれば、これほど多くのオンラインのレビューが、挑発的かつ無神経で、理性ある人なら誰も面と向かっては言わないような批判で構成されている理由も、容易に理解できる。

しかしフィードバックは、たとえそれが正当かつ客観的で、誠実な意見であっても、もっと大きな問題点がある。

『サイコロジカル・ブリテン』誌に掲載された研究では、600を超えるフィードバックの研究を総合的に分析した結果、フィードバックでパフォーマンスが向上することも多いが、必ずしも役立つとは限らないという。[25] 実際、全体の3分の1という驚くべき割合で、フィードバックはパフォーマンスを低下させている。

自分を磨くには、他者からのフィードバックが必要だ。しかし、他人から得られるフィードバックは、完全なお世辞から酷評まで多種多様であることが多く、それによって自分の作品が台無しにされる可能性がある。

では、周囲の人たちから有益なフィードバックをもらうにはどうすればいいのだろうか?

有益なフィードバックをもらう方法

クエンティン・タランティーノは初の監督作品『レザボア・ドッグス』を撮るまで、高校中退後にパートタイムの仕事をしつつ、友人宅に居座ってふらふらしていた。[26]

熱狂的な映画ファンのタランティーノは、絶対にハリウッドで名を成そうと心に決めて、夜はもっぱらシナリオを書いていた。そして何年か風来坊のような生活を続けたあと、ようやく数少ないちょい役をもらうところまでこぎつけた。いちばん有名なのは『ゴールデン・ガールズ』でのエルヴィスの物まね芸人役だろう。

タランティーノはそこで、俳優業では一流になれないことに気がついた。自分が革命を起こして一流になれるとすれば脚本だ。そう思ったタランティーノは、ひたすら映画の脚本を書いた。23歳になっても仕事を次々と変え、友人宅を転々としながら大きなチャンスが来るのを祈るだけだったため、彼は自分が崖っぷちにいることを痛いほど感じていた。そのため映画製作会社の幹部が、彼の『トゥルー・ロマンス』の脚本を読んでくれることになったとき、タランティーノは躍り上がった。

こんなチャンスが来るなんて、誰が予想した？　もしかしたらこれで行けるかも。少なくとも、これで自分が正しい軌道を進んでいるかどうか、ある程度はわかるはずだ。

以下は、タランティーノのエージェントが受け取った返答だ。

よくもまあ、こんなクソみたいなくだらない原稿を寄越してこれたものだ。君はどうやら頭がおかしいようだ。これを読んだときの私の気持ちが君にわかるか？　クソみたいなくだらない原稿を返送させていただく。二度と来るな。

ここで皆さんに質問する。このフィードバックの何が問題だろうか？

たしかに、これはタランティーノが望んでいた反応ではない。相当に手厳しいものだ。だがそれでも、フィードバックに違いない。要は、映画製作会社が脚本を気に入らなかった。ただそれだけのことだ。話を少し先へ進めよう。

しかし、これは私たちがフィードバックを求めたときに頭に思い描くものとは、違っているのではないだろうか？

ジェリー・サインフェルドは、フィードバックに欠けているものを正確に理解している。[27]予期しない内容だったとか、酷評だったとかいうこととは、何の関係もない。有益なフィードバックに必須の特徴、つまり「具体性」に欠けているのだ。

「俺はいつも本を書く人間のことを考えるんだ」[28]と、サインフェルドは2018年の『ニューヨーク・タイムズ・マガジン』のインタビューで語っていた。「何年もかけて1冊の本に自分の魂を注ぎ込んだ結果、誰かが自分のところへ来て『あの本よかったです』とだけ言って歩き去っていくのは、どんなに恐ろしいことかってね。そう言われたって、一体どこがよくて、どこはダメだったのか、さっぱりわからない。俺に言わせりゃ、そんなの地獄だね。俺の地獄の定義はそれだな」

サインフェルドをはじめとするコメディアンが、パフォーマンスをするときに受け取る反応には具体性がある。どこがウケて、どこはウケなかったかが正確にわかる。

オチを表現するたびに、それに応じた反応が得られるからだ。

サインフェルドは、シェフが料理を試食したり、NFLのコーチが録画を研究したりするのと同じように、観客の反応を真剣に調べている。もしあなたが、ジョークの部分をすべて除いてパフォーマンスの録音を彼に聞かせても、観客の笑いを聞いただけで、いつのパフォーマンスなのか、彼は正確に当てられると言い切るほどである。

「笑いの音色、形、長さ。笑いにはたくさんの情報が詰まっているのさ」[29]

具体的なフィードバックが得られれば、複雑な成果物の際立った特徴がわかる。フィードバックが具体的であるということは、いったん全体像のことは保留にして、個別の要素について指摘することになる。そこが、タランティーノの脚本はクソみたいなくだらない原稿だと言うのと、タランティーノの脚本の主人公は現実味がないと伝えることの違いだ。フィードバックを役に立つものにするのは正確性である。

著作を音読するのも、観客の反応からフィードバックを引き出す1つの方法である。これは、デイビット・セダリスなどの作家が、作品の出版前に使っている手法だ。[30] セダリスは、未刊のエッセイを持って街に出て、路上で音読して観客の反応を書き留めている。人々の感情に強く訴えかける作品の場合、有効な手立てとなる。

具体的なフィードバックを得るもう1つの方法が、その意図を質問に含ませることだ。「どう思う?」や「何か意見はないかな?」といった質問では、よくもあり、悪くもある曖昧な反応しか引き出せない。そうではなく、自分の作品が成功するために必要な点を具体的にリストアップして尋ねるのだ。

たとえば、重要な企画書を書いているとしよう。

その場合、同僚には単にフィードバックを求めるのではなく、冒頭のパラグラフは引きつけられるものがあるか、タイムラインはどんどん引きつけられる感じになっているかといったことを尋ねるといいだろう。*

フィードバックが具体的であればあるほど、その反応の利用価値が高まる。

これが有益なフィードバックの2つめの特徴で、評価の前に改善を優先させてくれる。フィードバックとして最も望ましいのは、単に成果物がよくできているかどうか以上のことを伝えてくれるものだ。そうしたフィードバックからは、改善方法が見えてくる。

フィードバックが欲しいときによくやる間違いは、褒め言葉を促す訊き方をすることだ。たとえば「いいと思う?」は、安心と保証を求める質問だ。

自分の成果物に対する他人の褒め言葉は耳に心地よいかもしれないが、お世辞では人は向上しない。褒め言葉を言わせるように仕向けているならなおさらだ。

相手に気に入られたい欲求と、相手をよくしてあげたい欲求は、時に衝突する。だから、それを認識することが重要となる。相手に気に入られたいがために、貴重な意見を言いにくくなることがある。

＊第4章で、重要評価項目一覧の作成と自分自身のパフォーマンス評価について議論した。評価項目一覧が作成できていれば、もう1つ、具体的なフィードバックを集める方法が利用可能になる。それは、自分がつくった評価項目一つひとつをオープン形式の質問に変え、他者に尋ねてみることだ。

相手がお世辞を言いやすい場面をつくるのではなく、改善点を指摘しやすい雰囲気をつくったほうがいいのはそのためだ。

皮肉な話だが、役に立つフィードバックを引き出すためのアプローチの1つは、いっさいフィードバックを求めないことだ。その代わりに助言を求めよう。

2019年、ハーバード・ビジネス・スクールの心理学者チームが、意見を集めるのに最も効果的なアプローチを調べる研究を実施した。[31]フィードバックではなく、助言を求めると、何がよくて何がよくなかったかが十分に指摘してもらえて改善案もより多く得られた。場合によっては、50パーセント以上ものたくさんのヒントがもらえることもあった。

なぜ、こんなにも差が出るのだろうか？

研究によるとフィードバックは、これまでの出来とそこからの努力の比較を促すという。これに対して助言は、今後の可能性に目を向けるように促す。未来に目を向けることで、改善点を考えるようになり、結果としてより意味のある有益な批評につながる。

質の高いフィードバックを集めるもう1つの方法は、率直に自分の弱点について質問することだ。

コメディアンで脚本家のマイク・バービグリアは、同僚に自分の脚本を読んでもらい、こう尋ねるという。[32]「どこが退屈だった？」

このように訊かれるほうが、「どこが好きじゃなかった?」と訊かれるよりも答えやすい。

バービグリアにとって、この質問は改善の必要な要素を指摘してもらうのと同じ意味合いを持つ。それと同じくらい重要なのが、バービグリアの質問は人間性ではなく脚本に向けさせていることだ。バービグリアの友人や同僚にとっては、本人の批評をするよりも、原稿のほうが批判しやすい。

「このプレゼンテーションをもっとよくするとしたら、どこを変えればいいかな?」といった質問のほうが、「どこか改良できるところはあるかな?」よりもいいのはそのためである。後者は「どこかよくないところがあると思っている」ことを含むために答えにくい。たいていの人は、関係を壊すよりも嘘をつくほうを好む。

あと2つ、有益なフィードバックの特徴を述べておいたほうがいいだろう。

それは尋ねる「相手」と「タイミング」だ。

誰かにフィードバックを求めるなら、その人の意見なら自分は真剣に聞くと思う「複数」の相手を慎重に選ぶべきである。フィードバックを求めるとき、人は比較的容易に接触できる相手を手近なところで見つけようとするが、それは間違いである。

有益なフィードバックを得るには、自分がターゲットとする観客や読者の見方を代表する人たち、自分が最終的に共鳴させたい集団の人たちを選ばなければならない。

このアドバイスはわかりきったことのように思えるが、驚くほど多くの知的な人がこの落とし穴に日常的にはまっている。

多くの場合、作家志望の人は何年もかけて小説や脚本の完成度を高めていく。だが、その人たちは誰にフィードバックを求めるだろうか？

自分の友人や家族である。自分をひいきにしてくれているという事実は無視されている。会社でも、私たちは頻繁に同様の間違いを犯す。新しいビジネスアイデアについて、現在のクライアントに意見を求めたら、はるかに有益な情報が得られる可能性があるのに、たいていの人は同僚や配偶者からフィードバックをもらおうとする。

X（旧ツイッター）は今や、新しいニュースイベントに対する有権者の意見を、政治指導者に常時リアルタイムで提供している。理論上は、これはよい進歩である。

しかし実際には、これによって二極化がますます激しくなっている。

自由な時間がたっぷりあって、自分の意見を公表したくて仕方のないX（旧ツイッター）ユーザーは、平均的な有権者の代表ではない[33]。母集団を代表しない人たちの意見に合わせて自身の見方を調整すると、X（旧ツイッター）を頼りにする政治家は、多数派の意見に寄り添わないリスクを冒すことになる。

覚えておくべきことはシンプルである。

フィードバックに関していえば、量は質と同じではない。いかに集めるのが楽で、そうしたい誘惑に駆られそうになっても、質の低いフィードバックをたくさん集めるのはやめたほうがいい。間違った相手からフィードバックを集めるのは、やらないよりも悪い。

そこから、次はタイミングの問題へとつながる。

スポーツでは、その場ですぐフィードバックが得られる。NBAのレブロン・ジェームズがジャンプシュートを打つと、それが成功したかどうかはその場でわかる。シュートが外れたら、その軌道がヒントになって次にどう修正すべきかがわかる。

だが、知的作業では事情が異なる。企画書を書いている場合でも、ウェブサイトを制作している場合でも、ひっきりなしにフィードバックを得るのは非現実的で、気の散ることでもある（1文字打つごとにフィードバックがあることを想像してみよう）。

複雑な頭脳労働で頻繁にフィードバックを得るのは、役に立たないばかりか、パフォーマンスを低下させ、学習を疎外することが最近の研究で数多く示されている。都度フィードバックがあると、気持ちが途切れ、集中力が維持できなくなる。[34]

頭を使う作業の場合、注意力を分散させてはいけないからだ。

リアルタイムのフィードバックは、創造性が必要な仕事には邪魔になる可能性が高い。クリエイティブなアイデアは落ち着いた環境で膨らむものであり、熟したり、固まったり、発展したりするのに時間がかかる。まだゴールには程遠いのに、絶え間なく批評されると、アイデアを練ってリスクを冒し、型破りなことを試みるのが困難になる。

結論として、フィードバックは貴重なものだが、限度がある。フィードバックが多すぎると、自分がダメに思えたり、動揺したり、プレッシャーを感じたりするからだ。

ただし、知的作業でフィードバックが特に役に立つ場面が2つある。作業前と作業後だ。

事前フィードバックは、市場調査でコンセプトテスト[35]と呼ぶ手法によく似ている。これは、アイデアの方向性が正しいかどうかを確かめ、そのまま進めていいかどうかを調べるために行うものだ。

たとえばヨーグルト製造会社のチョバニは、ヨーグルトにチョコレートとナッツを組み合わせた新製品を販売する前に、一部の顧客に試食してもらい、その反応を調べた。[36]朝食を自宅以外の場所で食べている消費者を中心に、この組み合わせが大変気に入られた。調査の結果、ヨーグルトの新製品「フリップ」は開発する価値があることがわかり、小ぶりなカップ容器に入れて販売するという気の利いたアイデアも生まれた。自宅以外で食べる人にアピールすることを狙ったものだ。

事後のフィードバックは目的がまったく異なる。実施過程を微調整するためだ。プロジェクトに取りかかったら、可能なら外部の視点を取り入れるといい。自分たちはプロジェクトを近くで見すぎていて、客観的に評価できなくなっているからだ。

ピューリッツァー賞受賞作家のサルマン・ラシュディは、執筆作業中は絶対にフィードバックを避けなければならないと考えている。[37]

「近頃の若い作家は、ワークショップを通じてグループでお互いの作品を読み、議論して作品を仕上げていく訓練を受けているが（中略）。制作過程を学ぶのなら、それでいい。でも、実際に書くときは、私は歓迎しない[38]」

ただし、ラシュディはいったん書き上げたあとのフィードバックは歓迎しており、実際、信頼できる読者にフィードバックを求めている。

「（脱稿間近になると）他の人が読んでどう思うかが気になります（中略）。そして、返ってきたフィードバックのとおりに直します。2～3人に読んでもらって、誰もが指摘する問題点が同じなら特にそうです[39]」

ラシュディが執筆中はたいてい読者からの意見を避けているという事実は、世間一般の考え方に逆行するものだ。向上の秘訣はフィードバックであり、フィードバックが多いほど早く上達すると、よくいわれている。ただし、それは本当ではない。

フィードバックをたくさんもらうことで、必ずしも上達するとは限らない。本章で見てきたとおり、フィードバックの大半は役に立つどころか状況を悪くする。有害なのである。

上達するために必要なのは、ある一定の基準を満たしたフィードバックである。具体的で、改善点に目を向けたものであり、その人がアピールしようとしている対象を反映したフィードバックで、適切なタイミングで提供されるものでなければならない。

朗報は、フィードバックの量と質が異なることを忘れず、適切な質問を適切な人に、適切なタイミングでしさえすれば、この4項目はすべて容易に達成できることだ。

フィードバックを成長につなげる具体的手法

あと1つ、まだ議論していないことがある。

友人や家族にフィードバックを求め、評価を嫌い、完璧なものにしようと孤独に何週間も取り組んでから、ようやく外部の人に意見を求める。要は、否定的なフィードバックが怖いのである。

これは理解できない反応ではない。目一杯頑張ったのに、ダメだと言われればつらいし、落ち込む。ある意味、それは「失敗」に対する脳の処理の仕方の問題かもしれない。

批判されると、ストレスホルモンであるコルチゾールが分泌され、不安を増大させて集中力を途切れさせ、人の話にしっかり耳を傾けられなくなる。[40]

脅威を感じて防御の姿勢を取り、反発する（自己防衛的に反応する）か、逃げる（会話を終わらせる）ことが多い。このような姿勢では、内省が促されることも、成長が刺激されることもない。多くの場合、挫折という現実を突きつけられると情緒が不安定になる。

否定的なフィードバックが、単に成果物の出来栄えの低さだけを指すことは決してない。否定的なフィードバックで、出来栄えの低さが指摘されると、そこには才能や能力、可能性のなさが含まれる。

これらの理由から、大半の人はネガティブなフィードバックから学びを得られない。だが、それを克服する能力こそ、きわめて重要なスキルなのである。

超一流の人はこの能力があるからこそ、失敗を糧に成長し、残念な結果にも自信を持って立ち向かい、そこで得た教訓をよりよい結果につなげていけるのである。

では、その秘訣は何だろうか？　どうすれば批判されることに対する自然な嫌悪感を克服できるのだろうか？　ネガティブなフィードバックを糧に成長するには、どうすればいいと研究では指摘されているのだろうか？

その方法を探る前に、1つの例を考えてみよう。

あなたは自社の全社員の前で重要なプレゼンテーションを行うことになっている。身の引き締まる思いで、たっぷり時間をかけて準備をしている。プレゼンテーションまでいよいよあと1週間というとき、信頼できる同僚3人に会議室に来てもらい、自分のプレゼンテーションを聴いてもらった。

3人の反応は期待していたほどよくはなかった。がっかりしながらも懸命に平静を装い、ノートを開いてメモを取る準備をした。

ここでちょっと考えてみよう。同僚3人の指摘は、概ね妥当なものだと仮定する。このときどうすれば身構えたり、意気消沈したり、挫けそうになったりせずに、3人のフィードバックを生かせるだろうか？

1つめの方法は、**否定的なフィードバックをもとに自分の行動を修正する**ことだ。言い換えると、フィードバックをベースに、自分が改められる点を見つけることだ。非難批判内容を修正点の選択肢の1つに変換した瞬間、ネガティブなフィードバックは、非難ではなく機会と捉えられるようになる。

たとえば、改善を目的としたマイク・バービグリアの質問「どこが退屈だった?」を投げかけるとしよう。すると、「冒頭と締めくくりは魅力的だけど、プレゼンテーション中盤が間延びしている」という意見をもらうかもしれない。

そんなふうに言われると、当然、最初は神経に障るものだ。

だが、何かエピソードを追加するとか、質問を挟むとか、あるいはスライドを3枚減らすなど、前向きな修正方法が見つけられた瞬間、あなたの気持ちは変化する。フィードバックのおかげで改善策が見つかり、うれしくなるはずだ。

このことは、神経学の研究で裏づけられている。たいていの場合、間違いを犯すと脳の島皮質と呼ばれる領域が活性化する。ここは痛みや悲しみ、恐れの感覚を主に司る領域である。

それに対して、私たちが学習に成功すると、脳の腹側線条体にある報酬系が活性化する。腹側線条体は、重要な新規顧客を獲得したとか、昇進したとか、大好きな人とのデートに出かけるといったときに活発になる。

2015年、南カリフォルニア大学の研究チームが興味深い発見をした。[41] 間違いを犯しても、必ずしも島皮質が活性化されるとは限らないというのだ。喜びの感情を司る腹側線条体が、活性化されることもあるという。

どのような条件のときに、この領域が刺激されるのだろうか？

間違いが、学習に結びついたときである。間違いを報酬として捉えるわけだ。

ネガティブなフィードバックを行動の修正につなげられると、失敗の感覚が一時的なものになって報酬になる。つまり、現段階で自分のプレゼンテーションの仕上がりがよくないからといって、今後もその状態が続くのではなく、変更すればまったく違うものになる可能性がある。

2つめの方法は、休憩を入れて一歩下がり、自分と自分の成果物とのあいだに**心理的な距離を取る**ことだ。[42]

ある活動に没頭しているとき、人の視野は自然と狭くなる。トンネルを覗いているように視野が狭くなると、人は防御を固め、追加の作業が必要なアドバイスに抵抗を感じる。

だが時間を取って、目先の作業ではなく大きな視野で目標を思い出せば、長期的な視点で考えられるようになり、批判を受け入れやすくなる。

フィードバックにすぐに反応することと、フィードバックに賢く対応することは同じではない。評価にがっかりして考え込む時間から、予想もしなかったような効果が生まれる可能性があることが研究で示唆されている。[43]

超一流の人がくよくよ考えている時間は、彼らにとって苦しい内省の時間であり、そこで彼らは貴重な洞察を得て成功への意欲を高めるのである。

長期的な視点を持つことで自分にはまだ改善する時間があること、1つの課題がうまくいかなくても、それが自分自身を定義づけるわけではないことを思い出すことができる。

このように時間枠を広く取ると、今すぐ自分の能力を示さなければというプレッシャーが軽減され、長期的な成長に向けて、嫌なことにも立ち向かおうという気になる。

最後に紹介する方法は、自分の**奮闘の経験を再解釈する**ことだ。

西洋文化では、奮闘はネガティブな経験と考えられている。[44] 自分がまだ「そこに到達していない」ことを意味し、あらゆる面で自分の能力や知性、自尊心の感覚を脅かすのだ。

一方、東洋の文化では、奮闘について違う見方をする。彼らにとっては、奮闘は能力不足を意味するものではない。その人が現在学んでいる証拠であり、どんなに賢い人でも、あるいは才能に恵まれた人でも、奮闘する可能性はある。人はそうして知的に向上していく。

奮闘を当たり前のものと考え、成長するための喜ばしいことと捉えると、広い意味でのメリットを考えた視点が生まれる。そして困難にも立ち向かう気力が生まれ、新たな困難に対する健全な意欲が芽生える。重要なのは、他人からのフィードバックにより心を開くようになることだ。

奮闘する姿勢を歓迎するのは、東洋の文化だけではない。コメディアンにも広く浸透している姿勢で、パフォーマンスに観客がシラけたこと（親しみを込めて「すべる」と言う）に耐える能力を、キャリアを高めるための通過儀礼と捉えている。

ジョン・オリバーを含む多くのコメディアンが、すべったパフォーマンスを耐え抜いた回数を誇りと考えている。

「私なんかすべりすぎて、最悪がどれかなんて覚えてないですよ[45]」とジョン・オリバーは、『ザ・トゥナイト・ショー・スターリング・ジミー・ファロン』のコメディアンのスーパースターの数えきれない失敗の歴史を辿るコーナーで語った。

「こらえすぎるほど恥ずかしいのをこらえてきたもんだから、ウケなくてもだんだん慣れっこになります」

エイミー・シューマーは、自分がアマチュアのお笑い芸人からプロのコメディアンになろうと闘志を燃やせたのは、来る日も来る日も自分の芸がすべっても、耐え抜いてやろうという気持ちがあったからだと考えている。

「5人でツアーに出ましたが、私は毎晩ステージで死んでました。ツアーバスで泣いていました。それでもステージに出て、次の日の夜もそれをやるんです。ひと晩に2公演のときもありました。（中略）ツアーが終わる頃には、かなり鈍感になっていました。つらすぎて気にするのをやめました。つまり、それが私の舞台経験になっていったんです[46]」

アジズ・アンサリは奮闘を歓迎しているだけではない。彼は自分の芸が大ウケした夜は、おかしな話だが落ち込むという。彼はそのことについて、『フレッシュエア』でNPRのテリー・グロスに次のように説明している。

「芸がすごくうまくいって、狂喜乱舞しそうなほどウケるとするだろ。そしたら思うわけだよ。ああ、俺はまだ十分に冒険してないなって。それで、俺がギグをやって完全にすべるとするだろ。そしたらそれは、俺が本気で上を目指してて、何か難しいことにチャレンジしてるってことになるんだ。暇な時間があったらずっと、めちゃくちゃゴキゲンで芸もうまくいってるのをこれでもかってぐらい心配してるね。でも自分が何かをやって、それがとんでもない結果に終わったときこそ、自分で自分を押し上げてるんだよ」[47]

一見、逆境やネガティブなフィードバックを求めるアンサリの性格は、完璧なマゾとはいわないまでも、奇妙に思えるだろう。

だが、この批判を大いに歓迎する層の人たちがいる。それが超一流の人たちだ。

コロンビア大学とシカゴ大学の研究で、初心者はネガティブなフィードバックよりもポジティブなフィードバックを好むが、専門家にその性質はないことがわかっている。[48]

経験を積んだ成功体験のある人は、ネガティブなフィードバックには改良のための重要なヒントが含まれていることを知っている。そのため否定的な意見のほうに、より関心を示すという。

ポジティブなフィードバックはうれしいものだが、自身の向上には役立たない。せいぜい、同じことをまたやろうと思わせるだけだ。これは興味深い視点で、そうとわかれば、批判の価値に対してまったく見方が変わる。

アンサリの言葉を要約すると、批判は、あなたが成功に必要なものを持っていないという意味ではなく、ただ単に大胆なことに挑戦して、現在の能力の限界を知ったというだけのことである。ネガティブなフィードバックをもらえば、そのときはうれしくないかもしれない。だが、ある程度経験を積めば、それがポジティブなサインになる。

あなたは挑戦を続けていて、学び、成長し続けているという証である。

作家でエッセイストのチャック・クロスターマンは何十年も前から、音楽やスポーツ、ポップカルチャー界の超一流の人たちに、インタビューしてきた。彼はその経験から、フィードバックと成功の関係について学んだことを次のように語っている。

「批判されたくなければ、一流にはなろうとせず、平均的な人でいたほうがいい」[49]

私たちは皆、この考え方を胸に刻んでおいたほうがいい。あなたがまずまずの成功を求めているなら、ポジティブなフィードバックがそれを助けてくれるかもしれない。

だが周囲の予想を裏切って、その分野でトップに上りつめて伝説を築きたいなら、ネガティブなフィードバックは、ただ耐えなければならないものではなく、あなたが正しい道を歩んでいることを示す標識である。

Conclusion

超一流のスキルを獲得するには収集、研究、挑戦が不可欠

フィンセント・ファン・ゴッホが子どもの頃、周囲の誰も彼が有名な画家になることを予想しなかった。そのことを誰が責められるだろうか？

ゴッホにとんでもない隠れた才能があることはおろか、彼が美術にわずかでも興味を示していたことをうかがわせる幼少期のエピソードは、歴史家でさえ1つもあげられない。若き日のゴッホについてわかっているのは、彼が気分屋で、衝動的で、きわめて奇妙なものに執着していたということだけだ。

彼の弟や妹は、おはじきや人形で遊んで楽しんでいたが、ゴッホは黙って家を抜け出しては、遠くまでぶらぶらと出かけていた。ずいぶんしてから帰宅した手には、野の花や甲虫、捨てられた鳥の巣をいっぱい抱えていた。彼はこれらを屋根裏にこっそり持ち込み、そこで自分の戦利品目録をつくっては、コレクションをどんどん拡大させていた。

息子の奇怪な行動に心配を募らせたゴッホの両親は、彼を寄宿学校へ送った。そこで彼は運よく、ヨーロッパを代表する美術教師のクラスに入ることになった。熱心で魅力あふれる

その美術教師は、多くの生徒に刺激を与えた。だが、その中にゴッホはいなかった。

翌年、ゴッホは学校を完全に退学した。そのとき彼は15歳だった。長いあいだ塞ぎこんだあと、書店員、家庭教師、牧師などさまざまな職業に挑戦したが、どれもうまくいかなかった。1日中、絵を描いて過ごすようになったのは、彼がようやく27歳になってからだ。その数カ月後、彼は画家になる決心をした。

今日、ゴッホは世界史上最も影響力のある画家の1人として認められている。だが、それは偉大な作品を遺したためではない。どうにも説明の難しいことがあるためだ。*

ゴッホは類稀《たぐいまれ》なる才能を持って生まれたわけではない。大胆にも画家になると決めたときも、特に素晴らしい可能性を示していたわけではない。

*ゴッホは、側頭葉てんかん症候群を患っていたとされていて、精神疾患がゴッホの作品に影響を及ぼしたことは間違いない。しかし、彼はその病があったから成功を収めたのではなく、病があったにもかかわらず成功を収めたと、専門家は考えている。側頭葉てんかん症候群が、優れた創造性に貢献するかどうかを調べた神経学研究が複数ある[2]が、それを裏づける証拠は見つかっていない。

彼はそのキャリアを通じて、正式に絵の教育を受けたことはなく、通算で10年間、画家として仕事をしていただけだ。ではどうやって、彼は一流になったのだろうか？

フィンセント・ファン・ゴッホの画家としての成長については、多くのことが知られている。その量はほぼ間違いなく、これまでの画家の誰よりも多い。

理由は、彼の37年の生涯を通じて、家族や友人に率直な気持ちを語った膨大な数の手紙をしたためていたためだ。彼の残念な死後、手紙は弟テオの妻によって集められた。

800通を超える手紙のどれを見ても、書き出しの部分からゴッホの率直な考え、葛藤、感情の揺らぎをうかがい知ることができる。

ゴッホの秘密は何だったのだろうか？　彼は正式な指導も受けずに、どうやって腕を磨いたのだろうか？　そして彼は具体的にどうやって、短期間でずぶの素人から畏敬されるほどの達人に変身したのだろうか？

ひと言でいうなら、彼は本書に綴ってきたテクニックをいくつも利用したのだ。

画家になろうと決めて、ゴッホがまず行ったのは、その作品を分解して分析し、再現できる手本を見つけることだった。

彼はジャン＝フランソワ・ミレーとジュール・ブルトンのダイナミックな絵画を模倣して、肖像画をマスターした。それからシャルル＝フランソワ・ドービニーとテオドール・ルソーの作品をまねて、風景画の描き方を学んだ。

緻密な模写を通して彼は過去を振り返り、広範な秘訣を引き出した。著名な画家が色彩を巧みに使って感情を表現するやり方、ひと刷《は》けの長さが視覚的に捉える動きに及ぼす影響、そして光と影で絵にニュアンスと深みを与えるやり方を学んだ。

ゴッホは、特定のジャンルの美術にこだわりすぎないように気をつけ、幅広い画家を楽しんで研究していた。彼と同時代の印象派の画家たちを研究し、より有名なバルビゾン派の画家たちの作品を丹念に調べては、ヨーロッパ市場に進出して間もない東洋の画家たちの作品にも心を奪われた。

ゴッホはさまざまな作品の影響を取り入れることで、ジャンルの微妙な違いに敏感になり、絵に関する幅広い発想に触れ、独自の色使いを編み出して洗練させていくのに役立てた。

彼は自分がいいと思う作品を見つけると、すぐに自身のコレクションに加えて仔細に分析した。特に、日本画のシンプルさには大きく影響を受けた。彼は信じられないほど貧乏であったにもかかわらず、亡くなるまでに１０００点を超える日本画を集めていた。

彼はまた、絵画というジャンルを超えてアイデアを探求していた。

ゴッホは大の読書家で、ジョージ・エリオット、エミール・ゾラ、シャーロット・ブロンテの作品からもインスピレーションを得ている。だが、彼が誰よりも愛した作家はチャールズ・ディケンズだった。弟のテオには、「私は一生かけて、ディケンズが描いたような日常の風景を描きたい[3]」と語っていた。

このように膨大な宝の山からアイデアを引き出すことで、ゴッホはまったく異なるジャンルの特徴的な要素を組み合わせて、きわめて独創的な作品を生み出すことができたのだ。ミレーからは、熱心に作業をする農民の日常生活を捉えたテイストを引き出して発展させた。クロード・モネやカミーユ・ピサロなどの印象派の画家からは、明るく鮮やかな色使いと点描画の技法を学んだ。そして日本画からは、力強い輪郭線と陰影をつけない技法を取り入れた。

今日、私たちがゴッホ独特のスタイルとして認識している力強く鮮やかな画風は、一気に完成したものではない。それは何年もかけて少しずつ改変され、完成していったものだ。作品を年代順に見ると、ゴッホが徐々に新しい影響を受けて、新たに学んだことを取り入れ、実験を行っていたことがわかる。

ゴッホは、あらゆることを試した。さまざまな素材を集め、木炭からペンシル、ペンから絵筆へと変えて実験を行っていった。写実主義から表現主義、新印象派まで、広範な画風を試した。複数の技法にも取り組み、薄い水彩画から始めて、しだいに絵の具を厚くしていった。現在、ゴッホの技法として広く知られる「インパスト」と呼ばれる技法である。

おそらくいちばん衝撃的なのが、彼の色使いの変遷だろう。初期の頃は暗い補色が彼の絵の特徴であったが、しだいに部屋の反対側からでも目に飛び込んでくるような明るく、鮮やかなコントラストカラーが、ふんだんに使われるようになった。

本書を通じて、スキル獲得には挑戦が必要不可欠であることがわかったが、ゴッホが安全圏で仕事をして常に挑戦を続けていなかったら、彼の画家としての成長や進化はなかっただろう。

だが、彼は休むことなく練習し、わずか10年のあいだに2000点以上の絵画、素描、スケッチを描いた。しかも、単に多作であっただけではない。彼は意識して自分の弱点に目を向け、常に自分の能力の限界に挑戦していった。

同じ画を何度も繰り返し描くのは、彼にとって異例のことではなかった。画家仲間のアントン・ファン・ラッパルトに宛てた手紙で、彼は「私は自分がうまくできないことをやり続けるんだ。うまくできるようになるために」と書いている。

一歩下がって自分を見つめ、自分の成長についてじっくり考え、思ったことを書き留めていくゴッホのこの長年の習慣から、私たちもその大切さがわかる。これらを習慣的に行うことによって、彼は省察的実践から多くの恩恵を受けてきたのである。

ゴッホは、生まれ持った才能や、非常に優れた先人からの何十年にも及ぶ教えで世界有数の画家になったのではない。彼は自分で学んだのである。どうやって？

それは、自分がいいと思う作品を集めて、その独創性を支えている重要な特徴を見つけ出し、それを一から再現する取り組みによってである。

しかも、彼は単に模倣していたのではない。彼はそれを発展させていた。自分が見つけた公式・方法論を適用し、複数の影響を組み合わせることでひねりを加え、巧みにさまざまなリスクを冒しながら、多種多様な道具、画風、技法を試していった。

その短いキャリアを通じて、ゴッホは自分の能力の限界に挑戦し、成長の機会を捉えて省察することで、ぼんやりした気づきを実践可能な洞察へと変えていったのである。

ゴッホは、その性格と環境、運が偶然にうまく作用して、たまたまこうした戦略に辿り着いた。幸い、本書の読者のみなさんは、自分でその戦略を模索する必要はない。

リバース思考のための10の教訓

本書を通じて、広範な分野の超一流の人々を紹介してきた。そしてその人たちの方法論を詳細に解説し、それがうまくいく理由を紐解いてテクニックを明らかにし、そうしたテクニックが創造性やモチベーション、スキル、パフォーマンス、専門性の獲得や向上にどう結びつくのかを見てきた。

では、どうすれば、超一流の人々の戦略を自分の仕事に適用できるだろうか？

10の主な教訓をあらためて確認し、日常生活で誰でもそれらを有効活用できる方法を見つけていこう。

1 コレクターになる

超一流になるための最初のステップは、誰か超一流の人を見つけることだ。自分が心動かされる例に出合ったら、それをいつでも再訪して研究し、自分のコレクションにある他の作品と比較できるように保存しておこう。

コレクションというと、美術品とかワインとか切手など、物理的なものを考えがちだが、その括りでは定義が狭すぎる。コピーライターはヘッドラインを集めているし、デザイナーはロゴを集めていて、コンサルタントはプレゼンテーション用のパワーポイント資料を集めている。インスピレーションを求めて、優れた作品を研究し、大きく考えることをあらためて思い出すのに役立つ個人博物館のように、自分のコレクションを集めよう。

2 違いを見つける

お気に入りのサンプルから学ぶには、どこが独特なのかを見つけなければならない。自分の心に響く作品に出合ったら、「これのどこがほかと違うのだろうか?」と自問することを習慣づけよう。超一流のものと平凡なものを比較することで、その作品ならではの特徴が特定でき、ほかに取り入れたり、さらに発展させたりできそうな要素が見極められる。

3 ブループリントを考える

あなたが気に入るほぼすべての例は、ブループリントを使って開発されている。シェフならレシピを使うし、作家ならアウトラインを拝借し、ウェブデザイナーはサイトマップを流用している。すでにある作品を完璧に再現しようとするのではなく、一部抜粋したものを取り入れて、より質の高いアウトラインを考案しよう。既存のものを研究してブループリントをつくり上げることで、複雑さのベールが取り除かれ、作品のパターンが見えてくる。

4 模倣ではなく進化させる

大きな成功を収めている他人の公式・方法論をそっくりそのままコピーすると、そのジャンルの分解には貢献できても、すぐさまオリジナルでないことがバレてしまう。また、この手法では先駆者と同じ成功を勝ち取ることもできない。あなたの能力とその公式・方法論に必要なスキルにはおそらく差があり、読者や観客の期待も時代を経て膨らんでいるためだ。新しい影響を取り入れて、近接する分野の公式・方法論を適用し、自分にはうまくできない要素を難なく上手にできる要素に置き換えて、独自の道を模索しよう。

5 ビジョンと能力のギャップを受け入れる

達人を研究することには代償が伴う。達人を研究すると、自分にとっての成功を意味するパフォーマンスのレベルが上がる。少なくとも最初のうちは、とうていこの域に達することはできないだろう。そのとき意気消沈したり、やめることを考えたりするのは自然なことだ。しかし、覚えておいてほしい。感覚が鋭く、明確なビジョンがあるというのは大きな可能性のサインなのだ。

多くの場合、達人の域に達していないことを認識するだけで終わるか、必要なだけどこまでも改良する意欲と粘り強さを持つかが、アマチュアとプロの差になる。

6 選択的にスコアをつける

自分を成功へと導いてくれる主要な要素に関してスコアをつけていけば、高いレベルに到達するのがはるかに容易になる。自分のパフォーマンスのカギとなる要素に関してスコアをつけていくことで、やる気が起こり、無駄な努力が減らせて、より賢明な決断を心がけるようになる。長期的に見て、正しい評価項目の一覧をつくれば、自分自身に責任が課されてフィードバックが得られ、ゲームの流れを変える方法が見えてくる。

ただし、1つの評価項目にこだわりすぎないように注意し、進歩に伴って評価項目一覧も更新するのを忘れないようにすること。

7 リスクを冒しつつリスクを取り除く

成長するにはリスクを冒すことが必要不可欠だが、同時にそれは不安でもある。リスクを冒す際のハードルを下げるために使える方法の1つが、逃げ場所を見つけて失敗したときのコストを下げる方法だ。これについては、さまざまな企業が有用なロードマップを提供してくれていて、個人も適用できる。あなたも、小グループで実験を行ったり、自分の作品を別の名で発表したり、アイデアを売ってから開発を進めたり、広範なプロジェクトに多角的に投資したりすれば、自分のアイデアを試しつつ失敗したときの損失を縮小できる。

勇気を振り絞ってリスクを冒すことで、エネルギーを消耗するのはやめよう。失敗の代償が無視できるほど小さくなれば、リスクを冒すことがはるかに容易になる。

8 心地よさを疑問視する

感情は、目指したとおりの結果になっているかどうかをリアルタイムで判断する指標になる。ただし、留意すべき例外がある。スキル獲得中の体験だ。人は楽をして学ぶことはできない。人がいちばん学習できるのは、難しい課題に直面して奮闘し、必要に応じて失敗しているときだ。仕事であれプライベートであれ、超一流の人は心地よさを自分が成し遂げたことの証とは考えない。それよりも、彼らは成長が止まっていることの証と捉える。

9 未来と過去を利用する

パフォーマンスの向上には、繰り返しとフィードバックが役に立つ。自分の弱点克服に取り組んでいるときであればなおさらだ。だがそれしかしていなければ、たぶんあなたは自分の能力の一部しか使っていないことになる。ここに付け加えたい取り組みが2つある。

1つは省察的実践で、自分の過去の経験を分析して、そこから重要な教訓を引き出すこと。もう1つがイメージトレーニングで、将来の自分をシミュレーションすることだ。省察的実践もイメージトレーニングも、意識の面と感情の面で驚くべき効果があり、より聡明に自分自身に期待できるようになる。これこそ専門性の証である。

10 広範な人に尋ねる

多くの人の持つイメージに反して、専門家がよい教師になることは滅多にない。知識は両《もろ》刃《は》の剣なのである。知っていると、知らないことが想像できなくなる。専門家との会話からできるだけ多くのことを引き出すには、質問や誘導策、確認方法を準備して、専門家自身の道のりやプロセス、発見を語らせなければならない。また、自分の向上を助けてくれるのは専門家だけではない。素人も同様に役に立つことがある。その秘訣は相手を正しく選び、助言を求めて、自身の向上を頭に置いた戦略的質問を用意して臨むことだ。

これらの教訓を実践すれば、誰もが自分のスキルを磨いてパフォーマンスを向上させ、長期間持続する大きなことを成し遂げられる可能性がある。分野は問わない。

その人に高いレベルに到達する能力があるかどうかは、運よく才能に恵まれて生まれてきたか、たまたま専門家から指導を受けるチャンスがあったかどうかで決まるものではない。どの職業でも、超一流の人は新しいアイデアや視点、解決策に対する貪欲さを育むことで地位を獲得してきた。じっと立っているだけでは、山の頂上には辿り着けないことを彼らは知っているのだ。身につけるべき考え方を見極め、スキルの引き出しを増やして、能力の限界に挑戦していくことで、あなたもそこに辿り着ける。

今は、その心構えがかつてないほど重要になっている。

朗報は、刺激的なアイデアはどこにでも転がっているということだ。

私たちは、かつてないほどクリエイティブなものが豊かな時代に暮らしている。映像、音楽、出版界にはコンテンツがあふれている。オンラインマガジン、ブログ、ポッドキャストには、これまで想像もできなかったほど広範なアイデアや視点が存在する。検索エンジン、デジタル版学術誌、オンラインライブラリのおかげで、インターネット接続環境があれば誰もが最新の理論を読むことができ、見過ごされている宝を探すことができる。

要素はいくらでも手に入る。本書を読み終えた今、あなたにもそうした要素を探り当てて自分のものにし、新しい方向に発展させる方法がわかったはずだ。

さあ、自分にできることを探しに行こう。

謝辞

出版契約の興奮が冷めないまま本書の執筆を始めた頃、著名な作家があることをこっそり教えてくれて、私はそこで少し躊躇った。彼と彼の奥さんは同じ意見に落ち着いたという。「この次、私が妻に本を書くつもりだと言ったら、私は彼女に顔を殴られるだろうね」。本を1冊書き上げる苦しみに比べたら、顔を殴られたほうがいいということで、2人は合意したらしい。

私にとって本書の執筆は、同僚や友人、家族の現実的なネットワークに助けられたおかげで、これとはまったく違った体験になった。彼らのサポートがなければ、本書は完成していなかっただろう。

本書の原稿を読んで改善点をアドバイスしてくれたジェームズ・フライヤー博士、ドリ・クラーク、ミッチ・ジョエル、ジョン・イウジニ、ダニー・イニー、スーザン・パース・トンプソン博士、チャールズ・ベノワ、デヴィッド・タン、ジェームズ・マシェル博士、ジョン・イトキンにお礼を言いたい。

リサーチに協力してくれたマリーナ・タソポウロス＝チャン博士、ジャスティン・ロス、クリスティ・カーン、ミロン・ズッカーマン博士、ベサニー・コーツにもお礼を言わせていただく。

ダン・グロドナー博士、グレッグ・エルウェイ、ジェーン・マンチュン・ウォン、アリッサ・ネイサン、ジョシュ・ヤノバーには、貴重な時間を割いてインタビューに応じていただいた。心より感謝の意を伝えたい。

キャシー・ハジバジュリック、カイル・ヤング、ミランダ・ウィルコックス、ロイ・マッケンジー、マシュー・マッケヴニー、イーサン・ベンツェ、パム・サヴェージは素晴らしいチームメイトである。おかげで私は執筆に専念できた。この場を借りてお礼を言いたい。

多くの優れた企業に私の著作を紹介してくれたトム・ニールセン、ル・ターク、アダム・カーシェンバウム、クリスティーネ・タイヒマン、マージ・ヘネシーにも感謝している。

ルシンダ・ハルパーンに出会っていなかったら、本書は誕生していなかっただろう。ルシンダは優れたエージェントで、素晴らしいアイデアに対する並外れた嗅覚を持っている。彼女は山ほどある可能性の中から宝を探し出し、それを魅力的な方法で皆さんに紹介する計画を立てるのを手伝ってくれた。ルシンダと一緒に仕事をする機会があるなら逃さないでほしい。彼女は本当に仕事のできる人だ。ありがとう、ルシンダ。

ルシンダはステファニー・フライリッヒに私を紹介してくれた。ステファニーはビジョンを持った優秀な編集者で、本書の構想がまるで百科事典のように内容を欲張りすぎていた段階で出版契約をしてくれ、ポイントを絞ったほうがいいと賢明なアドバイスをしてくれた。

ステファニー、あなたのように優れた見識を持ち、戦略的で情熱あふれる人と一緒に仕事ができて、作家としてこれほどの幸運はない。

サイモン&シュスターのステファニーのチームメンバーは非常に素晴らしい人たちだった。細かなところまで気を配ってくれたエミリー・サイモンソン、素晴らしい表紙デザインをしてくれたジェイソン・ホイヤーとジャッキー・セオ、完璧な校閲をしてくれたリン・アンダーソン、ありがとう。

最後に私の家族に感謝の意を伝えたい。

両親は「まだ終わらないの?」とか「ほら、締切までもうあまり時間がないわよ……」などと私を奮起させる言葉をかけて、揺るぎないサポートを提供してくれた。

マディとヘンリーは私にとって完璧なマディとヘンリーでいてくれたし、アンナは愛とインスピレーションを持って辛抱強く私を支えてくれた。

家族のみんな、本当にありがとう。

【著者紹介】

ロン・フリードマン（Ron Friedman）

◉――受賞歴のある社会心理学者。ロチェスター大学、ナザレス大学、ホバート・アンド・ウィリアムス・スミス・カレッジの教授を歴任し、政治指導者や非営利団体、世界的に有名なブランドの多くにコンサルティングを行ってきた実績を持つ。研究に関する人気記事は、NPRやニューヨーク・タイムズ、ワシントン・ポスト、ボストン・グローブ、ガーディアンなど有力紙のほか、ハーバード・ビジネス・レビュー、サイコロジー・トゥディなどの雑誌でも紹介されている。専門家がより健康で幸せで生産的に働くために、神経科学や人体生理学、行動経済学の研究を実践的な戦略に活用する学習開発会社「イグナイト80」の創設者でもある。デビュー作『最高の仕事ができる幸せな職場』（日経ＢＰ）は、Inc.誌の年間ベスト・ビジネス書に選出された。

【訳者紹介】

南沢 篤花（みなみさわ・あいか）

◉――大阪府立大学工学部卒。慶應義塾大学文学部卒。英日翻訳家。主な訳書に『命に〈価格〉をつけられるのか』（慶應義塾大学出版会）、『イェール大学人気講義 天才』（すばる舎）、『セールスライティング・ハンドブック』『ニヒリズムとテクノロジー』（翔泳社）などがある。

リバース思考《しこう》 超一流《ちょういちりゅう》に学《まな》ぶ「成功《せいこう》を逆算《ぎゃくさん》」する方法《ほうほう》

2023年11月６日　第１刷発行

著　者――ロン・フリードマン
訳　者――南沢　篤花
発行者――齊藤　龍男
発行所――株式会社かんき出版
東京都千代田区麴町4-1-4 西脇ビル　〒102-0083
電話　営業部：03(3262)8011㈹　編集部：03(3262)8012㈹
FAX　03(3234)4421　振替　00100-2-62304
https://kanki-pub.co.jp/

印刷所――ベクトル印刷株式会社

ISBN978-4-7612-7700-0 C0030

本書の原注は、以下の URL より PDF ファイルを
ダウンロードできます。

https://kanki-pub.co.jp/pages/DecodingGreatness-notes/